始于一页，抵达世界

Modern China

近代中国 研究入门

[日] 冈本隆司 吉泽诚一郎 编

袁广泉 袁广伟 译

当代世界出版社
THE CONTEMPORARY WORLD PRESS

图书在版编目（ＣＩＰ）数据

近代中国研究入门 /（日）冈本隆司，（日）吉泽诚一郎编；袁广泉，袁广伟译 .－－北京：当代世界出版社，2022.4

ISBN 978-7-5090-1647-3

Ⅰ.①近… Ⅱ.①冈…②吉…③袁…④袁… Ⅲ.①中国历史－近代史－研究 Ⅳ.① K250.7

中国版本图书馆 CIP 数据核字 (2021) 第 263076 号

KINDAI CHUGOKU KENKYU NYUMON
Copyright © 2012 Takashi Okamoto, Seiichiro Yoshizawa
Chinese translation rights in simplified characters arranged with UNIVERSITY OF TOKYO PRESS through Japan UNI Agency, Inc., Tokyo

版权登记号：图字：01-2022-0564 号

书　　名：	近代中国研究入门
出版发行：	当代世界出版社
地　　址：	北京市东城区地安门东大街 70-9 号
网　　址：	http://www.worldpress.org.cn
邮　　箱：	ddsjchubanshe@163.com
编务电话：	（010）83907528
发行电话：	（010）64284815
经　　销：	新华书店
印　　刷：	北京九天鸿程印刷有限责任公司
开　　本：	880 毫米 × 1230 毫米　　1/32
印　　张：	10
字　　数：	205 千字
版　　次：	2022 年 4 月第 1 版
印　　次：	2022 年 4 月第 1 次
书　　号：	978-7-5090-1647-3
定　　价：	69.00 元

如发现印装质量问题，请与承印厂联系调换。
版权所有，翻印必究；未经许可，不得转载！

汉译本序言

狭间直树

众所周知，中华文明的特征是重史，中华帝国的悠久历史光彩夺目。而由辉煌步入一蹶不振且日益沉沦，中国就到了"近代"。

冈本隆司、吉泽诚一郎编写的这本书，即为研究近代中国这段历史的入门。作为时代范畴，近代前承古代、中世；而该书之"近代"，据编者称，乃"19世纪伊始至中华人民共和国成立"的时期，亦即传统中华文明因遭遇西方近代文明而被迫汇入"近代东亚文明圈"的巨变时期。如目次所示，本书论域有七，涵盖社会、法制、经济、外交、政治、文学、思想。

事实上，本书有前著为模本，即坂野正高、田中正俊、卫藤沈吉合编的同名书，于1974年4月出版，出版社亦为东京大学出版会。本书日文版出版于2012年8月，距前著刊行约四十年。四十年的岁月，足以为日本的中国近代史研究带来巨变。

坂野等所编前著问世的约一年半前，中日于1972年9月发表《共同声明》，结束两国间的战争状态，实现了邦交正常化。众所周知，1937年日本发动全面侵华战争。战败后，日本在1951年与美国等联合国成员国签订了和约，却未触及与中国之间的战争状态。因为日本拒绝承认1949年宣告成立的中华人民共和国，以配合美国的全球战略。当时曾流行"竹幕"一词，而共产党领导的中国即为"竹幕"的核心。为实行对华敌对政策，日本人宁愿虚构并认定有史以来即与之交流密切的重要邻国并不存在。

比如，1960年曾有某国立大学教授受邀访华，校方判定其休假超过带薪休假的天数为无故缺勤，并以"履职消极"为由扣发部分全勤补贴。现在连留学也已无任何障碍，当然不会再有此类事件发生；但在当时，前往"并不存在"的国家是有危险的，很可能因此受到国家权力的严惩。坂野等的研究入门名著，便是出版于战后[1]的时代转折点前后。

本书的时代范围有所不同，但编者称其"意义"、"目的"及"结构"均承自约四十年前刊行的坂野等所编前著。

日本的"近代"历史学研究乃于明治时期袭自兰克学派，而正是兰克确立了历史学在西方学术，尤其在近代科学中的地位。兰克的学生里斯（Ludwig Riess）曾执教于帝国大学（今东京大学），坪井九马三也曾留学德国，日本近代历史学研究的基础得以奠定。坪井曾说，"史学是研究人作为社会细胞的行为如何发展的科学"，可见，确立历史学作为"科学"的地位乃其追求。另有学者从"实验"（实证）中看到西方历史学的新颖之处，历史学在学术体系中的地位又获得加强。所谓"科学"性、"研究"性，简而言之，无非归结于对史料的批判性分析和客观实证。而对中国史的研究，则

---

1 本书的"战后""战败""战前"，皆指涉第二次世界大战。——编者注

被置于历史学中的东洋史学,经日本战败至今。

日本战败前,中国史的新时代——现在所谓"近代中国",指清末至民国时期;对当时的日本学者而言,其研究对象是同时代史。在整体上,研究曾受制于日本国家政策及其动向。正因为如此,人们大多认为,日本战败即意味着战前近代中国史研究的失败。

加之,1949年中华人民共和国宣告成立。当时,社会主义(共产主义)体制优于资本主义体制的意识形态对日本知识分子影响极深,而新中国的成立则促使他们进一步倾向于否定战前和战争期间的历史研究。此即日本战后近代中国研究的时代思潮背景。

坂野等所编前著基本上以其后二十余年的研究成果为前提,甚至设"现代中国法制""现代中国经济"两章分述"现代中国"的法制和经济研究要领。而"清朝法制"一章(滋贺秀三)认为中华人民共和国的法制是对传统法制的彻底否定,所以主要论述的是清朝法制,即传统法制的"最终发展形态"。该章从结构、文献方面对《律例》(相当于刑法)、《会典》(行政规范)及相关法制进行解说,并探及清末至民国法典近代化的状况。"政治外交史"一章(坂野正高),副标题为"以清末之根本史料为中心",则详述了外国(如英国)的外交档案和中国的《实录》及各类"档案"的收藏、刊行状况。

本书的"法制史研究"(西英昭)和"外交史研究"(冈本隆司)两章,即以滋贺文、坂野文为出发点,在此基础上增述其后研究的见解,并作仔细解说。前者主张,只有紧扣"法是什么"这一根本问题,研究成果才有意义,并详述了日本、中国、西方包括论文数据库在内的研究状况。后者还重新探讨了源自西方的框架、概念,这比前著要更进一步。

对日本的中国近代研究而言，本书和前著之间长达约四十年的时间跨度具有重要意义。其明证之一，即前著"社会经济史"一章的论域，在本书分作"社会史"和"经济史"。日本曾于1930年成立"社会经济史学会"，称将推动研究"社会史、经济史、法制史、政治史、思想史等"。不过，前著"社会经济史"一章（田中正俊）所依据的，乃深刻影响战后日本历史学界的马克思主义唯物史观。当时，田中任东京大学教授，也是著名理论家。该章另有副标题"论文形成过程：一个实验"。据说，该章因仔细描述了如何调查、解读和分析史料，如何推敲撰写论文，被学生奉为论文撰写指要，深受欢迎。附言之，前著各章执笔者，主要是东京大学教授，年五十岁以上，均为各自领域的核心学者；而本书的执笔者都是学术界的一线教授，年四十多岁，毕业于东京大学、京都大学。

此处要观察的是，田中叙述"社会经济史"领域的"一个实验"，被摆在俎上的课题则是"《马关条约》第六款第四之历史意义"。该项规定"日本臣民得在中国通商口岸、城邑任便从事各项工艺制造；又得将各项机器任便装运进口，只交所订进口税"。日本当时并无余力输出资本，却为何要求签订帝国主义高度发达后才有需求的条款？这一问题受到学术界的关注。

战后日本历史学研究的主流理论基础乃唯物史观，其根本框架是生产力的发展和以此为前提的生产关系的相适应。田中的"实验"即以此为基础而构思，分析了经济基础（即生产力）与其社会表现（即生产关系）之间的矛盾与演变，抽取出所有可能选项，并试图对分析结果作符合逻辑的概括。本书将前著"社会经济史"一章分立"社会史"和"经济史"两章，乃因研究方法已发生变化，前者依据的是社会科学理论，而本书采用人文科学的立场。

附言之,"人乃社会性动物"之定义,据信出自亚里士多德。但"社会"这一术语涵盖范围极广,难以准确定义。"社会史研究"一章(吉泽诚一郎)下立家庭、民族(族群)、农村社会为子项;"农村社会"一节则叙及为探究"中国社会之法制惯行"而在日军占领区实施的"华北农村惯行调查"。

该调查的背景是,近卫文麿首相曾要求"一国之国策,须以坚实之科学研究为基础"。数位调查者后来回忆称,调查是"纯学术调查"。这证明,在旨在提高侵略性国策效率的"科学研究"框架内确曾存在"纯学术调查",而"科学"因此而无法摆脱的政治性及其内在的伦理问题,也就显现于历史的舞台。该调查历时五年,后战况变化,未能获得充分成果即被迫中断,只留下大量问卷调查记录。众所周知,这些记录战后被整理出版为《中国农村惯行调查》,并成为一些论文的史料依据。由于问卷调查蕴含的问题极其微妙、复杂,吉泽建议研究韩国、东南亚的村落时,可将之用于比较。从社会史角度看,这种比较研究无疑十分重要。但本人却希望,对敌军占领(和傀儡政权统治)下的民众生活、社会心理的研究也能有所进展。

"经济史研究"一章(村上卫)指出国民经济在清末民国时期尚未形成,提请读者注意缺乏统计数据等问题,并鸟瞰了各课题的区域经济研究状况。

不过,本书将坂野等所编前著之"政治外交史"分作"政治史"和"外交史",则并非如"社会经济史"那样因为研究方法的变化,而是更加明确了二者间本已存在的界线而已。

"政治史研究"一章(石川祯浩)认为,所谓重返历史现场,即重返政治史史料形成的现场,同时提醒读者对政治事件发生过程中是否曾有人基于政治判断进行信息操作、是否为"美化"而篡改史料等保持警惕。"外交史研究"一章（冈本隆司）也主张，要对新出现在东亚（本无"外交"的非西方世界）的外交实际状况进行描述，同样需要重回外交交涉的现场。石川和冈本的主张，其基本方向是一致的。

"思想史研究"一章（村田雄二郎）认为，思想的意义所在，即在实践中作用于"现实"并制造"事实"；同时促请读者注意，实证主义作为历史学方法已开始受到质疑。各章执笔者都充分指出，各层级的史料均难免源自主观认识的片面性（有时即为谬误）；村田则尤其指出，为了内在地理解文本，必须把握该文本赖以产生的社会背景。"文学史研究"一章（斋藤希史）也指出，中国文学在其漫长历史中，步入近代后曾出现最为戏剧性的复杂变化，并强调必须掌握足够的汉语能力，以解读涵盖整个东亚区域的"近代汉字圈"的古典文章和现代文章。要之，该章意图使入门者明白，解读文献须透过纸背，看到其内在本质。

本书距坂野等所编前著之刊行约四十年，其间外部条件之变化，各章执笔者各有所述。概而言之，即改革开放时代和电脑普及带来的信息革命时代的到来。

始自1980年代的文献史料的开放、刊行，其影响是以前难以想象的，一般性史料几乎全部公开，其中许多且已出版。本书称，尽管中共党史等仍有一些尚未解密，但若多种方法并用，许多史料也已能够获取。史料开放，使研究中国其他时代的学者也深受其益，但就史料的性质、数量规模而言，最大的受益者自非近代史研究者莫属。

事实上，中华人民共和国成立后，即有"中国近代史资料丛刊""帝国主义与中国海关资料丛编"等陆续编纂、刊行。这些史料集之编纂，自然受到一定史观的影响；但许多零散的罕见史料因之成集，其方便研究之处难以尽言，研究基础亦因之得以初步确立。而现在，从档案、单行本到报纸、杂志，几乎所有文献史料均已公开和出版。中国大陆有档案馆千余处，所藏民国时期档案，据估计为藏量十分丰富的明清档案的数倍之多。档案馆背后尚有各种图书馆等，故改革开放后研究环境的变化，谓之破天荒亦不为过。

加之，本书刊行时已发生的研究环境的巨变，较之从前，其性质亦不可同日而语。其中之一，即电脑普及带来的信息革命。对文献目录类的解说，在以前的研究入门书中是不可或缺的，在本书中却极少论述，即因研究环境已经变化。

关于此类变化，述其现状非笔者专长，更不敢放言文献史料之外各领域信息革命的发展。但就数量庞大的近代史史料而言，信息革命无疑对近代史研究有莫大助益。观诸《申报》数据库之问世，此点一目了然。该数据库直接检索文章（语词）十分便利自不待言，而由于传统文明的基本载体即十三经、二十五史等古籍也已实现电子化，该数据库的功能得以大大增强。研究者皆知，有些语词难以理解，但大量收集其用例，则可对其作归纳性解释。当然，数据库存在陷阱，其使用方法也有各种制约，故具备基本学养以能透析数据库背后史料叙述的"深度"以及"偏差"则更为重要。这一点，各章执笔者均据亲身体验提出具体建议和希望，书末之座谈会记录也有所议论。

编者也提到，"有些内容，本书应有而实无之，如军事史"。此类领域，逐一列举无甚意义，此处从略。总之，本书就七领域设章分述，有机地覆盖了近代史的不同侧面，此点值得赞赏。

最后略述本书刊行前一个时期的整体研究倾向。将明清时代纳入视野的广义中国近代史研究的指向，与各国、各领域的历史研究或有相似之处，即研究对象开始涵盖社会底层（民众等），其重点愈益转向日常生活，甚至个人层次的生活史也被置于与政治、社会的关系中加以探究。民众实际从事再生产的"区域社会"（中间团体）这一观察方法和概念，曾在1980年代引发争论。与此相应的是，民众信仰地方性神灵（所谓"土神"）的实际状况也不断得到阐释。此外，"饿死不借账，屈死不告状""衙门口，朝南开，有理没钱别进来"等俗语，曾让我们认为民众是不愿告状的。但巴县档案所呈现的生活于法制关系末端的个人形象，则与"常识"完全不同。研究指向底层民众，或为今后长期趋势。

我相信，本书对促进中国近代史研究大有补益。

2017 年 8 月 18 日

日文版前言

冈本隆司　吉泽诚一郎

本书所述为研究"近代"中国——自19世纪伊始至中华人民共和国成立——的基本要领，故称"入门"。

仅就近代中国领域来看，近年问世的此类书籍已为数不少。若将概论、教科书、译著等也计算在内，则数量更多。在这种情况下编撰本书，或有叠床架屋之嫌。而之所以决计为之，实为强烈的危机意识使然。

此类书籍问世的背景似在于学术研究的环境、条件大为改变，如大抵都强烈意识到须顺应日益发展的全球化趋势。的确，研究活动既然是社会的产物，无疑有必要在时代洪流中接受淘拣。

然而，要使学术研究更具吸引力并不断发展，一味顺应外部变化显然也是做不到的。毋宁说，必须清晰地认识到，学术研究的核心部分是不可能随环境、条件的变化而改变的。对这一核心的各种要素，应随时确认、掌握并不断实践之。

在此，我们自然想起坂野正高、田中正俊、卫藤沈吉编著的《近代中国研究入门》（下称"前著"）。该书不仅论述研究"要领"，还明确了学术研究的核心所在，是名副其实的研究入门；尽管有些内容已显陈旧，但无疑仍在名著之列，其所揭示的学术研究理想及与之密切相关的研究方法，曾对我们影响至深。或正因如此，近年所刊同类书虽多，但足可与前著比肩者却难得一见。此种现状显然是对完美学术理想的憧憬不再、研究能力亦随之减弱的反映。

编者等虽力有不逮，却试图继承前著精神而编撰本书，是为了促请学术界对上述现状充分注意和思考。此尝试或与时流相左，但既然追求学问，这份固执自是不可或缺。

前著的目标是"打破封闭意识、追求跨学科中国研究"。本书的最终目的亦然。不过，前著所论既有历史研究，也包括同时代中国研究，此其魅力之所在；而本书则专注于历史研究。这是为明确下面主张：同时代中国研究既已有长足发展，则欲求建设性的分工合作，历史研究必须反躬自省、站稳脚跟。历史学本属跨学科性质，但要充分发挥其优势，牢牢把握基本要领和要点至关重要。

事实上，当下人们对从学术上探讨近代中国的历史绝非漠不关心，毋宁说，来自其他相关领域的论述正在增加。但观诸此等论述的内容，史料操作的草率、对既往研究的轻视等显而易见，表现出对历史学缺乏应有的尊重。因此，以历史、中国为研究对象者自不待言，置身其他领域而欲涉足史学和中国研究者，对史学研究、中国研究的内容和要领作最低限度的把握甚有必要。本书依学界传统范畴划设各章，其理由在此。

本书各章，由各领域潜心研究的学者分别依上述意图和对各领域问题的认识倾力撰就。

序章"研究的前提与现状"为全书导论，论述各章难以透彻讨论的基本问题，为探讨研究前提而就时期划分、研究所需素养、工具书、史料解读和论文撰写等进行概述。

第一章"社会史研究"从社会史概念之模糊和研究领域之宽泛论起,按人口和家庭、民族性、村落等论题,对研究的前提条件和可能性进行讨论。其中,在有关农村社会和农村调查的讨论中,近年来日趋活跃的实地调查也应予以重视。

第二章"法制史研究"对研究史做了回顾,全文贯穿着如下明确而坚定的立场,即法制史研究必须思考"法是什么"。该章详论学术研究应有的"理想"姿态,揭示了法制史研究的基础何在,以及日本的中国法制史研究虽然远非人才济济却何以能够引领世界的原因。

第三章为"经济史研究"。中国近代经济史研究近年来呈现低迷之态。有鉴于此,该章再次确认该领域研究的意义,并以广阔视野鸟瞰研究动向及尚待解决的课题。尤其是该章将焦点对准区域经济史,为蕴积深厚的该领域研究提示了方向,而"模式化"的意义也是往往流于追究细枝末节的研究者所不可忽视的。

第四章"外交史研究"对近年开始活跃的研究动向进行概述,同时论及其研究方法。该章重新确认外交史研究的基本要领,即必须仔细而深入地研读已出版史料,强调绝不可因档案史料相继解密、研究条件不断改善而随波逐流、迷失方向。

第五章"政治史研究"紧扣20世纪中国政治史,并基于史料特点论述了研究的基本态度、基本视角以及近年的研究动向。该章指出,史料本身因其形成过程的特点而须作慎重解析。此论针对政治史研究而发,也是贯穿全书的主题,自然也契合中国史研究的所有领域,切中了历史学的本质。

第六章"文学史研究"探讨"近代中国"在文学史研究上的

地位，并对此前观点加以批判，呼吁以新视角观察问题。除学说、视角问题外，该章还就在现有研究水准和条件下解读文本的要领进行细致解说。面对史料往往不求甚解者，将会由此得到极大启发。

第七章"思想史研究"首先就撰述"近代中国"思想史的内涵、意义及其"类型"加以确认，在此基础上强调了包括语词概念、文体在内的文本研究的重要性。其论点尤其与第四、五、六章呼应，也是就中西"文明"相互交错的"近代中国"研究整体应持态度的论述。

最后的"近代中国研究的现状和问题"是各章执笔者座谈的记录。座谈中，执笔者坦率吐露了在平日研究中抱有的疑问以及观点——包括各章未能尽言之处，并作自由讨论。该部分将个性鲜明的各章内容概括、综合成整体，同时也是明确各章主旨的线索。

此外，本书以图片形式提示史料的利用方法。不言而喻，历史研究扎根于史料，使各研究领域的特征得以呈现的也是史料。本书并不以全面介绍史料为目的，但既然称作"研究入门"，则就史料的利用方法作一定提示仍属必要。

毋庸讳言，仅凭本书尚难尽全责。有些内容，本书应有而实无之，如军事史。包括近代在内，整部中国历史就是不断以武力实现政权交替的惨烈过程，因而军事史研究不可或缺。然而，该领域的课题实际上几乎不为学者所关注。当然，若说完全空白也不尽然，其他领域、其他课题的研究论及军事史者亦有之。有时军事史研究与其他领域难做切分，又或者其他领域的研究尚不成熟，故而无法单独探讨其军事部分。总之，有必要明确认识这样的现实，即较之其他时代、其他地区，"近代中国"某些领域的研究还相当落后。

故对上述七章以外的领域，本书暂时还无法触及，唯有期待今后研究进一步发展。

  编撰本书的设想产生于2009年夏。当时冈本、吉泽同乘东北新干线，闲谈中提到面对中国近代史研究所处的严峻形势，我们能做什么、应该为青年学者传授些什么等问题。彼时首先浮现于脑际的就是前著《近代中国研究入门》。我们相信同样主旨的新著对21世纪的学术研究定有裨益，于是开始了编辑工作。幸而，编者的设想得到出版社和各位执笔者的赞同，遂有本书问世。

  本书各章执笔者都是活跃在各领域研究第一线的学者。当今的学术研究已高度细化，所以，既要论述各自的研究领域，又要提出带有共通性的主张，殊非易事。于是，当初制定的编辑方针是，请执笔者坦率吐露各自的所思所想。稿件完成后，编者曾就文章格式、文献提示方法等作最低限度的统一，至其内容、主旨则未作任何改动和调整。"以存异为上"——此点也与前著不谋而合。

  将如此形成的各稿合为一册刊行，出版社的辛苦可想而知。在此，对东京大学出版会一直耐心支持本书编撰工作的山田秀树、山本彻两位，表示衷心感谢。

2012年2月

目录

汉译本序言　狭间直树 _ i

日文版前言　冈本隆司　吉泽诚一郎 _ ix

序　章　研究的前提与现状　冈本隆司 _ 001

第一章　社会史研究　吉泽诚一郎 _ 023

第二章　法制史研究　西英昭 _ 049

第三章　经济史研究　村上卫 _ 075

第四章　外交史研究　冈本隆司 _ 101

第五章　政治史研究　石川祯浩 _ 126

第六章　文学史研究　斋藤希史 _ 148

第七章　思想史研究　村田雄二郎 _ 172

座谈会　近代中国研究的现状和问题　吉泽诚一郎・冈本隆司・村上卫・村田雄二郎・西英昭・石川祯浩・斋藤希史 _ 198

附录

悼念袁广泉君　狭间直树 _ 241

悼袁广泉君　桑兵 _ 244

风骨铮铮的翻译生涯——追忆袁广泉先生　石川祯浩 _ 247

参考文献 _ 254

序章

研究的前提与现状

冈本隆司

一 为何现在要探讨"近代中国"

汉语语境中的"近代中国",几乎肯定是指 1840 年至 1949 年。一般的中国人在说到"近代中国"时,其时间跨度是固定的。

但是,如果立足于曾独自发展起来的日本的中国研究观之,却有不同看法。在日语中,"近代中国"这一术语并无固定内容,内涵也大不相同。

汉语中的"近代",是英语"modern"及相近西方语词的译词,其意仅指与现时直接相连的过去,和"现代"存在微妙重合,有时甚至与"现代"完全同义。因此,"近代中国"与"现代中国"实际上不存在明确分际,其范围也随时间流逝而不断变化。

在日本对中国的学术研究正式发端之际,"近代"和"近世"几乎同义,实际上可相互置换。内藤湖南 1928 年的名篇《近代中国的文化生活》,论述了宋代以后士大夫的"文化生活",并揭示了这种生活目前仍然存在。同时代的现象应上溯到何时?这里的"近代"(即近世)即用于此义,也与欧美原词语义相符。[1] 内藤论文成于所谓"清末民国时期",其时距鸦片战争不满百年,从辛亥革命算起尚不足二十年,故其所论应属同一时代,甚或是时事问题。可见,"近代"和"现代"之间并无断绝,而是一以贯之的概念,而其中的"清末民国",可以说既是"近代",也是"现代"。

对"近代"的如此把握在中国史学、东洋史学的草创期一经通行,即从未改变。后经国民革命、抗日战争乃至中华人民共和国成立之后,在中国史研究圈内,清末民国史尽管被称作"近代",其研究却仍被视作时事之论。清末民国史研究,是在"清末以后非历史",其研究"不逾时事性"的氛围中起步的。

之所以如此,其原因有二。其一源自日本的中国学、东洋学的形成方式和独特性质;其二则与之互为表里,即试图回避"为政治所左右的危险"[2]。

关于第一点,须知日本的中国学、东洋学是由江户以来的汉学传统和明治时期自欧洲传入的研究方法相结合而产生,且以元代以前的历史为对象;而所谓明清史研究、清末民国史研究则都是战后的产物。尽管如此,明清史被视为历史、中国学或东洋史学的一部分,并获得了发展,而清末民国史却往往与明清史割裂开来,一直仅被视作时事问题。[3]

这又影响到第二个问题。清末民国史既然被归入时事范畴,就无法避免来自现实政治的强烈影响。战前如此,战后亦如此。试图积极参与现实政治者会借此思考时事,而不屑如此者则会避开清

---

[1] 其后近百年,"近代"和"近世"的概念本身已经变化。此点已众所周知,此处从略。
[2] 卫藤沈吉语。坂野正高等编:《近代中国研究入门》,第428—429页。
[3] 冈本隆司:《明清史研究与近现代史研究》。

末民国而"逃避""蛰居"于更早时代[1]，致使明清史和清末民国史研究渐行渐远。对于战后马克思主义史学的流行，人们的态度也大体相似。明清史及更早时代的研究曾发生貌似学术性的时期划分论战，而在清末民国史研究中占支配地位的，则径直且从来都是基于意识形态的革命史观。

坂野等编前著即出自对上述状况有切肤之感的当事人之手。他们也是在战前汉学传统尚存的时期接受中等教育，因而熟知日本的中国学、东洋史学优缺点的一代学人。他们曾这样描述1970年代以前中国学（Sinology）的状况："无意识间受到那种对现代既不了解也不关心的态度的操纵"；"对为在政治上主张些什么而把历史当作其手段觉得不合适"，但"显然又不能与现在彻底切割开来，而抱事不关己的态度"。[2] 前著编撰的极大动机就是对这种状态的不满。因此，其论述尽管以19世纪后半期至20世纪前半期为主，却刻意追求与"现代"的结合点。

但是，时代已跨入全然不同的21世纪。我们这一代虽未曾在初中、高中学习过汉文，却也不得不肩负起学术研究的重任。这意味着曾是中国学、东洋史学基础的汉学传统已经衰退。

问题远不止学者的世代交替。进入1990年代——中华人民共和国也已步入壮年——以后，随着改革开放日益加速，中国的突变展现在眼前，如何应对成为日本的紧要课题。对现代中国不关心、不研究的状态曾持续经年，至此终于出现日益显著的变化。

野村浩一、山内一男、宇野重昭、小岛晋治、竹内实、冈部达味合编《岩波现代中国讲座》（1989—1990）等的刊行即为明证。

---

1 前野直彬、卫藤沈吉语。前引坂野正高等编《近代中国研究入门》，第429页。
2 田中正俊、滋贺秀三语。前引坂野正高等编《近代中国研究入门》，第430—431页。

1990年曾有关于中华人民共和国研究、现代中国研究的众多指南性书籍出版，颇具划时代意义。而受上述野村等编著的内容丰富的附录《现代中国研究指南》触发，小岛晋治、并木赖寿合编并出版的以清末民国为探讨对象的《近代中国研究指南》（1993），则更具启发意义。

首先，上述过程显示，"近代"以中华人民共和国这一"现代"为前提并意指对清末民国的"近代"研究，不过是随着"现代"而出现的伴生物。曾经对清末民国抱有的现代感觉已不复存在，曾视清末民国为时事范畴的态度和感觉，在1990年以后指向了中华人民共和国和20世纪后半期。

面对这一变化，我们或无须悲观。考虑到清末民国的"近代中国"研究曾"无逾时事性"，应该说现在"为政治所左右的危险"已大为减少，故而已能够将其视作一个历史阶段，并作为纯然的客体加以研究。这样看无疑更具建设性，也不会失去其与"现代"的中华人民共和国直接相连的定位和意义。

那么，现在的实际研究状况如何？说到此点，却不能不让人感到悲观。对"现代中国"研究的关心逐步高涨主要是由近年的教育课程促成的。学生具体接触的，首先是在经济、军事、政治方面不断向大国迈进的中国，而早已不再是汉文古典中那个历史的、文学的和思想的中国。加之，近年信息化、全球化迅速发展，故只要掌握一定程度的汉语，则研究"现代中国"已不再是特别困难之事。此点本身原无不可；问题是，"近代中国"的境况与之相反，正迅速失去人们的关心和关注，学术研究也大幅减少。

这种事态或为清末民国日渐远逝、越来越难以接近所致。而要着手研究，除汉语外，还须掌握读解汉文古典的能力，这也使"近代中国"研究较之"现代中国"困难得多。换言之,"近代中国"转化为历史和学术研究对象,最大限度地凸显了中国学、东洋史学衰退的影响。但是,"近代中国"虽属过去,却是日本、日本人最为关心的"现代中国"的前一阶段;且研究环境方面也已存在共通的全球化框架。因此,我们不能坐视"近代中国"研究继续消退乃至湮灭。

不过,另一事态正在形成。全球化负面影响导致的短视的功利观点盛行。若非社会功效立现,研究就无法得到正当评价,致使人文学研究支离破碎。尤其对于外国历史研究,视其为多余、无益者越来越多,甚至同行学者也有人质疑"何用之有"。

对此,答案是明确的:"不管喜好与否,我们都生活在历史中";"人汲取历史养分之多,直如随时呼吸空气",故"准确书写历史就是对社会的贡献";"截取人类历史的某一片段做缜密探讨,是具有重要社会意义的行为"。[1]

有人说,了解现状无须知道历史。此话貌似有理,实则大谬。关于中国尤其如此,若历史与中国的"现代"不可切割,则更是如此。然而,要让研究现状者从头梳理历史无疑也是强人所难。正因如此,"近代中国"研究极具社会价值。

显然,前著《近代中国研究入门》所追求的"近代"与"现代"的结合,其重要性不仅没有消退,反而大于从前。当然,周围情况已经变化,身处现代,欲"逃避""蛰居"于更早时代已绝无可能。毋宁说,试图"逃避""蛰居"于"现代"的动向才更可怕,而且这种动向正愈演愈烈。"近代中国"研究及其入门知识之所以

---

[1] 肯特(Sherman Kent):《历史研究入门》,第5—6页。

需要，其理由在此。

二 研究现状

因此，尽管时代范围不同，但在意义、目的方面，本书将继承坂野等编前著，而结构亦同。本书内容已简述于前言，此处再就编撰动机略作说明。

上述前著，仅就其历史部分看，内容可谓无所不包、无微不至：(1) 全面介绍辞书、参考书的种类及其使用方法；(2) 既往研究的检索方法，及相关研究文献的介绍、解题；(3) 史料论，如史料的形成及复制、解读、概括等方法；(4) 从构思到注释、校正等论文撰写方法；等等。前著编者对此总结道：

> 不是罗列高见卓识，而是叙述学术研究必备的基本素养，资料、工具的使用方法及撰述论文的规则、要领等，亦即那些支撑和促进学术研究的方方面面，而不论其学风如何。[1]

事实上，该著有别于同类著作的独特之处正在于此。因为，所谓"基本素养""要领"等，包含着研究实践须遵循的原理，或曰不可更易的核心。

既如此，何须再编本书？前著刊行至今已近四十载，其所论难免陈旧。因为，就上述 (1) 至 (4) 项而言，由于信息、影像、印刷技术的进步，若仅表面仿行，则无人不可轻松为之。

---

1 前引坂野正高等编《近代中国研究入门》，第 iv 页。

现在，恐怕没有人会按前著所论进行研究。史料不会再动笔摘录，而是输入电脑；查阅目录则利用网上数据库，而不会再翻检卡片。这当然并无不妥，学者们都在这样做，笔者亦然。不过，我们不应对研究中存在的问题视而不见：研究的步骤、要领是否得当直接关乎研究质量的高下，此点本为不易之理，现在却因过于方便而混沌朦胧起来。这是最值得忧虑的。

若不具备"基本素养"、不能把握"要领"将会如何？试举何伟亚著《怀柔远人》为例。该书研究的是1793年英国特命全权大使马戛尔尼率团访华，因运用后现代观点批判此前的"朝贡体制"论而得到高度评价，并获得列文森奖。该书引用史料有如下一节：

> 《周礼》大行人掌宾客之礼仪，九州以外，谓之蕃国，各以其贵宝为挚。国家声教暨讫，四夷来宾，徼外山海诸国，典之礼部。百馀年来，敕封燕赉诸典，仪文详洽，爰辑为宾礼……朝贡之礼，凡四夷属国，按期修职贡，遣其陪臣，赍表文、方物，来朝京师。(《大清通礼》43：1a)

何伟亚译英文如下：

> In the *Rites of Zhou* the Grand Conductors of Affairs (Daxingren) handled (zhang) the rites and ceremonies of the guest. Kingdoms external to the nine provinces were called foreign kingdoms (fanguo). Each of these kingdoms took its most precious things (guibao) to be the offering (zhi). In our time the enunciated teachings of the imperial family

(guojia shengjiao) have reached the foreign peoples of the four directions who come as guests. The various kingdoms from beyond mountains and seas have recorded this. For over a hundred years, the Board of Rites, by Imperial Order, has feasted and rewarded them. Various ceremonial writings have been examined, combined, and thus compiled to make Guest Ritual. ⋯In the ceremony of offering up the most precious things at court (chaogong zhi li), <u>the foreign peoples of the four directions (siyi)are classified as domains (guo)</u> and order their offerings according to the proper season. [The princes] of these domains send their servants to present petitions (biaowen) and local products (fangwu). They come to our court in the capital.[1]

如有学者已指出，该译文断句即已错误，有些译词概念令人费解。[2] 最明显的是画线部分对"四夷属国"的解释。作者将该四字误译作"四方异人按国分类"（are classified as domains），然后认为"无华夷之别"。[3] 若在日本，连大学生也不至于如此立论。

如何理解清朝的华夷概念及"夷""属国"等词，是十分重要而复杂的问题，至少对日本的清史、近代史学者而言，属于最起码

---

[1] J. L. Hevia, *Cherishing Men from Afar*, pp. 118-119.
[2] 请参阅周锡瑞《后现代式研究：望文生义，方为妥善》，第 112 页；以及"Cherishing Sources from Afar", pp. 147-148。不过，该论并非本质上的批判。关于此点，罗志田曾在其《夷夏之辨与"怀柔远人."的字义》（第 143—144 页）和《后现代主义与中国研究——"怀柔远人"译序》（第 304—305 页）做过恰如其分的评析。
[3] Hevia, *op. cit.*, p. 182.

的常识。但该例显示，在美国，此类常识连一流学者也未必掌握，而且根本不去参照日本的必读文献。因此才有"以相同原则"（the same principles）对待"英国国王和蒙古王公"[1]这样明显错误的论述。仅就笔者的研究范围而言，无论哪个国家、哪种语言的著作，类似错误都十分常见，而且往往所受评价极高。

通过准确把握语词概念和文献诞生经过来认定事实到底如何，如此循环往复以描述该时代的状况，是包括史学在内的所有人文社会科学研究的最基本操作。但这一基础现在已经动摇。无论世界潮流如何，只要是学术研究，这种情况是绝对不能允许的。

这样的"基本素养"，只有随时用心、不断自我训练才可能掌握，而不能寄希望于临阵磨枪。关于史料解读不再赘述，此处再提出加强"基本素养"的另一问题，即研读那些看似与研究无直接关系的著作极其重要。

学者读书仅局限在与研究课题有关的狭窄范围之内，是近年来的一个突出现象。但是，有学者曾这样呼吁道：

> 要一并阅读那些看似与目前课题没有直接关系，但实则其内容曾通过学习、吸收间接地为创造性地形成"研究史"而准备过重要条件，或曾以宽广视野对目前课题所研究的时代作出过历史性展望、提出过重大问题的文献；此外，为学习方法论，还要阅读社会科学方面的理论性著作，而且，还必须直接阅读经典原著以独立思考这些理论，以将其方法论作创造性提炼……[2]

1　Hevia, *op. cit*., p. 32.
2　田中正俊：《社会经济史——论文形成过程：一个实验》，第 104—105 页。

应当为掌握思考和表述方法,而不仅为增加知识广泛地咀嚼、领会各领域前辈的研究业绩。当然,如果将其当作完美无瑕的真理、绝对性标准,那就成了迷信,而不是研究。总之,随时接受名著的熏陶、思考其所以然,这种经历的意义无可取代。比如,阅读经济理论方面的著作,亚当·斯密、马克思、马尔萨斯或凯恩斯的皆可。

仅就清末民国而言,"社会科学方面的理论性著作"的重要性是绝对的。首先因为存在这一事实,即这些著作是目前为止研究的理论框架。直接运用其理论、术语、概念的研究自不待言,不少研究即使并非如此,其思考也曾应用这些框架。比如,若不了解马克思的历史观术语,有些著作就无法理解。

不仅如此,社会科学这一学术范畴形成于"近代中国",其理论曾是思考政治、经济现实问题的标准,并发挥过重要影响。因此,若对社会科学理论没有相当了解,文献、史料都无法解读。

三 查阅:工具书和信息化

说到"基本素养",按旧时理解,辞书等所载释义或古籍章节理当烂熟于心。所谓"胸中自有万卷书",是读书人的基本修养。在日本历史上,若连四书五经都背不下来,甚至没有资格做塾师;而熟记四书五经也曾是幼童们的学习目标。像笔者这样的,若在江户时期,肯定是不合格的。

当然,现在已经不同,因而笔者也得以混迹于大学。与近代西方接触以后,学术研究的方式大变,曾经依靠个人记忆的内容,绝大部分让位给了辞书等工具书。因此,中国学、东洋学也存在难以尽数的工具书。以"近代中国"立场观之,十三经、二十四史、十通等,与其说是史料,不如说应归于工具书之列,更遑论辞书、索引等。而现在,电子化的洪流席卷一切,这些工具书也不得幸免。

曾经,了解工具书的有无、价值及意义、收藏地点并设法获得和运用极不容易,所以市古宙三在这方面所做的工作意义重大。[1]当然,市古所列举的工具书,除他本人曾参与购置"近代中国"书目的东洋文库外,恐怕没有多少图书馆悉数收藏。由于工具书是经常使用的常备书目,极而言之,如果不与东洋文库比邻而居,要全面研究"近代中国"且达到市古那样的水准,是不可能的。而现在,这些困难都因电子化而不复存在,电子化可谓功莫大焉。

不过,拥有工具书并不等于大功告成。某位研究中国古代史的学者曾对笔者说,要读《汉书》,一部《辞源》大体可解决问题。但对我们而言,即使有了《汉书》和《辞源》,也没有熟练使用它们的本领。换言之,仅熟练使用工具书,就既需要学识丰富,又须经过长年训练。这一点,无论电子化、信息化如何便利,其本质都不可能改变。

近年来,电子辞书大为普及,学生几乎人手一部。不过,尽管因一键到位、无须翻页而十分方便,电子辞书却没有手捧纸质辞书那样的感觉。而左右展开的辞书让视域宽阔,相关记述可一览无余;还可慢慢阅读释义、举例,仔细思考其解释用于文中是否恰当。电子辞书的检索能力自然远非人脑所能及,但使用者的思考节奏往往落后于电子辞书的检索速度。须知电子化并非一定实用,有时甚至恰恰相反。

无论哪种形态的工具书,都不可能解决所有问题。因为,完美

---

[1] 市古宙三:《近代中国的政治与社会》《近代中国研究工具书》。

的工具书是不存在的。在专业水准的研究中,经常遭遇工具书无能为力的局面。也只有这样的研究才算达到了专业水准。在这种情况下,就需要阅读相关领域的研究著作和论文。

对于与自己的研究课题密切相关的既往研究,应持怎样的态度?关于这个问题,田中正俊的《社会经济史》及吉泽诚一郎的《与既往研究对话》已有论述,本书各章也将就具体事例分别探讨。总之,咀嚼和消化既往研究的过程亦即明确自己论点的过程,是研究不可或缺的环节之一。

更值得注意的是,相较于为研究课题寻求参考,我们更多的是在思考其他问题时才阅读既往研究。为了解陌生领域而大量阅读相关专业论文、译作、学术专著等,也可能发现有助于自己研究的问题或史实,故而也应随时研读而不容懈怠。

仅就旧刊清代史料而言,如临时台湾旧惯调查会编《清国行政法》、安部健夫著《清史研究》、东洋史研究会编《雍正时期研究》、佐伯富著《中国盐政史研究》等或应置于案头并时时参阅。这些史料之编著如此认真、严谨,即使尚欠全面,其可靠性也远在工具书之上。如后所述,研究成果应该出版并须附文献目录和索引,其部分意义在此。

四 思考:实证与解释

要研究过去,必须首先确定当时发生的事实,而后据此建立假说。其具体方法,市古宙三已作清晰解说,引用如下。首先是实证。下面的引文准确表述了实证是如何烦琐,又是如何"像侦探小说那样引人入胜"的。

（一）欲查某事，首先须尽量全面地收集与之有关的史料。

（二）所收集史料须逐一思考、探究其性质与可信度，而后作出取舍。

（三）史料的可信度，以当事人在其时其地所写文字——如借据等——为最高，而人、时、地愈远，可信度亦递减。但这仅是原则，实际考虑史料的可信度时，必须在该原则基础上分别作出判断。

（四）史料取舍须合理、客观，绝不可主观臆断或随心所欲。亦即，绝不可仅凭是否能够支持假说为准。

（五）研究论文须明确反映上述过程。史料之弃用，须以任何人都能理解的方式明确解释缘由。

（六）研究论文并非越长越好，而以简洁为上，所论课题的相关常识性内容无须赘述。若不得不写，亦须简洁，且无须注明依据。

（七）作为证据而出示的史料，并非越多越好。比如有史料a、b、c、d四件，若b、c、d仅为a之概括，则仅提示a即可，或至多注明"b、c、d派生自a"。若全部纳入论文，只能表明作者本人无知，而无助于证明结论更加可信。[1]

实证之所以困难，是因为必须对史料进行批判。但是，实证归根结底只是解决问题的方法。那么，实证旨在解决的问题是什么？实际上，明确需解决的问题才是更重要的，而这也只能通过实证和批判才能逐步明晰。市古接下来这样说：

---

[1] 前引市古宙三《近代中国的政治与社会》之"前言"，第3—4页。

对于研究辛亥革命的学者而言，有些事实是确凿无疑的……如前所述，为追踪、明确这些确凿的事实，必须经过烦琐的求证过程。但是，对这些确凿的事实进行综合、概括所描绘出的辛亥革命图景、对辛亥革命的看法，却不必人人一致。毋宁说，每位学者的看法都一致才是不自然的。然而，令人意外的是，不少人染上权威主义弊病，或难以摆脱套餐趣味，没有了权威观点，对既定图景就感到不安全。比如有人说，辛亥革命无疑是资产阶级民主主义革命，必得这样看方可。但是，果真如此，何须再行研究？

这就是实证主义。不过，自觉地实践实证主义的学者和研究成果到底有多少，却不得不令人怀疑。因此，必须从意识层面思考下面问题，即何以必须费尽心机求证此等事实：

> 必须进一步提倡这样一种风气，即仔细探究事实，基于事实构建自己的观点。前不久，我亲睹了令人难以想象的一幕。我要求六七个大学生就某个分析现代亚洲动向的命题发表看法。没想到，他们无一例外地引用西田哲学、田边式"物种逻辑"学、和辻风土学、唯物史观等对该命题作重新解释或强调其前提，竟没有一个人根据对现实的实证研究谈出自己的看法。[1]

分析只有在概括之后才是有效的。在史学研究中，琐

---

[1] 林达夫：《和历史的交易》，第85页。该书1939年初版。着重号为引用者所加。

碎的史实考证只有作为构建体系性历史过程的一部分才有意义。反过来说，应该实证的对象，必须首先能够反映时代。因为，事实是数不清的，实证的对象只可能是其中的一部分。实证是抗拒定论的几乎唯一手段。迎合定论的实证，不管有多少人赞成，都没有任何存在的理由。[1]

所求证的事实和所主张的观点之间的关系是，前者是后者的前提，而不应是相反。但现状却是，把后者当成前者前提的学者占大多数。这首先是因为这样做不费工夫，其次是社会科学动辄以理论、架构为导向所带来的恶劣影响。

总之，首要的是先进行实证。为此，必须先占有史料。但如上所述，最近的所谓论著在这一步骤上已经不太可靠。

实证是随时随地、来不得半点浮躁的行为，学者的几乎所有时间都倾注于此。因此，这些行为本身也就是研究，而支撑此行为的技术也就是研究原理。

比如史料之收集。由于点滴史料都可能形成重要论点，所以必须恰当、准确地摘录和记录，并仔细整理，以供随时使用。这些工作都与论述的条理化、逻辑性直接相关，是记忆无法取代的。

所以，史料摘录十分重要，连使用什么载体——是抄录纸、稿纸、活页本还是卡片——都必须事先深思熟虑。尽管现在电脑已经普及，但根本原理没有改变。以前考虑选择的笔记本、卡片，现在不过为各种软件所替代而已。如何选择和利用这些软件，与学者本人的性情、情绪、思考方式等密不可分，故须选择最适合自己

---

[1] 冈本隆司：《时代与实证——民国、安格联、梁启超》，第6页。着重号为引用者所加。

的方法。而这只能依靠自己。

不管使用哪种软件,电脑都比从前的卡片方便得多。烦琐的抄录大为减少,最大特点是便于检索。电脑处理资料的能力之强大,使我们无须再如前辈学者那样身心疲惫。

但问题恰恰在于,人脑总是落后于信息技术的进步,故而电脑的使用者往往因方便而被大量信息淹没。论述未能细细咀嚼、消化史料的现象越来越多,而且作者本人并未意识到有何问题。因此,有必要重新咀嚼和回味这一见解,即"开动脑筋动手逐字抄录是解读史料内容的有效方法","是植根于学术研究本质的正统方法"。[1]

五 撰述:记述与表达

阅读、查阅、思考非常重要,但更重要的是撰述。古有史家三长之说。所谓"三长",是指"学""识""才"。"学"即知识。"识"即见解,意指仅知道历史事实尚难称史家,还必须有把握其本质的见解。而"才"即文才,指充分表达欲说之事的能力,换言之,史家必须具备撰述能力,用文章承载其见解并影响他人。

笔者认为,知识也好、见解也好,无非是概念碎片的无序集合。而要撰述,则必须为那些杂乱无章的碎片规定恰当的形式、安排适当的位置,并以之构成一个整体。此即应用语言进行表达的行为,亦即句子、段落的形成和排列。如果撰述不成功,则无论怎样的高见卓识都无法传达给别人,也就等于零。

正因如此,章学诚才尤其看重"文"即撰文叙述历史的表达能

---

[1] 田中正俊:《社会经济史——论文形成过程:一个实验》,第133页。

力，视"才"和"德"为史家所必备。换言之，只有"才"是不够的，还需有"德"；而"德"则指撰述文章时应持的开朗平静的心态。换作宫崎市定的说法则是：

> 历史研究的成果要公之于世，如何表达的问题与理解的问题、评价的问题密切相关。因为对历史事实的理解深浅、兴趣侧重、评价高低，都直接影响表达的巧与拙。文章并非仅是印在纸上的墨迹，必须由不吐不快的语言构成。因此，没有信心和热情，笔下不可能产生像样的记述。[1]

总而言之，若不能通过撰述表达出来，就是没有真正理解，也就不是真正的知识。只有写出来，作者的所思所想及情绪才能得到如实表达。

拜电脑所赐，史料及文献的检索、查阅、收集、整理，乃至稿件的执笔和定稿都已变得异常轻松，现在令人忧虑的倒是无须辛劳所带来的负面影响，即浮躁和轻率。"仅是印在纸上的墨迹"何其多也。时事性文章自不待言，学术性文章又岂二致。

至少，我们撰写的学术著作、学术论文不应如此。没有值得写的东西不可捉笔，空洞的论述不可能有生命力。纵然是——或者说越是——大家，其翻炒他人冷饭的文章也越是无聊，其原因在此。因为，那样的文章缺乏情绪的高涨和跃动。

不过，仅仅想写、有得写也还不够。文章倒不必华丽，也不必是名篇，但的确需要恰如其分、逻辑明晰地记述和传达自己主

---

[1] 宫崎市定：《中国人的历史思想》，第283—284页。

张的能力、技巧，以及勤奋和毅力。这或许正是现代史家所需要的"才""德"。

近年，随着所谓全球化的进展，对外语应用的能力要求很高。可是，懂外语却不会用日语写文章的人不在少数。须知，用日语撰述更加困难。

比如，用不知所云的语词、暧昧含混的概念来模糊其事，就是日语文章的缺陷。这或许是汉文训读文体的积弊所致。旧时晦涩的汉字语词、现在歧义的外来语即其典型。不少人误以为使用此类语汇就是学术文章。此弊已蔓延甚广，从出色的记者到学者专家都有所波及。

就东洋史研究而言，围绕"佃户"曾经发生过时期划分的论战。之所以陷入混战，主要原因就在于讨论的前提即"资本主义""封建"等概念的定义不清。[1] 笔者周围也有类似情况存在，"朝贡体系"即其一例。该术语是在既未把握"朝贡"的史实内涵，也未充分定义其概念的情况下，将其与歧义的"体系"（system）合在一起而形成的，尽管其创意值得赞赏，但作为分析史实的概念，实在不堪其用。若有学术著作不加批判地、无条件地引用该术语并将其当作理论前提，肯定是不可靠的。

事实上，上文所述并无新意，早就有人反复强调过。例如：

> 要表达的思想，必须使用能够理解的语汇及组织方法来表述……从所有实际目的来考虑，不能理解的就等于没说。即使辩称问题过于复杂才无法说清楚，那也无非口实而已。

1　岸本美绪：《道德经济论与中国社会研究》，第217—218页。

不管多么复杂，如果已充分理解……无论怎样的概念，理当能够表述得通顺无碍，而无晦涩之痕迹。语言晦涩来自思索贫乏和知识不完整。[1]

而同样的话还需要重复，正因事态已相当严峻：

> 写就的文章，在可能范围内搁置一段时间后，再站在他人立场，用怀疑态度反复阅读、反复修改，直至经得起他人评判……假如放弃了开动悟性的、理性的努力，不能将形象诉诸明晰而贴切的语言，无法形成明确的概念和严谨的逻辑，所写文章主谓语错位、语言粗糙到使日语显得俗陋至极，则该文作者实不堪社会将其作为职业学者对待。[2]

对于近年来学术著作和文章日趋低劣，三十五年前的这段警语无疑仍是无情棒喝。

六 出版的意义

撰写论文，基本上是将研究成果公开、呈现给他人的行为。由于前提是请别人看，故不允许作者自以为是，亦即要求思考遵循一定秩序展开，需要为此做好相应的心理准备。

关于撰写学术论文的基本意义，田中比吕志《研究成果之发表》述之甚详。不过，田中文大抵是站在作者立场强调研究成果何

---

[1] 前引肯特《历史研究入门》，第73—74页。
[2] 田中正俊：《社会经济史——论文形成过程：一个实验》，第160页。

以应该"公之于世"。由于作者在停止写作的瞬间即成为读者，而且所有人——包括作者本人在内——都可能是读者，思考论文撰写对读者的意义更有必要。

在日本，文章只有在学术杂志、学会杂志刊发，才被认可为学术论文、研究成果，所以大多数研究成果载于杂志。由于数据库日益发达、图书馆的横向合作、文本电子化等，检索和阅览杂志所刊载论文，已比从前大为轻松。从前需要用自己的双腿、双眼去寻找，甚至必须抄录；而现在，坐在图书馆里就可以读到世界各地发表的论文。

尽管如此，杂志论文的形式到底还是不便于检索和阅览。比如，要研究"近代中国"，藤井宏的《新安商人研究》、佐佐木正哉的《鸦片战争研究》都是必读之作，但遗憾的是并没有多少人去读。当然，其责任不在作者；但文章因分数次刊发于杂志，查阅起来的确不方便。而若能辑为一册出版单行本，无疑会获得更多读者。

因此，研究成果应尽量公开出版。那样既可激发学者撰述高质量的作品，还可请学术界以外的出版社编辑从不同角度审视文章，强化其可读性。当然，事情总有例外，有些编辑对文章并不用心思考和检查。但一般而言，经过编辑加工，文章质量会有所改善。

不过，就现状而言，出版数量不断增加的所谓学术著作中，其课题及内容姑且不论，文章拙劣、字句错误不堪入目者实在不少。对此，著者当然要负责任，但也有出版社编辑的问题。此点也与信息、印刷技术的变化大有关系。例如，由于交稿几乎都通过数据传输，稿件本身的问题被掩盖的可能性大为增加。而且，校对也不再如从前那样字斟句酌。然而，尽管存在多方现实问题，右侧为 H. B. Morse, *The International Relations of the Chinese Empire*, Vol. 3，p. 510。左侧为冈本隆司《马建忠的中国近代》，第 345 页。请比较两书中主人公 Hart 和马建忠项。

笔者仍希望读者能够正确认识出版的意义，并在文章编辑方面多下功夫。

学术著作附录索引，其可读性将大为增加。书籍并非一定要从头至尾仔细阅读，重要的是搜寻与自己思考的问题直接相关的叙述、观点。而能为此提供帮助的就是索引。因此，旧版书籍姑且不论，今后出版学术著作而无索引当得不到承认。这并非只为读者考虑，对著者而言，编制索引无疑也是对文章的最后推敲和校正，是检视所用术语、概念、论点及其相互关系是否恰当的最后机会。

索引的编制方法千差万别，经常见到的是人名、事项分别编列。这种方法对书志、辞书等甚为方便，但基本上没有考虑对读者是否便利，用到史学著作中，许多情况下不便于读者查阅。因为人物与行为不可分割，而历史现象中则包含多个人物、事物，其相互间存在错综复杂的关系。最理想的是采用综合索引（General Index）的形式，辅以丰富内容的子项、参考项。

外文著作的此类索引要丰富得多。这是厚重的学术传统使然；而日本无此传统，做起来十分困难。个中情形，观诸实例则一目了然。期待今后能够逐步改善。

总之，出版也好，索引也好，都是为了将研究成果"公之于世"。因此，一切步骤的大原则只有一条，那就是为读者考虑。

而读者在阅读该书后，对其内容和观点进行批判、继承和发展，进而将其融入对新课题的研究，则著者算是尽到了责任。这样的学术接力越多、越长越好。本书各章共同期待者，正在于此。

（袁广泉译）

第一章

社会史研究

吉泽诚一郎

一 社会史考察

1. "社会"的概念

"社会"一词,日语和汉语都广泛使用,而且许多情况下,人们对该词并不假深思。然而很意外的是,如此熟悉的语词,要对其准确定义却非常困难。

毋庸赘言,该词的起源与翻译的关系颇深。在明治时期的日本,人们不知"society"用日语如何表述,曾试用过不少译词,最后才选定"社会"。不过,该词尽管译词色彩十分强烈,却没有多少实际用例帮助人们把握其概念,故而被用在许多场合,终成泛滥之势。[1]

由此可知,"社会"扎根于日语已经过一个多世纪。在现代日语中,该词多用于表达的意思是:(1)存在密切人际关系的集团,

---

[1] 柳父章:《何谓翻译?——日语和翻译文化》,第3—22页。

如"村落社会"等；（2）泛指人生活的时空，如"社会现象"等。还有不少用法难以归入（1）或（2），如"日本社会"等。

在中国，严复曾创"群学"用以翻译"sociology"，但在翻译"society"时，却分别使用"群"和"社会"。[1] 与严复不同，梁启超等直接从日语采用"社会"一词，故该词后来流行于世；此点已属众所皆知。需要注意的是，严复和梁启超面对的重大问题是如何使"中国"凝聚成整体，所以他们使用"群""社会"所表达的，往往是"国民"之意。

这点并不值得奇怪。社会学的开山祖孔德、斯宾塞分别用"société"和"society"所论述的，实质上或正是各国不同的市民社会。因此，如"日本社会"指称国民集团的用法，应该说并无不可。有时，"社会"的概念已自蕴含着国民整体之意。当然，突破国家、国民的概念框架而设想"社会"也是可能的（如指全人类）。与此同时，如"法国社会"等冠以国家名称的说法，至今仍未失去其生命力。

由上述可知，"社会"一词，与形成近代市民社会实体的国民这一观念存在密切关系。但一般而言，比如我们在论述千年前的历史现象时，很难完全不使用近代概念。即使近代的"社会"概念产生于特殊的历史环境，将该词的意思通过推比方法用于指称已然过去的人们之间的关系，也应该没有问题。只是，以19世纪以前为对象的历史研究，在论述"社会"时，或极易杂入视国民为整体的国族主义（nationalism）观点，对此应充分注意。

---

[1] 黄克武：《惟适之安——严复与近代中国的文化转型》，第144—145页。关于汉语"社会"一词的用例，请参阅金观涛、刘青峰《观念史研究：中国现代重要政治术语的形成》，第175—219页。

2. 社会史研究的对象与方法

社会史的研究领域十分宽泛，殊难界定，可以说每位学者的对象领域都不尽相同。[1]笔者从未自我认定为社会史学者，故不能以自己的立场为社会史下定义。

日本的历史学者强调"社会史"概念，有其特殊背景。历史学研究曾受到在马克思、韦伯影响下将社会结构体置于逻辑核心的研究框架的极大影响；后来又曾参照法国的年鉴学派等新史学，以摆脱该框架的影响。西方史学家二宫宏之曾说，社会史"是批判旧有史学的学问"，倾向于对历史重作解读；"因此，社会史之称被用于指称产生于具体状况之下、总是以具体状况为对象并不断更新自身的历史学"。[2]

日本和中国的中国史研究，学者当然都有个性。但不少学者使用"社会学"，似乎都为了表示其超越既往史学框架的意图。

二宫还强调历史研究需要"整体眼光"，即面对人的生命行为所创造的历史性的世界，应关注其多样性，并尽量全面、完整地予以把握。不过，由于"整体"是通过演绎法推定而来的，为避免历史再度落入窠臼，"社会史"这一外延模糊的概念倒是恰好合适。社会史因此拒绝自我界定，不断突破现有框架，这正是其积极意义之所在。[3]亦即，社会史这一概念，因其模糊性能够提示不限于某一领域的视角而被赋予了积极意义。

笔者对二宫的上述见解多有共鸣，但仅此还不足以作为本章的

---

1 以中国学者的立场对此进行梳理的，有常建华《社会生活的历史学：中国社会史研究新探》。另年，对研究史的初步概述有吉泽诚一郎《对中华民国史"社会"与"文化"的探索》。
2 二宫宏之：《整体眼光与历史学家》，第349页。
3 同上，第4、349页。

论据。此处拟回归"社会"的语义,主要探讨以带有某种共性的人与人关系的历史变迁为对象的研究领域(依二宫的观点,或可称之为狭义社会史)。比如,家庭、村落等或应首先被视为社会史的对象,近代的企业、学校等亦应如此。然而,"共性"所指范围非常广泛,既包括亲戚、村民间的交流,也包括平日极少交往的群众偶然聚在一起进行的爱国游行等。

首先不可忽视的是,上述关系的性质有赖于当事人的主观认定。重视亲戚间交往的规范,只有在被众多个人接受时才能成立。但在中国近现代史上,亲戚间和睦相处曾被赋予另外含意,即被认为是对个人解放的压制,从而引发过严重的对立。可以说,社会史研究的首要对象,正是这样的秩序意识,以及该意识的基础即人与人关系的历史性变迁。[1]

另外,人生活在现实而非梦想之中。因而,对超越人们主观的领域(尤其是自然)与社会之间关系的探讨,也具有重要意义。比如,关于自然灾害,除其概念如何形成外,还应明确其造成的人员伤亡、物质损失有多大。不过,如要考虑人如何应对灾害,则必得考虑概念如何形成。因为地震、旱灾、传染病等实际灾害会对人的身体及生活、生产活动造成直接影响(即无须通过概念形成),但同时人会通过某种形式认识这种影响并制定、采取相应对策。

另一个需要强调的社会史研究方法是比较。斯波义信曾指出:

> 如莫里斯·弗里德曼教授所指出,就意识到"社会"并对其研究而言,中国学本身绝非自足的学术体系,必须从社

---

[1] 盛山和夫的界定是,社会学的对象是意义世界。盛山和夫:《社会学是什么?》,第1—25页。

会科学文献寻求可供比较的素材或启发性的考察方法及模式。不带有比较意识而欲研究中国社会，几乎是不可能的。在主题选择及说明所用语词、解释路径方面，无人不带有其所走过的世界的印记，所以要深化考察，使概括更加公允、简明，就不得不诉诸比较的方法。[1]

社会史研究的前提是对社会科学的强烈关注。由于社会科学是西方近代的知识产物，故其"模式"往往被认为不适合用于中国。而斯波的立场可以说是对这种看法的批判。首先，以中国和欧美的社会关系性质不同为据而认定其无法比较，应是毫无根据的盲信。[2]其次，若将人类学一并考虑在内，则现在已经具备相当程度的知识工具，能够进行超越自我文化中心主义的、较有说服力的比较考察。更积极一点讲，应该运用我们的力量来发展这些工具。

只不过，如上所述，所谓社会现实，只有通过人对其定义后才能成立。在进行比较时，必须洞察或不同于自己生活环境的意义世界。此种洞察不存在准确无误的方法，但进行尝试仍有其价值。

上述说明尚不足以明确社会史研究的领域及方法。故下文举三个论题（家庭、民族性、村落）为例做进一步探讨。

---

[1] 斯波义信：《宋代江南经济史研究》，第30页。
[2] 没有强有力证据而强调中国社会特殊性的主张，有时会与中国民族主义结合在一起。而另一陷阱则是，有可能将中国社会视作等质集合。此外，园田茂人的《作为社会调查对象的亚洲》则从社会学立场强调，社会学的"普遍性"和亚洲研究的"特殊性"都是应该被打破的幻想。

二　人口与家庭

1. 关注人口史

若要全面观察社会与环境的关系，自然会关注人口。实际上，人口也常常被视作现实的社会问题之一。

布罗代尔曾从人类史的宏观立场出发，指出乌拉尔山脉以西的欧洲和中国的人口大抵以同样规模变化，并试图以该数字的四至五倍推算全世界的人口规模，且引进气候变化作为观察世界各地人口变化动向的主要因素。[1] 在布罗代尔之后，人口史研究已有极大进展；这些研究显示，世界各地的人口变化呈现多种动向，布罗代尔的观点因此显得过于粗疏。比如，18世纪中国曾出现人口激增，而同期的日本人口则出现停滞（日本东部甚至略呈减少）。[2] 不过，论述社会而首先关注人口，仍须说是布罗代尔慧眼独具。

人口也曾是近代中国知识分子十分关心的问题。19世纪初的洪亮吉、龚自珍都非常关注当时的人口过剩问题。进入民国后，社会学者也曾把人口问题作为重要研究对象。中国社会学社在1930年召开第一次年会时就把人口问题列入议题，并将相关论文编辑出版了《中国人口问题》一书。该书基于马尔萨斯之后的人口学理论探讨了中国的人口过剩问题及解决方法，并以优生学观点讨论了如何提高人口素质的问题。

中华人民共和国成立后，马寅初曾发表名篇《新人口论》（1957），指出当时中国的人口增长率高于2%，并主张，若要增加

---

[1] 布罗代尔：《十五至十八世纪的物质文明、经济与资本主义1：日常性结构》，第18—46页。
[2] 速水融：《历史人口学的世界》，第73—87页。

投资、发展经济,除控制人口增长外别无他法。[1]

然而,中国的人口问题尽管早就受到极大关注,但其人口史研究却极其困难。主要是因为缺乏数据。关于区域人口动态的微观变化,江户时期的日本因存在"宗门改帐"而已经明晰,但清朝治下的中国,除辽宁部分地区的旗人,几乎没有任何数据可供利用。[2]

进入民国后,情况也无大变化。上述中国社会学社论文集所收陈长蘅文就提出如下疑问:"中国现在的人口究竟为渐增的、静止的,或渐减的?"[3]值得注意的是,当时连如此基本的问题也没有答案。陈推断说,应在"渐增"和"静止"之间,而绝不会是减少。

中华人民共和国成立后,终于有统计数据可资查考。经过1953年的人口普查,人们第一次得知全国人口超过六亿。马寅初指出人口激增,即根据该次普查的结果,以及他本人在浙江省调查所得的数据。当然,要实施人口政策,需要把握人口变化动态。而各种登记、统计制度的建立,使1950年代以后对人口的把握成为可能。

从宏观看,中国的人口呈现极具特征的变化:在18世纪曾急剧增加,19世纪中叶转而呈减少趋势,其后稍有恢复;至20世纪前半叶仅止于微增,20世纪五六十年代("大跃进"时期可作例外)再次转为激增。而经此一过程,中国的人口规模之大,其本身即开始带有巨大的世界意义。

但是历史学家一直没有认真考察这种人口变化所带来的影响。

---

1 马寅初重视劳动力相对过剩而资本相对过少的观点,早在1920年代即已形成。请参阅森时彦《从人口论的展开看1920年代的中国》。
2 James Z. Lee and Cameron D. Campbell, *Fate and Fortune in Rural China*.
3 中国社会学社编:《中国人口问题》,第26页。

关注该变化并取得显著研究成绩的，是美国的中国史学者黄宗智对华北农村经济史的研究。[1] 他就人口稠密地区农业经营的特点和人口动态的关系所作的论述，意义极其重大。因为，此前重点研究农村的阶级分析及农业生产力提高的日中两国学者，虽然也大都指出"人口压力"的背景，但很难由此引出将人口动态与农村经济结合起来的观点。黄解释道，佃农们如果失去了自己经营的土地而变为只能出卖劳动力的农业劳动者，就不能结婚、繁衍后代。应该说，该解释回答了农民何以宁愿长年累月地辛苦耕作（牺牲劳动效率）也不愿放弃小片耕地的问题，同时也为理解在土地有限的情况下人口何以停滞提供了人口学逻辑。

与人口史研究有关（或为其一部分）的另一领域，是研究人的区域性移动的移民史。人的移动，其动机、原因不一而足，如农业开发、经营商业或金融业、流放、逃亡等，故需分别分析。

2. 对家庭秩序的探究

据认为，过去数百年间（或始自更久远的古代），居住在中国土地的多数人一直延续规模较小的家庭生活，一般是夫妻和孩子，有时夫家父母也一同生活，故每个家庭平均有五六人。就理念而言，人们或许希望建立大家族，但与旁系亲属共同生活的大家族多会出现各种紧张，实际上很难维持和睦关系。不妨说，正因为大家族共同生活不容易，它才被赋予了道德价值。

在实际生活中，除共同生活的家庭以外，以拥有共同父系血缘

---

[1] Philip C. C. Huang, *The Peasant Economy and Social Change in North China*. 黄宗智研究的特征在于，援引俄国农学家恰亚诺夫的小农经济模式，试图解释农民不同于近代经济学利益追求模式的行为。

为前提的同宗关系也很重要。同宗关系的标志是姓氏，因同姓者不得结婚，故同宗是外婚群体。

对于这样的家庭制度，社会人类学家费孝通的《生育制度》、法制史学家滋贺秀三的《中国家族法原理》曾做详细探讨，阐明了世代继承得以实现的结构及意义。二者都是概括性的，未能充分考虑各区域实际状况的多样性，但作为探讨的出发点极具意义。

费孝通把结婚建立家庭到生育、抚养后代这一系列过程的社会规则称作"生育制度"。他从世界各地的民族志旁征博引，考察了人类为何要拥有生育制度，对中国的家庭也以宽阔视野作了论述。在费孝通看来，"生育"无非是牺牲自己、抚养子孙的行为，因此需要生育制度促使人们进行这种行为，以实现种族代代延续。

费孝通在这样解释时，或意识到了民国知识分子的思想课题之一，即个人和家庭的对立。众所周知，吴虞、陈独秀、鲁迅等自1920年代中期以后曾着力揭露家庭制度对人的压迫，并颂扬个人的价值。而恋爱自由则是从颂扬个人自由意志出发而提出的重要论点，（已按旧俗结婚娶妻的）鲁迅和许广平往返信件的结集《两地书》就曾引起社会极大反响。亦即，知识分子在批判传统家庭制度的同时，也在摸索理想的家庭形式。[1]只不过，这些批判与摸索的影响有多大，至今未得到充分探究。

在1930年代以前的中国城市里，就业市场的变化逐渐催生出男性白领和主妇组成的家庭。其背景是，男性凭借自己的学历优势

---

[1] 小野和子：《五四时期家庭论的背景》。藤井省三：《割舍不下的胡适——留美与中国近代化论》。清水贤一郎：《革命和恋爱的乌托邦——胡适的"易卜生主义"和工读互助团》。平田昌司：《割舍不下的陈寅恪——"异性"之于中国近代学术》。坂元弘子：《中国民族主义的神话——人种、身体、性别差异》，第87—147页。

供职于政府机关、企业等获得较高收入，而适合于拥有一定学历的女性的职位却极少。与此同时，对婚姻的观点不可能迅速转变，民国时期男性刊登在报纸上的不少求婚广告也显示，人们依然维持着传统的家庭观念。[1]

到了20世纪后半期，中华人民共和国试图打倒被视作旧社会积弊的家庭秩序，按男女平等的理念普遍提倡婚姻自由。但是，动员女性充实劳动力也成为政策课题，女性因此被迫在职业和家务两方面担起重负。中国政府致力于建立和充实母子保健政策，至1950年代后半期注意到人口激增的现实，于是开始正式宣传计划生育。

对此，小浜正子的观察很有见地。她指出："生育控制在希望多子多孙的中国农村得以普及，纯粹因为通过政策自上而下地宣传计划生育，而农村女性很可能借助与政策结盟而对要求多子多孙的家父长制进行了抵制。"[2] 此处所谓"家父长制"，指公婆及丈夫的希望。另外，现在的中国，不少人并不介意独生子女是女孩，小浜也引用"生男生女都一样，女儿更孝爹和娘"的口号加以证明；而该口号也可解释为期待女孩为自己养老的愿望。独生子女将来照顾老人的负担或异常沉重。或许，判断独生子女政策的历史意义，尚需对正在迅速来临的少子老龄化进行观察。

"社会性别差异"一词，其定义大抵为不同性别在社会生活中形成的差异，表达了对不同性别者经一定历史过程形成的生活方式变化的关注，亦即认为男性和女性的"气质特点"并非一成不变的。这种观点的提出，在研究史上具有重大意义。但是，小浜的研

---

[1] 岩间一弘：《近代上海的白领——新中间阶层的形成与变动》。高嶋航：《近代中国求婚广告史（1902—1943）》。

[2] 小浜正子：《生育控制与性别差异》，第202页。

究让人们强烈意识到，怀孕和分娩本身是由女性而非男性承担的。假如"多子多孙"（或晚婚）加于女性的压力较男性更大，那只可能是生物学的性别差异带来的结果。

而即使依据"社会性别差异"的观点，费孝通设想的世代间矛盾也依然存在。生育既然是牺牲自己延续后代的行为，则绝非仅对女性而言。费孝通的基本观点是，婚姻制度之所以存在，是为了使男性也要承担养育子女的责任。因此，如果生育制度不能发挥作用，则不仅难以抚养健全的后代，人口本身也会急剧减少。费孝通对五四时期的新家庭理念和欧美的实际状况十分了解，他是在此基础上特意用世代继承的观点来解释生育制度的。

某一世代与上一代的关系，在民国时期曾是人们探讨的重要问题。陈独秀曾在1915年新发刊的《青年杂志》发表《敬告青年》一文，号召"青年"应做时代的主人公。那么，老人怎么办？儒教主张的"孝"原是以侍奉父母为基础的道德准则。新文化运动将批判矛头指向了"孝"，却没有认真探讨两代人之间的关系到底应该如何。或许是要求"青年"追求个人自由，而年迈的双亲则独自生活。对于吴虞那样曾经和父亲发生过激烈冲突的人而言，和解或许很不容易[1]；但实际上，在推动新文化运动的知识分子中，也有人是与父母共同生活的。

不仅对养育子女，对赡养老人也基于个人自由的理念进行探讨，并非易事。正因为如此，从社会史角度对家庭加以考察才有其重要性。

---

[1] 关于因批判家庭制度而闻名的吴虞的经历，请参阅王汎森《中国近代思想与学术的系谱》，第255—268页。

三　族性

1. 民族与族群

现行《中华人民共和国宪法》序言称："中华人民共和国是全国各族人民共同缔造的统一的多民族国家。"众所周知，现在中国政府承认的民族有五十六个。这些民族拥有国家正式认定的一定的政治地位。当然，法律上也不允许其扰乱统一。该意义上的民族被标注在身份证上，形成制度化框架。

实际上，有些人的民族区分至今仍不明确。不难推断，坚持要求承认为新民族的人们与对民族数量不断增加持警惕态度的国家之间存在某种程度的角力。因为人数再少，若能获得承认为新民族，即可主张其特有权利；若得不到承认，则只能是现有民族之一员。

关于民族历史的叙述，20世纪七八十年代曾有"中国少数民族简史丛书"出版。这些简史以追溯起源的方式概述了各民族的历史。在现有民族的政治框架之内，此种叙述方式或正合适；但作为学者分析问题，却不能囫囵吞枣地以此为前提。

其理由之一是，直至近年，民族变更时有所见。[1] 据人类学家新吉乐图（Shinjilt）研究，在青海省河南蒙古族自治县，某乡乡民在1954年被认定为蒙古族，到1958年却被当作藏族，到1982年，该乡几乎全部居民又被从藏族改作蒙古族。该区域的蒙古人古代属和硕特部，其一部演变为河南蒙旗。但该区域居民多数说藏语，故河南蒙旗人也学会了藏语，并受藏族文化影响（现已基本不通蒙古语）。[2] 可知，要探讨该区域的历史，不宜使用固定的"蒙古族""藏

---

1 关于近年满族的动向，请参阅刘正爱《民族形成的历史人类学——满洲、旗人、满族》。
2 新吉乐图：《民族叙事范式——中国青海省蒙古族的日常生活、纠纷和教育》。

族"加以区分。

不过，无论如何，对大抵可视作族性（ethnicity）的部分进行考察，无疑也非常重要。民族一词的确方便，但如前所述，因现代中国已将其纳入特殊的制度框架，故回溯过去而称之为民族仍不无犹豫。英语"ethnic group"译为"族群"，似始自中国台湾，现在中国大陆也使用。出于方便，本章采用该词也无妨。

使用族群一词可以表明被一并归入汉族的人们中也存在差异，此其方便之处。在现代中国台湾地区，福佬人（说闽南语）和客家人有时被视为不同族群。在这个意义上讲，族群一词也带有一定的政治性，但较之民族仍相对恰当。

本章旨在强调的是，族群纯粹是在历史中形成的，正因如此，将来或许也会变化。不过，也有学者对民族形成于历史过程之中的看法持警惕态度。杨海英在批评安德森"想象的共同体"论时认为，以"想象"观点研究民族，存在可能否定该民族形成的历史过程和当事人自身认知的潜在政治危险。若用笔者的话重新表述则是，对当事者而言，民族是负载着历史所形成的厚重感的现实。

杨所表达的强烈主张是，研究必须建立在研究者明确意识到其立场的基础之上，同时也必须建立在研究者与当事者的关系中应保持客观性的基础之上。杨的主张须被认真对待。至少，因对历史无知而轻易共鸣并非通向理解之路。而笔者则宁愿认为还有途径，即通过探究过去的历史变迁而尽量接近当下人们所负载的现实。

2. 移居过程与族性的形成

有观点认为，中国历史是"汉族同化和吸收周围异民族的过程"。但所谓"汉族"似并无准确定义，故此说不无疑问。而且

"同化""吸收"之后的"汉族"与其前的"汉族"何以等而视之，其根据也需探讨。最后，对"汉族"内部的"民系"区分也须留意。

思考这些问题，可以客家人为例。客家人居住于华南及东南亚等地区，说客家话（汉语方言之一），被视为拥有独自文化传统的"民系"。不过，人类学家濑川昌久曾指出，在人们的实际生活中，"客家"这一群体意识并非总是带有特别意义；就与操广东话的当地人的关系来看，有时其归属意识由本地人转换为客家人，或反之由客家人转换为本地人。

香港新界地区陆地的农村地带的确存在本地和客家这两个群体。他们语言不同，从相互通婚等看，也可知他们似乎在一定程度上分别维持着不同的生活范围。但就局部而言，二者杂居或同居一地并维持着亲密关系的情况并不罕见，归属意识（identity）因此在二者之间转换也就成为可能。在区域社会内部，亲戚关系、村落共同体、职业、庙的信仰等各种渠道，对生活于此的人们都具有重要性和现实性，本地－客家的区分不过是其中之一而已。[1]

一般情况下，"客家与其他民系之间的界线，大抵是在移居这一动态过程中形成，且据移居形态不同，其界线或更加清晰，或反之越发模糊"。濑川进一步指出，客家在移居过程中可能接触过畲族，"假设此前被视为客家之一部分、民族区分上也被当作汉族的

---

[1] 濑川昌久：《客家——华南汉族的民族特征及其分界》，第72页。

部分人实际上是亦客亦畲、非客非畲，也并不奇怪"。[1]

濑川的见解如此明快、犀利，但若将族群的形成及其现状置于历史过程中予以观察，毋宁说是十分妥当且常识性的。

此外尚须留意，国家的治理政策与族群的形成密切相关，中华人民共和国的民族识别工作即为一例。通过识别工作，曾经未必拥有明确民族意识及具体社会联系的人们通过政策被集合在一起，因而能够开始实际交流；而原本具有重要意义的规模较小的族群，其凝聚力或可能因之而减弱。

明清王朝统治地方的力量当然并不强大，但在维持治安、征收税款及科举应试等问题上，人们需要与行政权力妥为沟通。比如，移居而来的客家人因在当地没有户籍，参加科举考试往往受到视各县合格员额为既得权益的其他居民的阻止。[2] 而国家有时则会为客家人设特别员额以平息纠纷。此类过程显示，出于对臣民一视同仁的理念，国家在卷入地方矛盾时也不得不采取妥协措施。同时，如何有效利用国家的力量、最大限度地降低国家带来的损失也为当地社会所关注，这方面可能不断发生对峙。而上述国家的特别员额措施本身，有时也会促进族群趋于固化。

20世纪初，民族概念引入中国，成为各地发生争执的原因之一。辛亥革命的意识形态含有排满因素，而排满无疑体现汉族做国家主人的主张。当然，彼时论者的主张十分复杂，但在华南，是否为汉族是关乎政治地位的重要问题。正因如此，比如有的教材称客

---

[1] 濑川昌久：《客家——华南汉族的民族特征及其分界》，第116—117、150页。
[2] 片山刚：《清代中期广府人社会与客家人移居——关于童试应考》。林淑美：《清代台湾移居社会与童试应考问题》。此外，客家人移居有时受国家政策鼓励，且往往因偏居边境而热衷于科举。关于此类情况，请参阅菊池秀明《广西移民社会与太平天国》，第297—345页。

家不是汉族而招致激烈批判。[1]而认为孙中山是客家人的主张，则有利于民国时期客家人提高地位。据笔者管见，似并无史料显示孙中山曾自称客家，但在当今，孙中山是客家人已属众所周知。这或许也是包括国民党要人在内的客家人多方宣传的结果。

3. 族性在城市

人口大量流入是城市的特征之一。而城市社会则存在以籍贯为背景的歧视性构造。比如，根据洪成和研究，在18世纪的苏州，从事棉布研光的踹匠多从江宁府迁居而来。踹匠从事单纯的重体力劳动，初时曾与地痞无赖彼此勾连，故成为治安监管的对象。而苏州附近掌握相当技术的工匠则从事丝织工等较好工种，收徒时也从自己的家乡寻找。就这样，城市人所从事的工种因籍贯不同而有天壤之别，且极易形成固定阶层。[2]

同样现象，在19世纪以后仍然存在。韩起澜的研究将焦点指向近代上海"苏北人"的地位，并揭示了歧视的构造。从江苏省北部来到上海的"苏北人"，较之来自其他地区的工人，很少从事较好职业，贫穷且居住环境恶劣，故而在上海深受歧视；而这种歧视本身又影响到"苏北人"的就业，致使其经济地位难以改善。按韩起澜的理解，这是通过移居形成族性的过程。[3]

众所周知，会馆、公所等维持同乡关系的设施，也发挥了籍贯意识再生产的作用。在上海取得成功的宁波人曾建有四明公所。四明公所致力于宁波籍人的相互扶助，尤其承担了运柩归乡的任务；

---

1 程美宝：《地域文化与国家认同：晚清以来"广东文化"观的形成》，第66—96页。
2 洪成和：《清朝前中期苏州地区踹匠的存在形态》。
3 Emily Honig, *Creating Chinese Ethnicity*.

而且并不单纯延续陋俗旧习,也曾尝试使用汽船。[1]而对移民而言,同乡关系最具魅力的是能够帮助就业。

只不过,判断是否同乡则视具体情况而定,似并无一定之规。即使会馆,在某省籍人数较多时,也往往另作细分,北方则可见包括福建、广东在内的闽粤会馆。而会馆因某种原因而合并或分裂,也时有所见。亦即,所谓"同乡"也有不同的层级(同省、同府、同县等),常常视现实需要而选择和强调某一层级。而且,在城市里会通过经商、通婚、同窗等形成各种人际关系,所以"同乡"的意义不一定是最重要的。

尽管如此,因为籍贯与语言、生活习惯等差异互相重合,如韩起澜那样将其视作族性,应该说是较为有效的。

四　农村社会

1. 农村与调查

中国一直有大多数人口从事农业。农业当然与各地的生态环境关系密切。当然,历史上,除人们的生计受自然环境限制外,人们也曾通过开发而不断改造自然。这种改造不一定总能实现与自然的调和,人的活动有时会破坏山上的植被,或使土地变成沙漠。而旱灾、洪灾、传染病等也会给人带来重大危害。

农业生产需要土壤、一定量的降水和日光等自然条件,故其收成因地而异。曾有日本的中国史学者将土地生产效率较高的地区视作"先进地区"。但是,如西北地区的天水农耕地区那样通过技术

1　帆刈浩之:《清末上海四明公所"运柩网络"的形成》。

进步形成鱼米之乡，将来恐怕难以指望。应该说那是农业生态——而非发展程度——的差异。当然，比如在银川附近也可看到一望无际的水田中矗立着清真寺的景观，所以水利具有重要作用。但从宏观看，此类人工措施仍不出有效利用生态环境的范畴。

即便如此，生产效率是否随技术进步、商业性农业的开展而得到提高，仍是历史学者关注的重要问题。足立启二的杰出研究曾指出，清代江南及华北的农业生产效率有所提高。[1]但学者近年似并未注意到该研究成果，从历史角度准确把握农业生产的实际状态的研究没有得到充分继承。

村落社会大体受制于当地土地与人口的比率、地主制的发展程度、非农收入的有无等。还须留意市场的远近等便捷与否。中国农业带有极强的自给自足性质，但同时以出售为目的的商业性农业较为普遍，其对市场条件的反应十分敏感。

关于村落在上述各方面的实际状态，民国时期曾有学者出于各种目的和观点进行过调查。但调查当然是有目的和意图的，所以我们现在阅读其调查记录时必须考虑调查背景。众多社会学家、经济学家的调查往往受到同时期美国等国的社会科学潮流的影响，因此，阅读调查记录还需要对学说史有所了解。[2]

与政治性、社会性实践密不可分的调查记录，也是探讨该实践具有怎样意义的重要史料。比如，为配合要求改良农村社会的乡村

---

[1] 足立启二：《明清中国的经济结构》，第177—248页。关于江南地区的农业生产，请参阅李伯重《发展与制约——明清江南生产力研究》。

[2] 关于中国的社会学，请参阅韩明汉《中国社会学史》和姚纯安《社会学在近代中国的进程（1895—1919）》。关于社会调查，黄兴涛、夏明方主编《清末民国社会调查与现代社会科学兴起》曾作概述。另，关于社会史研究和当地调查的最近看法，请参阅行龙《走向田野与社会》。对社会调查方法论的一般性解释的概论，见福武直《社会调查》。

建设运动，曾有学者进行过农村调查。其中，最为著名的是中华平民教育促进会的李景汉在河北省定县实施的调查。[1]

中国共产党也多次进行过农村调查。在共产党于江西南部山区建立根据地的1930年前后，如何掌握农村社会成为当务之急。因此，毛泽东曾数次进行农村调查，如"兴国调查"等，为我们了解共产党当年如何建立和巩固根据地留下了宝贵史料。[2]

接受调查的农民在多大程度上理解调查者的意图，不得而知。他们是否信任外来的调查者而实话实说，恐怕也因人而异。笔者至今没有看到有调查记录抱怨被调查者不说实话。因为，调查者若对采访结果存疑，就不会公开。

为探讨问题之所在，此处举一个[侵华]战争时期日本人在中国进行农村调查的特殊例子。社会学家林惠海（东京帝国大学副教授）接受文部省海外研究指令，自1939年至1943年对苏州城外枫桥镇所辖村落进行过调查。他首先按传统习俗浓厚这一标准选择调查地点，编制调查表交给提供合作的中国人，请其逐户调查。"在因事变而多少蒙上战尘的当地，我们不愿意上来就厚着脸皮去拜访农户。"[3]但随着调查逐步进展，他也开始亲自前往该村落，直接面对农户分别提问。

> 那之后，直到调查结束，当地的王子华、朱龙生两位保长和青年张君情等全力帮助协调。通过他们，调查组和乡

---

1 最有名的调查记录应为李景汉编《定县社会概况调查》。关于定县的乡村建设，请参阅山本真《1930年代前半期河北省定县的县政改革和民众组织尝试》、三品英宪《1930年代前半期中国农村的经济建设——中华平民教育促进会的"定县实验"》。
2 这些调查记录收于《毛泽东农村调查文集》。
3 林惠海：《华中江南农村社会制度研究》上卷，第9页。

阅读调查结果的前提是，必须时刻意识到该调查是如何实施的。所使用调查表也是重点之一。上表为李景汉在河北省定县某地进行个别拜访（户口调查）时所使用的调查表。该表为调查人员问话时记录用。李景汉称，该表本应称之为"户口调查表"，但为得到村民好感，特意定名为"拜访乡村人家谈话表"。栏下记"注意"事项（从略），记述为掌握实情须把握的要领。（李景汉：《中国农村人口调查研究之经验与心得》）

民日渐熟悉。他们不仅出示各种契约、文书，对于多少有些敏感的问题也都乐意回答。我自己也想方设法亲近乡民，比如和保长、青年在枫桥大街的餐馆里一同食用并不卫生的菜肴，或者在当地肮脏的茶馆里闲谈等，逐渐融入乡民的生活中去。就这样，我努力不使他们心生敌意与隔阂，在他们的配合下顺利地实施调查。

林惠海的调查，其手法取范于当时日本的农村调查，同时考虑到调查地点是陌生的外国而尽量借鉴文献（尤其是中国学者的调查记录），故相当周密和严谨，但同时也受到战争的影响。例如，不仅选择调查地点须避开新四军等抗日武装的活动，调查开始前还曾面对教育程度较高者进行调查，有时会请本人填写调查表。上表为调查学生心理障碍的"心理问答"（部分），要求学生选择"是""否"或"?"，乃从美国杂志所刊论文翻译而来（L. L. Thurstone and Thelma Guinn Thurstone, "A Neurotic Inventory," pp. 4-5），目的是与美国的调查结果进行比较。开首称，对学生的回答将保密，但分析结果将视必要提供给大学当局用以指导学生。该说明是为解释调查目的以求认真回答，但实际上该段文字也基本上完整地译自英语原文。（周先庚：《学生"烦恼"与"心理卫生"》）

与"兴亚院"及日本的特务机关协商过。应该说，这次调查之所以能够实施，与军方的支持是分不开的。林惠海也清楚地意识到这点，所以与农民接触时才十分慎重而又诚心诚意。

不过，调查者与被调查者的意图，通常不可能完全一致，在这个意义上讲，所有调查的过程都是同床异梦。即使日本学者到日本农村某处调查，也难以指望农民会完全坦诚、客观地回答问题。

对此，林惠海很清楚，所以才想方设法加深与农民的交流以获得信任，并在报告中强调了这一点。他的叙述，与其说反映了他对农民真正意图认知之浅薄，不如说表达了这样的主张，即调查者应该知道触及事实是多么困难，并在此前提下竭尽全力。

2. 农村的共同体关系

应该怎样理解近代中国农村，是日本的中国史学界长期争论的问题，而其焦点则是关乎社会认识的问题，即农业的公共性如何。

日本学者对中国农村的认识，曾受到伪满铁华北农村调查的极大影响。该调查的对象是华北村落，由东亚研究所提议，伪满铁调查部和东大法学部合作于1940—1944年实施，其成果在战后由中国农村惯行调查刊行会编辑出版为《中国农村惯行调查》六卷本。

不过，除调查主体复杂外，调查目的、调查方法也需探究，故要利用该史料，无疑存在极大障碍。调查是出于学术目的而实施的，但无论如何是在战争期间、在日军占领区进行的，故战后的日本学者对该书的帝国主义背景自然持警惕态度。

正是基于《中国农村惯行调查》，日本学者还在[侵华]战争期间就围绕中国农村的性质发生了论战。平野义太郎将中国农村视为"共同体"，强调自然村落自治性质的协作功能。戒能通孝则认为中国的村落不过是极端分裂的个人的集合，并批判平野的"共同体"说。后来，旗田巍曾就此论战作过分析。旗田认为，平野的观点，其背后是"大亚洲主义"，即试图在亚洲发现一个能够超越基于自由竞争的西方社会的共同体，因此重视日本和中国的共性；而戒能则从近代主义立场出发而持"脱亚主义"观点，认为日本不同于中国，乃处于类似欧洲的发展过程之中，同时反对"大亚洲主义""大东亚共荣圈"等流行语所表述的思想。[1]

---

[1] 旗田巍：《中国村落与共同体理论》，第35—49页。平野和戒能有关该论点的代表性论文收入东亚研究所编《中国农村惯行调查报告书》第1辑等。

旗田在战后重新思考该问题，并详细讨究了村有地的界线、村落成员的资格等。旗田的研究在相当程度上明确了村落的协作行为（如"看青"等）的实际状况，但其基本主张仍是批判"共同体"说。在旗田看来，村落的所谓协作行为，是村民为追求利益，经过合理盘算并视具体需要作出的选择。就这样，旗田最后的结论更接近戒能。但旗田对戒能观点的思想背景显然持怀疑态度，因而在表述该观点时使用了含有批判意味的"脱亚主义"一词。

还在旗田之前，社会学家福武直曾承认华北的村落存在一定程度的集体意识，但同时又指出那"并非强烈地追求和维护村落整体的公共性"[1]。关于这些村落的公共性，近年又有学者探讨，也考察了其概念规定是否恰当的问题。[2] 其中有些观点颇值得关注，如抗日战争等特殊时期的经历或为村落带来了重大变化等。

不过，分析中国农村而采用日本的村落及理念化的西欧作参照的方法本身，或是研究遇阻的原因。现在学术界几乎大都承认近代中国村落在性质上迥异于同时代的日本村落，战前的中国村落确有一定的公共性质的行为、事业在实施，也已是共识。这些都没有必要与日本近世、近代的村落作对比。果真如此，则通过对照韩国的村落以及东南亚更为多样的村落，或可得到解决问题的新视角。因为对日本学者而言，以日本作比较标准将可能陷入"亚洲主义"或"脱亚主义"的迷宫。

---

1 福武直：《中国农村社会的结构》，第 506 页。
2 内山雅生：《现代中国农村与"共同体"——转型期中国华北农村的社会结构与农民》。内山雅生：《近现代中国华北农村社会研究再探》。奥村哲：《民国时期中国农村社会的改变》。三品英宪：《近现代华北农村社会史研究备忘》。张思：《近代华北村落共同体的变迁——农耕结合习惯的历史人类学考察》。另，在伪满铁曾经调查过的村落之一发现了大量土地革命以后的当地史料，对以此所做较长时段变迁的分析，请参阅张思等《侯家营——一个华北村庄的现代历程》。

杜赞奇曾指出，中国农村惯行调查的对象村落互有差异，如有的村落的管理很大程度上依靠宗族关系，而在另外的村落，要成为指导力量则需主导寺庙祭祀等活动。[1] 即使同为北方村落，较之景甦、罗仑在《清代山东经营地主底社会性质》中细描的存在经营地主的地区，其情况也大不一样。应该说，对村落共同体的研究才刚刚开始。

从社会史研究观点看，如何解释农民的合作行为是与上述有关的另一饶有兴味的问题。关于中国农村惯行调查所记述的"看青"，农业经济学家原洋之介试图从方法论的个人主义的假设出发，并基于公共经济学理论进行说明。结论是，若以农民的行为总以将自己的利益最大化为前提来看，则"看青"这一合作行为并不难理解。[2]

但仅凭农民总试图将自己的利益最大化这一前提，不一定能够解释农民们多种多样的协作行为。社会科学理论所说的"社会困境"（social dilemma）有助于理解这一点。要之，如果个人总是追求自己的利益，则其所属的整个群体将难以维持，结果反而对自己不利。然而，如果每个人都对他人疑神疑鬼，就不会形成理想的社会状态。[3] 促使人们参与协作行动应该还有其他方法，如讨论和约定、合理的政治权力等。而在这些方法都失效时，对打破僵局最有用的（哪怕是暂时的）方法，还有诉诸超越个人利益的价值观。

当然，超越疑神疑鬼而实现飞跃的结果，不一定总能构筑起良好的协作关系。而且村民们不一定都乐于参加。但如果能够出现对

---

1 Prasenjit Duara, *Culture, Power, and the State*. 在此之前，中村哲夫曾考察过华北农村的市场圈和宗教圈，对穆斯林村落也有所关注。中村哲夫：《近代中国社会史研究序论》，第58—85页。

2 原洋之介：《村落结构的经济理论——关于共同行为的经济学解释的方向性问题》。另，岸本美绪《道德经济论与中国社会研究》就一系列与之重合的问题进行了明快的整理。

3 关于社会困境，请参阅盛山和夫等编《秩序问题和社会困境》、山岸俊男《社会困境——从"环境破坏"到"凌虐"》。

参加协作的多数个人都有利的局面，或将形成较为稳定的秩序。而使反复尝试协作成为可能的价值观，正是平野义太郎试图从村落中寻求的共同体意识。只不过，平野思虑未及的是，通过寺庙祭祀、宗族秩序等形成和维持的共同体意识，恰是促使对自我利益极其敏感的村民参与协作时所需要的。[1]

五 结语

中国近代社会史研究虽说有一定的积累，但仍是较为幼稚、薄弱的领域。而且研究对象十分广博，也因此不无宽泛之感。史料、方法论也多种多样，难以把握。

尽管如此，要抵制"此即中国人"之类浅薄的国民性言论，并对中国人作深入的理解和厚重的记述，仍然必须努力准确地把握和解释中国人社会关系的动态。笔者甚至认为，假如能够充分有效地运用比较手法，则日本学者正因为不是中国人，才更有可能获得有意义的观点。

若从政治史、经济史、思想史领域看，社会史似乎处在边缘位置。但是，如果说历史学旨在完整地把握人类的跋涉历程，则社会史才是接近、观察全貌的意图最明确的方法，亦即二宫宏之曾经强调的历史研究所需要的"整体眼光"。本章论及的观点及研究领域只是极小的一部分，目的在于举例以推及其他。

---

[1] 众所周知，人的道德盘算与功利主义的关系是亚当·斯密以后经济学的重要命题。本章的立场基本赞同"试图以经济理论最大限度地解释所观察的事实的态度"（前引原洋之介《村落结构的经济理论》，第63页），但同时认为没有必要将所依据的理论局限于个人利益追求模式。

要解释人与人结成怎样的关系,必须依靠某种概念性手法。正因如此,社会史研究要求研究者必须具备社会科学的素养,而且,只有不断打破现有的社会科学模式,研究才有乐趣和意义。此外,对人与自然环境关系的关注,也是探究和阐明社会赖以成立的条件不可或缺的课题。

（袁广泉译）

第二章

法制史研究

西英昭

一　序言

要研究本章所论"法制史",至少必须充分关注法学和历史学,这是研究对象领域的性质使然。不仅如此,对法学和历史学的相关领域,也要予以同等或更多关注。但是,对这一理所当然的要求,当下却没有多少人留意。对此,笔者的危机感与日俱增。

在当下的历史研究中,喜好选择与法有关的倾向较为显著。然而,笔者对此却时常感到惊诧、反感甚至恼火。这种情况,留学生及其他领域研究者似尤其严重。比如,号称"研究",实则只是对某某法的细枝末节、某某制度本身的冗长叙述,其状简直惨不忍睹。毋庸赘言,若将法仅仅视作材料,那并非法制史;对"法是什么"不做直接或间接回答,那也非法制史。"法制史"和"冒牌法制史"截然不同,或者说理应截然不同。面前的材料似乎与"法"有关,就将其称作法制史,这种浅薄的认识必须予以反省和纠正。

我们或许应该重新(应该说"经常地")就"法"进行思考。而

且,"法"的存在并非无条件、无前提。"法"不仅是六法全书,不仅是"某某法"。关于"法",我们是否曾作过如下思考:

> 我们是否为自己生活的社会选择拥有法,这当然是人人随时皆可参与讨论的开放性问题。但是选择也好,放弃也好,如果没有充分理解选择意味着什么,也就无所谓选择或放弃。这种理解,无疑包括"如果决定选择,则须同时决定选择什么"在内。自以为选择了法,但若不同时选择使法赖以成立的其他各种条件,则已选择的法就会瞬间崩溃;而若无意识间将与法严重冲突的东西混进去,甚至将导致意外悲剧发生。那么,怎样做才能认识到"使法赖以成立的其他各种条件"? 当然,这个问题的提出并不新鲜。试图认真选择某事物的某人,如果在社会中看到该事物坍塌、崩溃的情形,自然会思考该事物的基础是什么。然而,对于法与其基础之间的关系,人们现在似乎并没有十分清晰的认识。[1]

对于"法",不可只做表层观察,而须深入其背后所有为之提供支撑的因素,再折转回来;深入、折转的跨度越大,对"法"的理解也就越深刻。这一过程可说是迫使我们思考"何为彻底批判"的教科书。木庭显的一系列论著——《政治的形成》《民主主义的古典基础》《法律成立和存在的历史基础》——反映了著者苦心孤诣的思考过程,其论述或晦涩或明晰,但并非相互排斥,而是相得益彰。读者也应反复研读这些著作,并仔细体会其思考过程。其间

---

[1] 木庭显:《政治、法律观念体系成立的各种前提》,第230页。

或许困难重重，但能遇到内容厚重、值得反复咀嚼的教本，也是一大幸事。

假如木庭显的一系列论著是一道山脉，则阿纳尔多·莫米利亚诺的《历史学研究》和《现代史学的古典基础》就是登山入口，故笔者建议读者首先阅读二者。笔者认为，这两本书所论述的追求知识的态度，才是现在的我们最需反省之处。毋庸赘言，这与对既往研究吹毛求疵，或只是一本正经、居高临下俯瞰的态度毫不相关。据木庭显《罗马的波考克》一文介绍，就连在波考克的近作《野蛮与宗教》中也能强烈感受到莫米利亚诺的存在。而对卡洛·金茨堡将其著作《历史学、修辞与证据》敬献给卡尔维诺和莫米利亚诺的含义作批判性思考，也不无意义。

此外，"法"来自西方，这是我们易于遗忘的事实。当然，有的"法"是在日本展开的；但即便如此，我们还是有必要了解在西方展开的"法"。关于此点，村上淳一《近代法的形成》曾作重要探讨。假如读来困难，不妨先读村上的其他著作，如行文简明易懂（但内容足够厚重）的《读〈为权利而斗争〉》、对思考日本法极富启发的《〈法〉的历史》等。村上编《法律家的历史素养》收录了木庭和村上论争的内容，读该书不免让人产生感想，即历史学汲取了某种人文主义传统，而如涓涓细流般继承这种历史学的，或许正是法制史学。

尽管拥有如此诚实、深邃的教本，眼前的状况却为何又令人如此不堪？触目所及，或以罗列"因果"为能事，或以膨胀信息为目的，唯不见讨论和探究，致使呆板的论述最终流于泛泛之谈。何以如此？其原因或不一而足。笔者观察到的严重问题之一是，历史学研究的过程已被程式化，而研究者只是在不假深思地完成一系列规定步骤，以为这就是在研究历史，至于这些步骤意味着什么，却不去验证，更无心反思历史学到底为何物。

历史学的存在并非茫然的、没有前提的。我们必须如前引木庭文所论述的那样来思考历史学的各种前提。例如，我们当作研究历史而正在采取的步骤，实则仅是许多可供选择的步骤之一；而该步骤也是在某时、以某种方式被自觉或不自觉地选择出来的；自己已不知不觉置身其中的领域与其他领域有着千丝万缕的关系；等等。

另一与此有关、令笔者忧虑的问题是对史料的漫不经心。假如对眼前的东西不加深究就认定其为史料，并且不以此态度有何偏颇，那就是大问题。当然，这不是说要否定曾一直被当作史料的眼前东西，而是说它在"是史料"之前，应该有一个"被当成史料"的过程；而我们必须深入探究的则是，它何以被认为"能够成为史料"。此番功夫与历史学研究中的反复思考密不可分。但我们是否在坚持下此功夫？

在不断进行上述反思的同时，也为了更深入的反思，我们必须收集所有既往研究、史料及形成史料的史料。毋庸赘言，毫无遗漏地收集各种既往研究、新旧史料并加以整理，是避免重复研究、徒耗精力的重要步骤。当然，也不要不加甄别地入手。有人强调自己研究的创新性时会说，该主题至今无人研究，该史料此前无人使用等，但那不能称为创新。也就是说，对已收集的既往研究及其史料的处理方法须做缜密分析，并借此找出自己现时思考存在的问题，然后再进一步广搜博集。真正的创新，只能在深刻理解所有既往研究的基础上才能产生。本章所述不过为此做初步的技术性提示。

二 清代

1. 研究前提——滋贺秀三的业绩

恐怕无人否认，对清代法制史乃至中国法制史整体而言，作为基础研究文献而矗立在学者面前的是滋贺秀三所著《中国家族法原理》（1967，下文略称《原理》）、《清代中国的法律和审判》（1984）、《中国法制史论集——法典与刑罚》（2003）、《续中国法制史论集》（2009，遗著）等。

滋贺于1950年出版的《中国家族法论》曾受到仁井田陞的批判，而滋贺则发表《中国家族法补考》（下文略作《补考》）一文予以反驳。《原理》即在此论战后经整理而出版，此一过程需要了解。师生之间以文章切磋学问，是最令人神往的一幕。但如当事人自己所说，作为"论战"，双方观点的有些部分并不在同一层面上。

不过，经"论战"而形成的《原理》已非旧貌，史料、观点都做了大幅订补，论述也几乎不见沿用原稿。《补考》中随处可见对本质相通问题的关注及其方法论的鲜明观点。要读《原理》，须将这些先行文本一并阅读。而《原理》本身也因版次、印次不同而有细微但十分重要的变化，亦须细加鉴别。滋贺的考究和论述不应只作为教科书泛泛而读，读者会因其思考缜密而明白何为锲而不舍，从而受到强烈的震撼。

《清代中国的法律和审判》一书也至今仍未丧失其作为东亚法制史必读书目的地位。不过，最近屡屡有学者进行比较文化论研究时引用该书末尾一段；在该段中，滋贺引用野田良之的论述，并对比"竞技性诉讼"以阐述传统中国诉讼的特征。笔者个人认为，学者的这种做法对滋贺是不公正的。因为与野田的对比，是在之前大量论证的基础上，以"赘言之……"的形式出现的。只截取该部分，或有违滋贺本意。

《中国法制史论集——法典与刑罚》是为数不多的中国法制通史之一。而近年学术界的问题之一是，随着研究者相对增加和研究领域分化，以宽阔视野通观中国史的研究越来越少。滋贺尚有《研究结果报告》（1975）一文。该文或许并非纯研究性论文，但能如此深入思考并简明扼要地叙述何谓东亚法制史者，实不多见。此外，滋贺的不少论文并未收入上述著作。关于此点，请参阅其遗著《续中国法制史论集》卷末之著述目录。

2. 史料论

法制史料中，律例方面，滋贺秀三《清朝的法制》（1974）一文仍未完全失去其基本参考价值。滋贺还编有《中国法制史基础资料研究》（1993），就清律（谷井俊仁）、清朝蒙古例（萩原守）、清代省例（寺田浩明）、清代刑案（中村茂夫）、清代判词（森田成满）、明清契约文书（岸本美绪）、民商事习惯调查报告录（滋贺秀三）等对基本资料进行解说，较为完整地提供了相关知识。其中有些论述和考究，后经作者或其他学者部分补充后以新论文发表，如岸本美绪的《明清契约文书研究的动向——以 1990 年代以后为中心》（2009）等。未收入该书而有必读价值者，则有谷井阳子的《户部与户部则例》（1990）和《清代则例省例考》（1995）。关于滋贺《清代中国的法律和审判》颇为依据的判牍，书末附有一览，后来也有更详细的三木聪、山本英史、高桥芳郎合编的《传统中国判牍资料目录》（2010）出版，资料藏地也一目了然。

含法制史有关史料在内的收藏，东京大学东洋文化研究所图书馆藏大木（干一）文库、仁井田（陞）文库、我妻（荣）文库自然需详细了解。滋贺（秀三）文库则由九州大学法学部图书馆收藏，正在整理。

已影印出版的主要资料为数不少。《大清律例汇辑便览》《大清律例会通新纂》《大清律例通考校注》等皆可视需要随时利用。现代装帧的影印本便于使用，但须知影印本的出版并非因其版本最优。版本质量如何、使用便利与否等，今后理当再三推究。刑案方面，便于检索、查阅者有《刑案汇览》《刑案汇览续编》《刑案汇览三编》。

薛允升的《读例存疑》是研究律例不可或缺的文献，现已电子化，编入数据库。现在，史料利用条件不断改善，越来越多的史料可以随时查阅；但需要注意的是，我们似乎正因此而失去深入思考具体史料的机会。

利用现有史料这一看似再自然不过的行为，实则并非理所当然。史料的拥有和可否使用是两码事。也就是说，必须首先确认该史料"姓甚名谁"，即该史料目前"可以使用"的形态是经过谁以及为何、如何才形成的。滋贺曾就其颇为倚重的司法行政部编《民商事习惯调查报告录》撰写解说，这是理所当然的工作之一。滋贺在该文中深感迷惑的问题，后来由西英昭发表《〈民商事习惯调查报告录〉形成过程再探》（2001）而得到解决，再经其《关于清末各省调查局》（2011）的整理，《民商事习惯调查报告录》这部史料才大体上可以放心使用。首先明确到底是怎样的史料，这是使用史料最起码的前提。

如何阅读这些史料，也存在问题。比如，面对滋贺同样频繁引用的《中国农村惯行调查》，应参照阅读福岛正夫《中国农村惯行调查与法律社会学》（1957）；而要探究其背后的问题，六本佳平、吉田勇合编的《末弘严太郎和日本法律社会学》（2007）也属必读书目。对此，恐怕无人持有异议。此外，调查参与者事后的反省、反思也当纳入视野，如野间清的《中国惯行调查：主观意图与客观现实》（1977）等。然而，尽管已经具备基于上述著述反复进行史料批判的条件，但笔者总感到学界在这方面的努力仍嫌不足。曾有学者对惯行调查的对象村落重新调查，其论文收入三谷孝编《中国农村变革与家庭、村落、国家——华北农村调查记录》（全2卷，1999—2000）；但宫坂宏所撰书评（《关于三谷孝编〈中国农村变革与家庭、村落、国家——华北农村调查记录〉》，2001）对该书提出了相当含蓄却十分犀利的批评。这些都值得我们重思。

3. 史料与既往研究的关系

在研究过程中，时常须面对一些情形。比如，战前的既往研究成果同时又是史料。这种现象并非近代史研究所独有，但对其间差异和可能存在的问题，近代史研究尤其必须具有清醒的认识。

在接触某一既往研究时，仅仅漫不经心地接受其结论是不可以的，还须把审视的目光投向得出该结论的过程。因为既往研究在其文本产生时受各种因素影响，必然含有某些偏差。反过来说，就其性质而言，既往研究之成为史料，须在详细分析其成立过程——研究如何进行，文本如何产生，该文本因之带有怎样的偏差——之后。

要思考"文本解读"，可先阅读西英昭有关中国台湾地区"私法"的著作以获得启发。其著将该地区"私法"成立过程的地层（stratigraphy）仔细逐层剥开并加以探究，以观测层积于最终文本中的各种偏差；然后引入相关人物的传记资料及其他观测偏差的文本，并分析其关涉路径带来的矛盾关系及由此形成的构造。

关于文本解读，应牢记如下论述，尽管其时期及针对的研究领

域不同:

> 要明确格拉提安(Johannes Gratianus)的思考,必须这样做,尽管方法显得"笨拙",即追问某个文本在各节(Distinctio, Quaestio)中被如何使用,格拉提安从哪里得到该文本,该文本在格拉提安之前曾被如何使用,格拉提安选择该文本有怎样的意义。亦即,必须首先沿着格拉提安重录该文本到形成一节所经过的路径做忠实的踏勘。[1]

对文本产生过程,不能停留在"作者如此写"的层面,而必须思考作者为何"如此写"。不能仅确认"结果如此"即万事大吉,而必须理解"怎样做"才结果如此;并须由此展开问题,以思考"彼时那样做"的意义。例如:何以"那样做"?彼时是否还有其他选择(意识到或没有意识到的)?那些选择之间存在怎样的差异?最终抛弃其他而作此选择的结果意味着什么?若不如此做多层次思考和立体探究,前述惨状绝不会有所消减。须知,没有差异的地方不会有任何意义产生。此点需反复深思。

越是深思熟虑的文本,作者与既往研究短兵相接后为完成该文而呕心沥血的痕迹就越是鲜明,阅读时须随时捕捉并体会这些痕迹。常听人讲勃拉姆斯为完成其交响曲的最后乐章曾如何与贝多芬的《第九交响曲》搏斗;若对此不了解,听众就无法理解该乐章的奇妙。阅读既往研究,与此同理。

如此看来,东亚法制史学离不开史学史(history of historiogra-

---

[1] 源河达史:《格拉提安教令集中的归责问题》(1),第301页。

phy），亦即须随时留意东亚法制史是如何记述的。那不应是呆板的史学史，讨究的问题应包括人们为什么认为某些东西可作史料（为什么认为其有史料价值），具体经过怎样的整理，哪些著述以此为据，等等。

最后，有研究者应用《清国行政法》等，往往待之如辞书。当然，该问题在中国史研究界较为普遍，而非东亚法制史所独有，但这样做的危险似未受到充分重视。《清国行政法》现在仍是基本书目之一。但如上所述，对其记述深信不疑很成问题。因此，还请一并阅读织田万、加藤繁合著的《编述清国行政法之释解》（1940年，1972年重刻版）。

4. 近年研究动向与成果

和仁井田一样，滋贺与寺田浩明之间也上演过师生"论战"。寺田的各项研究在"寺田浩明中国法制史研究网站"上有较为全面的介绍，下载其成绩的PDF资料也十分方便。各资料附有寺田本人的简要解说，希望读者参照解说悉数研读。

寺田经常呼吁应与西方学者多作交流，在镰仓举行的学术会议即其结果之一，而《小专辑：帝政中国后期的法律、社会和文化》（1998）即该会议记录之一部分。总体观之，美国学者的见解缺乏说服力，为日本学者所不容；但参加会议的美国学者后来陆续有论文问世[1]，也有书评等发表，其努力正在结果。寺田与西方学术界

---

1 继镰仓会议的主旨报告 Huang, *Civil Justice in China* 之后，有 *Code, Custom, and Legal Practice in China*; *Chinese Civil Justice* 发表。参会者出版的专著则有 Bernhardt and Huang, eds., *Civil Law in Qing and Republican China*; Bernhardt, *Women and Property in China*; Sommer, *Sex, Law, and Society in Late Imperial China*; Reed, *Talons and Teeth*。

的交流近年仍在继续，如曾翻译过巩涛（Jérôme Bourgon）的论文《非文明的对话》（2005）。令人称道的是，日本学者对西方学说从不囫囵吞枣地全盘接受，而始终坚持彻底批判的态度。

森田成满早于寺田一直研究土地法问题，曾出版《清代中国土地法研究》（2008）。此外，《星药科大学一般教育论集》几乎每期都刊载森田对律例各条的论述和考究（第28期载有森田略历及主要研究成绩）。有人说持之以恒就是力量，但做起来殊非易事。该杂志本身属稀见刊物，但若要研究清朝法制，仍应设法找来全部阅读。关于刑律，中村正人的论文曾提出较为关键的论点。从中村《清代刑法的处罚构造》（1996）等论述法律的论文中，读者当可看到对一个问题仔细认真、锲而不舍的态度。"锲而不舍"的另一例子是喜多三佳的《〈天台志略〉译注稿》（1996—2010）。该文连载达十五年之久，其译注之认真实足信赖。寺田的《清朝中期典规制中期限的含义》（1987）一文，对观察条例的成立及实际变迁过程也深有启发。小口彦太的《清代中国刑事裁判中成案的法源性》（1986）也值得一读。

松原健太郎对法学、历史学、人类学都有功底，而主要研究宗族问题。其《传统中国社会的"宗族"和"族产"》（1999—2000）一文未能完结，实属遗憾。但其成果有《契约、法规、惯习》（2000）以及 Land Registration and Local Society in Qing China 等英文论文陆续发表。希望松原的研究尽快呈现其全貌。松原《"宗族"研究和中国法制史学》（2008）一文对日本国内宗族研究的展望令人期待。另外，科大卫的《皇帝和祖宗》一书与松原的研究关系密切，最好一并阅读。

年轻学者似多关注刑事问题，这多少令人意外；但也有较为重要的论文陆续发表。铃木秀光《杖毙考》(2002)等文，运用相当特异的方法对刑事司法进行考察。关于秋审，则有赤城美惠子《可矜与可疑》(2004)等文，以及高远拓儿《清代秋审制度与秋审条款》(1999)等文。

人文社科领域的一些著述，其内容也有与"法""秩序"等十分接近的。其中，岸本美绪《明清更替与江南社会》(1999)、山本英史《清代中国的区域统治》(2007)应是必读文献。夫马进编《中国诉讼社会史研究》(2011)所收论文的视角是社会史；夫马进以讼师为研究对象的论文《讼师秘本的世界》(1996)和梅利莎·麦柯丽《社会权力与法律文化：中华帝国晚期的讼师》(1998)一书也都是名篇。读唐泽靖彦研究诉状问题的《清代的诉状及其制作者》(1998)，让人不禁想起娜塔莉·泽蒙·戴维斯的《档案中的虚构》(1990)。此外，从社会史角度观察问题的重要论文还有太田出《明清时期"歇家"考》(2008)、加藤雄三《清代胥吏缺交易》(2000—2001)。

《淡新档案》等地方档案史料也为许多研究所倚重。关于此点，请参阅夫马进编《中国明清地方档案研究》(2000)。此外，应用徽州文书的徽学研究，如臼井佐知子《徽州商人研究》(2005)、熊远报《清代徽州区域社会史研究》(2003)、阿风《明清时代妇女的地位与权利》(2009)等，都含有与法制史密切相关的论述。

中国大陆方面的研究，较早的有张晋藩主编《清朝法制史》(1998)、张晋藩著《清代民法综论》(1998)等概论，还有英年早逝的郑秦的《清代司法审判制度研究》(1988)及《清代法律制度研究》(2000)。重要研究不胜枚举，如苏亦工编《明清律典与条例》(2000)等，因篇幅限制从略。中国台湾方面，较早且为人熟知的有陶希圣《清代州县衙门刑事审判制度及程序》(1972)，那思陆《清代州县衙门审判制度》（1982）和《清代中央司法审判制度》（1992）。台湾中坚学者邱澎生最近出版的《当法律遇上经济》（2008）也是值得关注的成果。欧美近年出版的则有梁临霞的 *Delivering Justice in Qing China*（2007）、何谷理等编 *Writing and Law in Late Imperial China*（2007）、费侠莉等编 *Thinking with Cases*（2007）、曾小萍等编 *Contract and Property in Early Modern China*（2004）等。

三 清末

要进入清末法制史研究，岛田正郎的《清末近代法典之编纂》（1980）是基本的起点。该书对史料搜求之全面、整理之细致，不免使人有味同嚼蜡之感，但作为研究，当为者必为之的诚实态度应该得到高度评价。现在史料状况大为改善，与彼时已不可同日而语，但越来越多的研究却不再充分利用当下条件下此功夫。研究的第一步，必须从全面搜求和细致整理史料开始。

附言之，中国台湾曾设立"中国近代法制史研究课题"，其成果有陈光宇等编《清末民初中国法制现代化之研究》（1973—1974，全18册），但流传和运用似乎并不广泛。不过，该课题研究的副产品——台湾大学法学院中国近代法制研究会编《中国近代法制研究资料索引》，对检索法令及有关论文堪称方便。

清末的基本史料，官报类之《政治官报》（1965）、《内阁官报》（1965）及《谕折汇存》（1967），实录类之《大清德宗景皇帝实录》（1978）、《大清宣统政纪实录》（1978）及《十二朝东华录》（1963）等应随时置于案头。关于这些官报如何形成，请阅戈公振《中国报学史》（1927）、林远琪《邸报之研究》（1977）。

法令集方面，商务印书馆编译所曾编纂《大清光绪新法令》及《大清宣统新法令》（1910，亦称《大清新法令》；另有《点校本大清新法令》，全11卷，2010—2011）、《大清法规大全》（1972），但其文本应比对原史料加以确认。故宫博物院明清档案部编《清末筹备立宪档案史料》（1979）堪称方便，但有些史料有删略。修订法律馆编辑《法律草案汇编》（1973），其所收录各草案文本也有待今后甄别和批判，不可盲目使用。此外，中国第一历史档案馆藏会议政务处档案、宪政编查馆档案、修订法律馆档案以及台北故宫博物院藏军机处档案，也是必须参照的原始史料。

小野和子的《五四时期家族论的背景》（1992）应是清末法制史领域研究的另一出发点。该文较早地整理了各阶段刑法草案的异同，充分挖掘和发挥了大清刑律草案的签注及资政院会议速记录的史料价值，至今仍是重要论文之一。近年中国也有学者运用此类史料，且有高汉成《签注视野下的大清刑律草案研究》（2007）、李启成点校《资政院议场会议速记录》（2011）出版。日本国内的相关研究也未中断，如田边章秀曾发表《从〈大清刑律〉到〈暂定新刑律〉——关于中国近代刑法的制定过程》（2006）；而较为详细的则是曾田三郎的《走向立宪国家》（2009）。期待今后能有更多成果问世。

近代法制史方面的人物研究尚不多见，是有待发展的部分。不过，人物研究往往反映研究者对研究对象的好恶。因此，有意从事人物研究者，或应仔细体会并牢记野田良之针对江藤新平研究的如下批评：

> ……无一不给人这样的感觉，即先在脑海中描绘出江藤的形象，然后再辅以相应史料加以叙述……只依靠符合自己

假说的史料，而对假说本身毫不怀疑——持这种态度的不是史学家，不过是一定史观的信徒而已。[1]

当时，许多留学生从中国来到日本学习，极大促进了中国法政知识的引进。这方面的研究，早就有实藤惠秀《增补 中国人日本留学史》(1970)、熊达云《近代中国官民的日本考察》(1998)等成果存在，后续研究则有程燎原《清末法政人的世界》(2003)。此外，关于当时参与中国法制建设的日本人的人物研究，西英昭《清末民国时期日本法制顾问的基本信息》(2008)和《关于冈田朝太郎》(2011)乃其发端。

通过上述人才交流实现的知识传播，山室信一用"思想链条"这一概念加以探讨，其《作为思想课题的亚洲》(2001)一书包含极其丰富的法制史信息。山室另有以近代日本为研究对象的著作《法制官僚的时代》(1984)，其所运用史料之丰富、倾注心血予以准确梳理之态度，足为学者典范。关于国际法对中国的影响，最值得参照的当数佐藤慎一的《近代中国的知识分子与文明》(1996)。另有田涛《国际法输入与晚清中国》(2001)、林学忠《从万国公法到公法外交》(2009)以及鲁纳的 International Law as World Order in Late Imperial China (2007) 也都述之甚详。

---

[1] 野田良之：《明治初年的法兰西法研究》，1961年。

四　民国时期

1. 史料

针对民国时期法令的检索，真锅藤治编《中华民国法令索引》（1943）甚为方便。不过，法令的文本基本上必须根据《政府公报》《国民政府公报》加以确认。确认手段还有北洋政府印铸局编《法令全书》（1912—1926）、国民政府法制局编《国民政府现行法规》（1928—1936）、国民政府文官处印铸局编《国民政府法规汇编》（1929—1947）、立法院编译处编《中华民国法规汇编》（1933—1935）、司法部参事厅编《司法例规》（1914—1927）及其续编即司法院编《国民政府司法例规》（1930—1946）等。此类《司法例规》已由全国图书馆文献缩微复制中心影印出版《国民政府司法例规全编》（全31册，2009）。不过，由于日本国内收藏状况不一，尤其是刊期不及时，编辑也时有疏漏等，学者私下议论皆称不便。若案头置放商务印书馆编《中华民国法规大全》（1936）、郭卫等编《中华民国六法理由判解汇编》（1934。吴经熊增订本：1935—1937；吴经熊编、郭卫增订本：1947）等，应可满足临时参照之需。但需注意欲确认的年月日和法令集刊行年月日的对应关系。

查阅判例、释例，最常用的工具有郭卫编《大理院判决例全书》（1972）和《大理院解释例全文》（1972）。民初的判例，大理院书记厅编有《大理院判决录》（1912—1914），但只收录到1914年上半年，其后似只有要旨刊行。判例原件藏于中国第二历史档案馆，但该馆藏司法档案（包括判例原件）事实上几乎不予公开。其中被认为较重要的判例，经黄源盛整理编有《大理院刑事判例全文汇编》（全17册）、《大理院刑事判决汇览》（全30册）、《大理院民事判例全文汇编》(全27册)、《大理院民事判决汇览》(全25册)。不过,这些史料尚未公开发售,其中少部分有黄源盛纂辑《景印大理院民事判例百选》(2009)出版,另有黄源盛总编《大理院民事判例辑存总则编》(2012)刊行。上述都是必备史料集,但研究所需具体判例是否收入其中,则不可预知。

法令也好,判例也好,需要注意的是,仅凭此进行分析,在某种意义上讲解决不了任何问题。对法令条文无论如何解释,也不可能有更多东西产生。首要问题是,该法令是否曾行于全国,与现实之间距离有多大。根据大理院判例推测出的法理,也不过存在于民国的极小范围内,则下级法院的审理怎样?若法院能够正常发挥其功能,则此类法院在全国有多少?如此追问下去,问题将会无穷无尽。

先看法令条文,再收集判例、分析学说,这样做本身不能说没有意义。但若就此万事大吉,则研究结果难免被认为枯燥无味。而且即便如此,信息量也迅速膨胀。到底要论述什么?——在失去方向、反身自问的瞬间,在信息海洋上的漂流就已经开始。必须时刻绷紧神经注意自己要论述什么,为此需要怎样的史料,这正是近代史研究的可怕之处。

关于不同法律领域的史料集,中国台湾地区司法事务主管部门"民法"修正委员会主编的《中华民国民法制定史料汇编》(上下册,1976)较为便利,但其文本最好与原始史料作比对。台湾地区司法事务主管部门编《中华民国法制资料汇编》(1960)则对梳理立法原则等甚为方便。刑法领域,大部分相关史料收于黄源盛纂辑《晚清民国刑法史料辑注》(2010)。行政法领域,也有黄源盛纂辑《平政院裁决录存》(2007)和全国图书馆文献缩微复制中心编

《国民政府行政法令大全》(2009)。在台湾地区，从事法律制定和法律实务者几乎无人关心法制史（该现象本身也值得思考），但愿这种现状能因上述史料的出版而有所改观。

就目前而言，要查阅民国时期刊行的法律书籍，《民国时期总书目：法律》(1990)仍是最有效的书目之一。不过，该书目只收录北京图书馆、上海图书馆和重庆图书馆的信息，而且后二者依据的是20世纪五六十年代的信息，有些书籍且不明所在。要查阅1912年至1945年出版的汉语法律书籍，请参阅西英昭编《日本现存近代中国法制关联书目电子数据库》。

至于当时发表的有关法律的论文，民国时期具有代表性的三种法学杂志——《法律评论》《法学杂志》《中华法学杂志》——是不可或缺的参考资料（皆有缩微胶卷发售）。而想检索当时的英、法、德语论文，西英昭编《近代中国法制关联欧语论文电子数据库》可资利用。战前用日语撰写的有关中华民国法制的论文，请参照西英昭、国吉亮太编《近代东亚法制关联日语论文电子数据库》。上述西英昭编电子数据库，在前述寺田浩明中国法制史研究网站上也都可查阅。此外，关于战前的日语文献，《杂志载文索引集成电子数据库》较为方便查阅。

最近，尤其在中国大陆，上述民国时期文献史料的各种版本已在网上公开，不久后，或许身在日本也能以图像形式阅读这些近代文献。当然，不应该因此而放弃寻找文献的努力，更遑论身边放着宝贝却跑到外国去寻宝，那无疑会招人笑话。

书籍、史料也一样，不能只是作为知识而有所了解。如果不拿在手里阅读并作整理，使其随时能派上用场，就没有任何意义。电子数据库再有用，不了解它的存在也没用处。构建或重新构建数据库的数据库——这项工作须在到处寻找史料的过程中点点滴滴地去做。

最近，在古旧书店、跳蚤市场收集史料也是历史学者的乐趣之一。或许有人说那不合时流，但是在旧书店的书架上，或在跳蚤市场的摊位上偶然看到的史料，有时的确能支撑起论文。而且尽量多地接触真正的史料，感受史料特有的气息，对史料批判也很有帮助。这不是乐趣又是什么？

2. 既往研究

要了解民国立法史概要，同时代人的著作，如谢振民《中华民国立法史》（1937）、杨幼炯《近代中国立法史》（1936）、汪楫宝《民国司法志》（1954）及杨幼炯《中国近代法制史》（1958）可

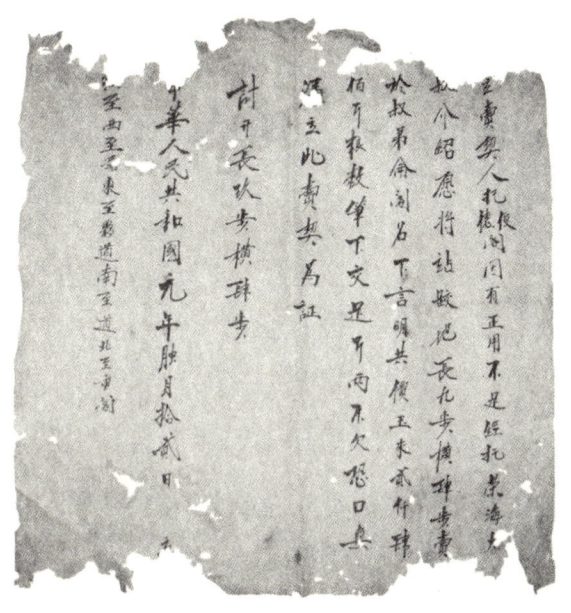

落款记作"中华人民共和国元年"的契约书。这一"年号"现已不用。要断其真假，须对文体、墨色有一定经验。（笔者藏）

供参考。另有展恒举《中国近代法制史》(1973)、罗志渊《近代中国法制演变研究》(1976)、"国史"馆编《中华民国史法律志(初稿)》(1994)。中国大陆有关民国法制草创时期的研究，有张国福《中华民国法制简史》(1986)和《民国宪法史》(1991)。邱远猷、张希波《中华民国开国法制史——辛亥革命法律制度研究》(1997)的研究对象是辛亥革命时期。民法方面，台湾地区的潘维和于1982年出版的《中国近代民法史》《中国民事法史》《中国历次民律草案校释》，现在已属经典。

近年的研究中，黄源盛《民初法律变迁与裁判》(2000)、《法律继受与近代中国法》(2007)和《民初大理院与裁判》(2011)是不可不读的重要研究成果。如前所介绍，黄氏通过整理判例、纂辑史料集等打下坚实的研究基础，而后出版的这几部著作是当下最可靠的成果。

日文的中国近代法通史有高见泽磨等著《法之于中国》(2010)。该书详注参考文献，十分便利于引用，但校稿时有疏漏，若引用其中条文，作者自己必须确认。近年的专题研究有高见泽磨《从调停看中国近世、近代法律史》(2011)、加藤雄三《诉讼知识在"中华民国"的传播》(2009)、田边章秀《北京政府时期的覆判制度》(2011)、久保茉莉子《中华民国刑法修正过程中有关保安处分的探讨》(2011)等。总体来看，日本学界的通史研究才刚开始。

在日本，比如关于民法，立法过程的各环节都留有记录，研究者可依据这些史料逐字逐句进行分析（幸运与否姑且不论）。可是，现在尚未发现中华民国早年也留下类似史料。鉴于这种史料状况，西英昭《中华民国民法亲属继承编的起草和习惯调查》(2009)尝试以曾任中华民国法律顾问的外国人——法国人宝道和爱斯嘉拉，尤其是后者——所留下的文字材料作为分析线索。研究中华民国法制，似有必要至少能读懂日、英、法语文献。若有其他外国顾问，或研究各国在华租界，自然尚需解读该国文字。

提到外语，据说丸山真男曾这样提醒渡边浩：

> 有人说，只懂德语的人不懂德语。同理，只懂日语的人不懂日语，只懂日本的人不懂日本。因此，要想研究日本，首先要学外语。先学英语、德语、法语、汉语、朝鲜语。然后，如果可能，研究荷兰要学荷兰语，研究日本战国以后的天主教徒要学葡萄牙语。[1]

此忠告对中国近代史研究或同样适用。有时研究者甚至还要学习俄语、意大利语、满语、蒙古语。总之，只要是用能够解读的语言写成的史料，不管哪种语言的，都要去读；只要是能去的国家，不管哪个国家都要前往，并设法把既往研究成果、史料搞到手。

西英昭的《关于中华民国法制研究会》（2006）整理了战前东京帝国大学的中华民国法制研究及因此产生的法条解释书籍，连同对史料批判所需要的民国法制研究会的信息。倒不是说日本人就应该研究日本，但利用母语的压倒性优势对外介绍信息，对需要国际合作的民国研究而言有一定意义，而且应该说也是我们的责任。进而言之，日本学者积极参与以中华民国为对象的研究活动的意义何在，也是需要经常思考的问题。

直接或间接地一直在研究民国时期"法"的问题的，或许是

---

1 渡边浩：《东亚的王权和思想》，1997年。

经济史领域的学者。其中，本野英一《传统中国商业秩序的崩毁》（2004）促使我们就探究民事"法"、商事"法"时不可忽视的构造之一端进行思考，需要法制史研究给予回应。加藤雄三的研究则以租界为中心不断取得进展，已有《由不动产交易看租界社会和交易》（2008）、《租界居住权利》（2011）等文发表。期待其集大成之作早日问世。

也有研究从现代回望民国。如中村元哉《战后中国行宪与言论自由 1945—1949》（2004）、石冢迅等编《宪政与近现代中国》（2010）皆以中华民国宪法为主轴展开讨论。三桥阳介的《日中战争时期的战区检察官》（2008）等也在相关课题的研究上屡有所获。此类研究似乎是首先从史料比较充分的时期和课题入手的。

在中国，较早开始民国法制史研究的学者有李贵连、何勤华二人。李贵连主编的《二十世纪的中国法学》（1998）及其专著《近代中国法制与法学》（2002）、何勤华的《外国法与中国法》（与李秀清合著，2003）和《中国法学史》（2006）都是应予重视的参考文献。在这些研究的启发之下，另有俞江《近代中国的法律与学术》（2008）等出版。

仅就观感而言，中国学者的成就似集中于民法研究，已有王新宇《民国时期婚姻法近代化研究》（2006）、孟祥沛《中日民法近代化比较研究》（2006）、张生《中国近代民法法典化研究》（2004）及其主编《中国法律近代化论集》两卷（2002、2009）等出版。上述著者皆曾在日本从事研究，今后或将有新著上梓。其他研究公司法、诉讼法、著作权法者不胜枚举。这些研究关注近代法制，似与当下中国集中立法的形势形成呼应。

只不过，阅读中国学者的研究必须慎重。不少著述基本要领不规范，如史料涉猎半途而废、原始史料注释不清晰因而无法确认等。史料收集本应认真、周全，总期自己走过之后不再有一页遗漏。但不少中国学者研究后，后来者还得再费搜寻工夫。就像收割庄稼，他们随便割几镰就走，别人不得不再仔细收割一遍，令人困惑不已。无论怎么看，这都是在浪费研究资源。笔者身为外国人却不禁担忧的是，中国学术界如果不排除重复研究造成的浪费，学者人数再多，学术研究也不会有长足进步。

当然，也有学者大声呼吁自我净化和完善。李力在《危机·挑战·出路》（2005）中，曾就中国貌似繁荣的法制史研究，尖锐地批评其存在"六多""三少"的问题。"六多"即"专著论文多""雷同的作品多""粗糙的作品多""'法理化'的作品多""教材多""合著（编）的作品多"；"三少"即"称得上'精品'的著作少""有个性的作品少""开展学术批评的作品少"。日本学者也应随时自省是否存在这些弊端。

另有马敏的《商人精神的嬗变》（2001）极具特色。商事法史的研究极少，这在任何国家都一样，但的确是需要与经济史研究合作的待开拓领域。探讨法律知识流通的，有王健的《沟通两个世界的法律意义》《中国近代的法律教育》（2001）。以律师为研究对象的有徐家力《中华民国律师制度史》（1998）。而陈同《近代社会变迁中的上海律师》（2008）的研究对象也包括上海的外国律师。

苏亦工在《中法西用》（2002）中探讨了香港的惯习问题。该书史料、脚注明确扎实，读来令人放心。至于他与韩延龙合著的《中国近代警察史》（2000），虽与法制史有一定距离，但其史料水准极高。欧美方面，较早的有托马斯·斯蒂芬斯研究上海公共会审公廨的 *Order and Discipline in China*（1992），近期出版的则有陈玉心研究英国对威海卫统治的 *British Rule in China*（2008）、徐小群研究民国司法制度的 *Trial of Modernity*（2008）。

五　结语

　　本文未及提示的重要著述还有很多，鉴于现在查阅工具的飞速进步，暂且忍痛割爱。不过，应该注意的是，查阅资料只依赖网络的不正常现象，尤其在年轻研究者中呈蔓延之势。被别人说成落后也好，先进也罢，千方百计地全面收集研究信息，为寻找一页资料而走遍天涯海角——这种锲而不舍的精神，是作为研究者不可缺少的基本前提。

　　假如某学者的文章引起自己注意，一定要查找并浏览他的所有文章。如此可了解该学者所关注问题的变化，这是非常有用的学习方法。遇有自己强烈关注的作品，最好设法面见作者。笔者做学生时曾经不知天高地厚地拜会过不少学界前辈，因为老师对我说："读书时是否直接听到作者的声音，后来的收获肯定不同。硕士阶段丢丑没什么，总之要见到作者本人。"当然，借此提高自己的名声是不允许的。还需做好认真辩论的准备，但这种经历日后会成为自己的宝贵财富。

　　另外，在书库里翻阅一本书时，要环视周围还有哪些书。把图书馆书架上的书从头到尾检视一遍，会意外地学到不少东西。我们都有过这种经历，即偶然看到的一本书或者同期杂志上的另一篇文章，对后来研究的帮助反倒更大。为此，掌握与专业图书馆员同等或更多的图书馆学知识，是研究者必备的素养。"学习"学习的方法、"寻找"搜求的方法非常重要，需要不断努力才能掌握。需要反复强调的是，本章所述只是必要条件，而非充分条件。

所谓研究指要，在法制史这一领域本不存在，故本章在某种程度上不得不充当此角色。有人对此或不赞成。因为，这样的指要可能让人误以为循此仿行即可，结果反倒使研究活动走入萎缩的恶性循环。换言之，指要在一定程度上提示的框架，也可能限制本该自由的研究活动。或许，没有指要才有可能维持和提高研究水准。此前的事实也正是如此。

关于这一点，有必要就法制史学会[1]，尤其是杂志《法制史研究》所发挥的作用进行深刻反思。该杂志的内容中，书评一直占大部分，这实属少见。有学者这样形容该杂志刊载的书评："不是一般的评论，是真正的'评'。"书评不应遵循千篇一律的格式，只有将对象批判得体无完肤才有意义。作者受到辛辣批判当然很痛苦，但更痛苦的却是评者。然而，为提高学界整体研究水准，再痛苦也

---

[1] 法制史学会每年召开学术年会一次，同时，东京、中部和近畿三地支部每年召开研究会数次。《法制史研究》为年刊，卷末附文献目录。有关信息在网站随时公开，《法制史文献目录》电子版也可自由检索。作为法制史的研究会，此外尚有法史学研究会，除定期召开研究会外，还发行《法史学研究会会报》（年刊）。

与上述保持联系的东亚法制史的研究会是东洋法制史研究会。该会每年召开一次研究会，研究活动最为频繁。其机关杂志为《东洋法制史研究会通讯》（不定期）。此外，杂志《法律时报》每年12月编学界回顾特集，其中有"东洋法制史"项，分任编辑会分别以自己的观点对研究状况进行整理和介绍。再有，《国家学会杂志》偶尔也刊载有关东亚法制史的学术研究展望（近年如115-1/2、121-7/8等）、对学术界状况的回顾，其意义及为研究提供的方便值得首肯。但须知该习惯本身不无问题，回顾的内容很大程度上受回顾者的兴趣、能力所左右，故不应将其绝对化。

中国有中国法律史学会展开研究活动，其核心是每年召开一次年会。其核心杂志是《法史学刊》（前身为《法律史论集》第1—6卷、《法律史论丛》第1—3卷），另外刊行年会论文集（有时沿用"法律史论丛"之名）。中国的大学多设有法制史专业或研究所，北京大学有"法史论丛"专集出版。另有"法律史学网""中华法律文化网"及"法律史学术网"等网站常有研究信息披露。华东政法大学法律史研究中心除刊行杂志《法律史研究》（中国方正出版社）、《法律文化史研究》（商务印书馆）外，还翻刻、出版了"华东政法学院珍藏民国法律名著丛书"，其信息披露请参阅"法史网"。

要直言不讳。对此深信不疑的学者们共同拥有《法制史研究》这一竞技场，并经常在此互相合作和切磋，这是学术组织应有的理想形态（有必要反思现在是否仍然如此），其意义不可磨灭。

　　该竞技场不是拿琐事来消遣的场所，来到此处提几个小问题没有任何意义；它应该是就"法"是什么、"历史"是什么、我们曾怎样思考等问题进行反思和辩论的地方。论文能否为该竞技场提供一些新要素，具备多少"引发辩论的力量"，都要从这点判断。一篇好论文不应受法制史这一狭小空间的限制，而应该能够突破藩篱，促使其他众多领域的人们深入思考。反过来说，启迪自己研究的东西，或许就隐藏在似乎和自己无关的地方。行文至此，不禁自叹：一生能写出几篇这样的文章？愿以自戒。

（袁广伟译）

第三章

经济史研究

村上卫

一 为什么研究经济史

研究中国为什么要研究中国经济？对此或有下面答案：随着近年来的发展，中国经济在国际经济上的地位显著提高，日中经济关系也不断深化；因此，如何深入理解中国经济，对今后的日本乃至全世界都非常重要。

如此回答当然没有不妥，但不是首要理由。无论哪个时代，众多中国人最关心的都是有关经济的一系列活动，如家庭生计如何安排，商品买卖及其价格几何，房屋购置及对合股、股票的投资等，而这才是研究中国经济的最重要原因。若要研究某一区域，首先研究该地区人们最关心的是什么，这是外国研究、区域研究的出发点。因此，研究中国史的学者，不管哪个领域，都不能不对经济方面有所思考。而中国经济史研究者则有责任对中国经济作透彻阐释，以满足一般中国史学者的"期望"。

那么，现在为何又必须研究近代经济史？首先是因为，现在我们正处于世界性经济转型期。19世纪以来一直以欧美为核心的世界经济重心，在"二战"后已逐步向以东亚为中心的亚洲转移，2008年世界经济危机爆发后，该动向进一步加速。因此，在探究亚洲曾为世界经济重心的18世纪以前的同时，更有必要运用较大时间尺度，思考过去两百年间欧美与亚洲以及过去一百年间日本与中国之间出现"分歧"的原因，思考这种"分歧"在不久的将来是否会趋于收缩，以及收缩将带来怎样的结果。

此外，东欧剧变和苏联解体后出现的全球化不断深化，可以说是第一次全球化（19世纪后半期至"一战"间世界性交流的扩大）的再现。正因为如此，对中国经济在该时期世界经济变化中的状态、地位进行考察，现在仍然具有启发意义。

单就中国而言，现在随着经济发展而出现的新问题，如竞争日趋激烈以及沿海和内陆、城市和农村乃至城市内部的贫富分化等，至少是明末清初以来曾反复出现的问题，近代也不例外。但随着近年中国经济规模的扩大，这些问题已开始具有全球性影响，而不再仅是中国的国内问题。

就日本和中国而言，由于经济关系日趋深化，两国间在经济方面发生了各个层次的摩擦。但是，中国和外国、中国人和外国人之间的类似摩擦，实际上在近代以来从未中断。虽然日本和中国的经济规模已经逆转，但中国追赶拥有技术优势的日本、欧美的总体形势，很大程度上仍未改变。

有鉴于此，中国近代经济史研究，对考察现在及将来的中国经济如何发展，对启发人们思考包括日本在内的全世界各国如何应对，都具有非常重要的意义。

对于经济史研究的上述意义，或无人试图否认。然而，中国近代经济史研究并未受到日本的经济史研究及中国史研究的足够重视。这是因为，该领域研究的意义至今仍未被以长期而广阔的视野充分认识到。

那么，经济史应该怎样研究？在基本采用历史学方法论这点上，经济史研究与近代史研究的其他领域并无不同。当然，就经济史研究者的培养而言，社会科学和人文科学的教育体系不同。人文科学的人才培养方式主要是小组授课、精读文献，与之相比，社会科学的课程则将更多时间用于系统学习经济学的理论和方法。然而，要把产生于西方的社会科学理论直接套用到历史背景和史料状况都不一样的中国，是非常困难的。加上缺乏可用于计量分析的数据，研究中国经济史需要不同于日本、西方经济史研究的方法。由于笔者的经验也有限，下文将主要基于人文社会学的历史研究方法进行论述。当然，采用社会科学方法进行研究也很重要。

在1974年出版的坂野正高等编著的《近代中国研究入门》一书中，与本章对应的是田中正俊所撰的"社会经济史"部分。但田中主要详论如何撰写论文。因此，本章将重点论述田中基本未曾涉及的方面，尤其是分析区域经济史需要注意的各种事项，以及外文史料运用等。所以，读者若尚未阅读田中文，请一定寻来一读。当下成果主义泛滥，而该文将会使读者重新思考应怎样以认真、诚实的态度撰写论文。

如后所述，中国经济史研究不可能与其他领域毫无关系。近代的经济史尤其与政治史、外交史难以切分，深入分析有关中国经济的各种现象，也离不开对中国的社会及法律制度的深刻理解。经济因人们的选择性行为而不断变化，但若要具体了解人们的这些行为，阅读文学作品往往是最佳途径。[1]因此，作为经济史研究者，也应时刻对中国近代史或其他中国研究领域予以关注。当然，运用其他研究领域的史料时，还应学习各领域的基本方法和规则，相关论述还请参照本书其他各章。

二 研究史

1. 经典

对经济史研究而言，涉猎社会科学的经典著作是了解研究史的基本前提，这点在本书序章已有论述，此处不再重复。但是，相较于坂野等编前著要求熟读和精细研究特定社会科学经典名著和有限史料，现在，除学术研究已大为进步，必须阅读和吸收的"经典"大为增加外，需要面对的史料之多也已不可同日而语。这就需要在尽量阅读的同时，依照自己的研究目的选择并熟读经典。

此外，优秀的既往研究，从研究方法到文体也能给予读者许多教益，也应视作经典。特别是西方经济史、日本经济史，其研究积淀较中国经济史远为深厚，史料状况既优越，研究本身也精致得多，积极吸收经济理论的研究成果也不少。这些不属于中国史领域的经济史研究优秀成果，也是中国经济史研究者应该研读的经典。

从事经济史研究，即使专攻人文学的学者，也不可全然不关心经济学的研究现状。如能把握微观和宏观经济学的基础部分，并理解"近代经济学"是基于怎样的前提进行思考、哪部分存在

---

[1] 例如，考察清末地方财政和腐败问题，恐怕没有史料比清末小说如《官场现形记》等描写得那般生动。运用小说资料进行经济史研究的例子，请参阅足立启二《阿寄与西门庆——明清小说中商业的自由与分散》。

问题等,则自然更能清楚地体会到研究中国经济的乐趣。此外,博弈论、制度经济学、行为经济学等领域也可能为研究某些课题提供参考。

2. 研究潮流

当然,上述努力有赖于平时的点滴积累。与此同时,对研究史进行梳理——围绕某一课题编制既往研究目录,并就所涉既往成果进行收集、研读和内容整理——则是历史研究的基本功夫。撰写本科毕业论文时,只要对相近课题的既往研究有所了解,或许也就可以了;但要在硕士、博士阶段进一步发展自己的研究,则各既往研究在中国经济史研究整体中如何定位就非常重要。尽管如此,无论以经济史的哪个领域为研究对象,总有最低限度的研究走向仍需把握。下文就此做一概述。

战前日本的近代经济史研究,也是同时代研究。那些以战前的调查及长居中国所得体验为基础的报告、研究成果,其关注的问题或因深受当时学术潮流的影响而侧重农村[1]、"行会"[2]等,却是把握了中国的社会、经济某些特征的重要研究,而且至今仍具有非常宝贵的史料价值。

在英语圈各国,经济史研究也是从战前对中国的实际认知开始的。与日本不同,欧美学者多为业余研究者。但是,比如曾供职于中国海关的马士(Morse)的英国东印度公司研究[3],至今仍是

---

1 中国农村惯行调查刊行会编:《中国农村惯行调查》。
2 根岸佶:《中国行会研究》《上海的行会》。仁井田陞:《中国的社会与行会》。今堀诚二:《中国封建社会的机构》《中国封建社会的构成》。
3 Morse, *The Chronicle of the East India Company Trading to China 1635-1842*.

研究清代贸易史的基本参考书，且对经济、外交史研究影响极大。[1]该时期马士等根据其久居中国的体验而留下的研究成果，应予以足够重视。

战后日本的有些研究，在消化战前的调查、研究的同时，试图对中国带有长期性的"制度"进行探究。其代表是对中国的社会、经济的长期条件进行考察的村松祐次，注意到"包"的本质（将交易的不确定性转嫁给第三者以确保确定性）并对其进行研究的柏祐贤等。[2]这些研究成果没能为后来否定中国"停滞"因素的战后历史学所充分继承，但在1980年代以后再次受到明清史研究的关注，并在学术界越来越关注已长期存在的历史性机制、惯习、常识等所谓"制度"的现在日益受到重视。

另一方面，战后的近代经济史研究重视所谓"西方冲击"，其结果，中国和欧美"资本主义"在开埠前后正式接触的时期成为重点研究对象。美国的中国近代史研究开山人费正清曾研究过五口通商时期的贸易和外交，[3]日本则有明清社会经济史和东亚国际关系论的研究和教育的核心人物田中正俊、卫藤沈吉等关注开埠前后的贸易，[4]都绝非偶然。然而，这些贸易史研究，由于开埠前后的史料收集比较困难，以及受到"近代化"论、发展阶段论等研究框架的影响，后来并无显著进展。

经济史研究中更受重视的是"近代化"，具体而言，即工业化

---

[1] 下述外交史基本文献，对经济史研究也十分重要。Morse, *The International Relations of the Chinese Empire*. 关于马士的影响，请参阅冈本隆司《"朝贡""互市"与海关》。

[2] 柏祐贤：《柏祐贤著作集4 经济秩序个性论（Ⅱ）——中国经济研究》。村松祐次：《中国经济的社会制态》（再刊）。

[3] 费正清：《中国沿海的贸易与外交》[中译本为牛贯杰译，山西人民出版社，2021年]。

[4] 卫藤沈吉：《近代中国政治史研究》。田中正俊：《中国近代经济史研究序论》。

方面。要了解这一倾向，可参照工业史研究的核心即棉业史研究。洋务运动以后的清末曾在棉业史研究中备受关注，[1]但该时期史料不足，制约了实证研究的进展。但受日本经济史方面对战争期间在华日资纱厂为主的棉业史研究的影响，[2]1980年代以后的中国近代经济史研究开始关注棉业既发展迅速，史料也最为丰富的战前时期。其结果是，更具实证性的棉业史研究取得进展，中国棉业的独自发展方式得到了明确阐释。[3]

毋庸置疑，日本的中国经济史研究在1980年代的最大变化，是出现了由分别专治日本、中国、南亚及东南亚经济史的川胜平太、滨下武志、杉原薰等引领的亚洲交易圈论。[4]该潮流使日本经济史、西方经济史等长期以资本主义化、工业化为发展指标而轻视近代亚洲经济的研究动向为之一变，对近代亚洲经济史的关注度也迅速提升。中国近代经济史方面，除运用后述海关史料针对清末开埠港贸易为主的研究取得进展外，华人的经济活动也开始受到关注。

在英语圈各国，以世界各国的关联性及其比较为特征的全球史研究的潮流，主要在1990年代以后取得发展，以中国为中心的前近代亚洲经济也因此受到重新审视。被统称为加州学派的学者们对前近代中国经济，尤其是19世纪以前的清朝经济给予高度评价[5]，给了

---

1 波多野善大：《中国近代工业史研究》。小山正明：《清末中国外国棉制品的流入》。铃木智夫：《洋务运动研究——19世纪后半期中国的工业化与外交革新》。
2 高村直助：《近代日本棉业与中国》。
3 其代表性成果有中井英基《张謇与中国近代企业》，森时彦《中国近代棉业史研究》，久保亨《战争期间中国的棉业和企业经营》。对研究史的最新梳理，棉业史方面有富泽芳亚《纺织业史》，传统棉业方面有瀬户林政孝《传统棉业史》。关于缫丝业研究，请参阅曾田三郎《中国近现代缫丝业史研究》。
4 其代表性研究有川胜平太《日本的工业化过程中的外部压力和亚洲内部竞争》，滨下武志《近代中国的国际契机》，杉原薰《亚洲域内贸易的形成与结构》。
5 重新评价中国经济的发端，有王国斌《转变的中国》和彭慕兰《大分流》。

欧美经济史学者以极大震撼。受其影响，世界各国都在推进比较经济史研究。中国近代史研究者当然也不可忽视此类动向。

3. 课题

当然，时代的变化已不允许研究者只追随发端于20世纪八九十年代的研究潮流。

首先，以"发展"为标准评价某时期经济现象的历史研究——如"该时期某某工业取得发展，尽管在某某时期出现停滞，但奠定了现在某某工业的基础"之类的旨在发现事实的研究——是重要的基础研究。然而，仅此显然还不够。除需要思考停滞为何出现在该时期外，要评价"发展"，由现状分析出发回溯过去或许更加有效。而且，贸易扩大和工业发展的规模、速度都远超过去，故更需看清研究过去的意义，进而需要思考意在研究历史而仅对"发展"做单方面评价是否恰当。换言之，没有"发展"就不予评价、不去研究，这种态度必须改变。

此外，对此前基于片面观点受到否定评价的清末民国时期，继欧美、日本之后，中国学术界也开始重新评价。尤其是，众所周知，随着民国史研究的进展，中华民国时期的经济发展、南京国民政府在经济发展中的作用都早已受到重新审视。[1] 因此，今后若继续仅对从前被否定、低估的政府的经济政策等做重新探究和评价，似没有多大意义。这对需要提出不同于汉语圈、英语圈观点的日本学术界尤其如此。继续那样做，日本学术界将只能成为外语圈各国

---

[1] 对民国时期工业发展的计量研究，请参阅久保亨《20世纪中国经济史研究》，第75—99页。尝试重新评价南京国民政府的经济政策的，有久保亨《战争期间中国的"探索自立之路"——关税货币政策和经济发展》。

实证研究的帮工。所以，更重要的是对如下问题的探究：中国经济当时为何仍困难重重，因而要选择社会主义道路？

在日本，亚洲交易圈论是以商业为核心的清末史研究，而工业史研究则主要以民国史为中心。故而论其倾向，前者接近明清史研究及前近代史研究，而后者则与现代史研究相距不远。换言之，本应作历时性把握的二者之间却存在着断裂。而如何弥补这一断裂，则是今后的研究课题。

全球史研究中的亚洲研究强调前近代中国的经济重要性，对英语圈根深蒂固的欧美中心主义作了修正，此点并无不妥。但要以各种经济指标探究前近代中国经济的内涵，从数据较为丰富的近代史领域予以接近，不失为有效方法；而对前近代中国经济数值运用之粗疏草率、对既往研究的恣意解释等，则需十分警惕。比如，安格斯·麦迪森有关国内生产总值（GDP）的推算，尽管已成为世界通用标准，但其对中国20世纪中叶以前GDP的推算存在漏洞[1]，不可轻易使用。

上述课题，应该说有必要以较大时间尺度和比较意识进行研究。而对于缺乏数字资料的中国经济史研究，就其长效性经济机制、"制度"进行考察也是有效途径。其中，阿夫纳·格雷夫等人的制度经济学的见解[2]可作参考。不过，此类研究往往止于从制度层面追索，证明已知现象何以产生，但历史学的魅力却在于以史料为据明确制度的形态。

当然，研究史上的课题必须由研究者自己去发现。对研究者个人而言，上述课题或许已无研究价值，个人的研究课题也应更加具体。研究者应在自己梳理研究史的过程中发现课题，并思考解决问

1　Maddison, *Chinese Economic Performance in the Long Run*.
2　格雷夫：《比较历史制度分析》。

题的方法，这是研究的基础。近年来项目研究（project research）越来越多，但参与此类研究不应轻易放弃自己思考的问题和研究目的。当然，项目研究的组织者对此也应自觉地予以尊重。

三 经济史研究要领
—— 以区域经济史研究为例

1. 研究区域之设定

在充分把握研究史的基础上实际进行经济史研究时，可就某一特定领域、截取特定时段对中国整体的经济状况进行考察。但是在许多领域，针对整体进行论述极易忽略中国的多样性而流于概述；而概述性研究，往往中国已经有之。而且有的课题，其对象时期尚无国民经济存在，运用"中国"这一框架很难作有效观察。在这种情况下，研究多以某省或其一部分——特定区域——为对象。下面即就区域经济史研究应该注意的事项加以论述。

当然，基于曾在某一地区生活的个人体验而开始研究该地经济史，也未尝不可。但是，本科毕业论文暂且不提，撰写博士论文时，应首先就从中国或东亚这一广阔空间中选择某地为研究对象的理由、意义，向学界同行解释清楚。例如，称某地某产业在中国最为发达，当然最为易懂；但这等于说该地在中国带有特殊性，属于例外，因而需要将其置于中国或东亚等更大框架内，对其经济地位加以阐述。

研究区域经济史，必须明确所选择区域的范围；选择的方法要以对研究主题最有效、最方便者为优先。区域划分所依据的标准必须明确，如省或府等当时的行政区域、河流及山地等地形地貌、开埠港口城市的腹地、方言（如"闽南语"）的实际使用范围等。由于许多城市的规模在近代迅速扩大，故确定区域范围时，当然还须考虑其腹地等的定义是否仍然恰当，铁路及轮船等交通手段是否有所进步，课税标准是否有所调整，是否受开埠影响等。

2. 背景

要确定某一区域为研究对象，则该区域的相关地理知识不可或缺，地图等或为必备。地图类资料，若时期下限止于清末，可以谭其骧主编《中国历史地图集》为基本资料。但若研究省以下的具体区域，则该地图集未必能够满足需要。清末至民国时期，关于19世纪沿海地区的情况，有欧美各国编制的开埠城市及其周边的地图可做参考；19世纪末以后，包括内陆在内的，有日本陆军参谋本部陆地测量部及中华民国时期的参谋本部、陆地测量总局等编制的地图可资利用。[1] 当然，若考虑到地形变化，可以利用的还有民国以后出版的地图集。附言之，在论文、专著中论述区域经济时，应尽量插入必要地图以辅助理解，但须注意标明比例尺。

把握自然环境也应参照上述地图。一地之地形，对耕地面积乃至土地产出能力具有决定性影响。而水田、旱地等种植种类、轮作次数及收成等土地产出能力，又受气候（尤其是气温）和水资源多寡及地形所左右。[2] 决定水资源多寡的是降水量，但能否有效利用水资源，又受地形、土壤等的影响。另外，水资源、地形、气候也

---

1 其中，日本绘制的所谓"外邦图"，参阅小林茂编《近代日本的地图绘制与亚洲太平洋地区——"外邦图"考察》。
2 当然，农学知识和自然环境同样重要。关于农学在历史学中的运用，参阅渡部忠世等编《中国江南水稻种植文化的跨学科研究》。

决定着森林资源和植被的疏密。

主要河流的流量及其变化,除用以衡量水资源是否丰富外,也决定着水运能力的大小。同时,海岸线的弯曲及其地形则左右着海运是否发达;而在近代,港口地形如水深等是否适合大型轮船靠港,则决定着港口城市的繁荣与衰落。

之所以需要关注自然环境,除其在环境史方面的重要性外,更因为进入近代以后(前近代自不待言),大部分区域最为重要的产业,仍是受自然环境左右的农业。例如,主要出口商品茶叶、生丝来自农业、农民,棉纺织等工业的原料多依赖农业,大量工人也来自农村。更不用说,占人口大多数的农民,既是劳动力,也是具有绝对影响力的消费大军。

自然环境方面的信息,还可从古籍中获取。不过,地方志类,因有关数值、时期等明确可信的记述极少,故对整体把握近代以前的状况或为重要资料,却不适于把握急剧变化的近代经济,因此不应将其视作主要史料。20世纪初以后,尤其在民国时期,曾有较为信实的地方志刊行。此外,近代的状况还可参考同时期海关报告,东亚同文会编的有关文献所收外国人调查数据汇总,民国时期中央及地方政府的调查报告等。现在出版的新方志也可用来参考,但近年的气候、地形较之当时又多有变化,参照时需加留意。

除自然环境外,人的行为也与经济有直接关系。比如,人口是经济史研究的基本要素,近代以前,人口数量有时直接反映经济规模的大小。特别是,清代中期以后含迁居在内的人口动态[1]及随

---

[1] 关于人口史,葛剑雄主编的《中国人口史》曾作概括性论述。

之发生的人均耕地面积变化[1]均应予以重视。19世纪中叶由战乱导致的人口剧烈变动,也是中国近代的特征之一。而人口动态与粮食供需等物资流通也整体存在密切关系。不过,对有关城市人口的记述,须注意数值所指范围。此外,政府统治能力弱化会直接导致统计可信度下降,故政府统计哪怕再详细备至,也不一定可信。

人口的变动,除饥荒、瘟疫、战乱外,迁徙也是重要原因之一。在农民受土地束缚的中国,人口流动在历史上并不罕见;但在近代,迁徙更加活跃,对人口流出和流入的区域都曾造成极大影响。清代中期以后,人口从山东向东北、从华南向东南亚流动,其规模曾持续扩大至近代;19世纪中叶以后,人口也曾因内乱而出现迁徙,或向开埠城市大量流入。[2] 此外还需考虑众多外出务工者在各区域间的季节性流动,以及工业劳动者的流动等。通过迁徙人口的汇款,人口流动也影响和改变人口流出和流入区域的市场规模。

观察研究对象区域,应该运用较长期的时间尺度。例如,19世纪中叶以后中国人和外国人发生纠纷的当事人(即会馆、公所等商业团体),主要是由明末清初以后的政治、社会、经济结构催生的,因此,必须对17世纪以后的历史变迁有所把握。而会馆、公所的渊源可上溯至宋代,故明代中期以前的历史当然也不应忽视。

对于在这种长期历史背景下形成的社会,还需理解各特定区域皆有不同特征。血缘组织、村落结构皆存在区域差异。比如在华南,准父系血缘群体即宗族,不仅关涉继承财产的分配,也与贸易和移民有密切关系。因此,该领域的研究也可参照社会学、人类学

---

[1] 关于人均耕地的变化,梁方仲编著《中国历代户口、田地、田赋统计》是基本参考著作,但需慎重利用其数据。参阅何炳棣《中国历代土地数字考实》。
[2] 参阅葛剑雄、吴松弟、曹树基《中国移民史》第六卷。

的研究成果。

对于自己研究的时期,超越对象区域,以更广阔的视野理解中国史尤其是政治史,并注意其如何影响经济,当然十分重要。19世纪中叶以前,政府对经济的干涉较少,经济的自由度或许较高;但19世纪中叶以后,中央和地方政府的当务之急都是确保财政收入[1],经济和政治也就不可能彼此无关。实际上,许多商人及企业家,如不和政府建立某种关系,就不可能长期维持其经济活动的稳定。中国经济史研究极易流于政治经济史研究,其原因在此。因此,应首先基于中国经济的这一特点充分把握中央财政与地方财政关系的变化,而后再具体探讨各地厘金、捐税等复杂税种及其征收和使用。

此外,近代也是世界走向一体化的时代,故还应注意所研究时期的全球史演变。例如,进入20世纪后,世界经济萧条等全球性事态,曾对包括农村在内的整个中国经济形势产生决定性影响。

3. 区域经济

在探讨某时期某区域的特有产品时,应考虑其对外贸易和国内流通受到全球化怎样的影响。首先应把握其在全国的生产状况,其次,或应观察清代各区域的生产、流通状况[2];关于近代中国的主要产品如鸦片、茶叶等的概括性研究可用以参考。[3]

有些商品与世界其他区域形成竞争关系,也应了解和把握。比

---

1 关于清末财政,请参阅岩井茂树《中国近世财政史研究》,第125—150页。
2 关于清代的国内市场和流通,可参考山本进《清代的市场结构和经济政策》。
3 陈慈玉:《近代中国茶业的发展与世界市场》。林满红:《清末社会流行吸食鸦片研究——供给面的分析(1773—1906)》。

如，印度、日本的工业化曾极大地影响中国棉纺织业，殖民地的产品如印度、斯里兰卡（以及日本）的茶叶及东南亚的砂糖等，也曾因经营规模扩大、生产方式近代化而将中国商品驱逐出世界市场。与此同时，在国内市场，如中国缫丝业依然维持较强竞争力，中国产鸦片也曾把印度产品逐出国外。可见，这方面的情况较为复杂，必须对左右竞争的技术背景予以探讨。[1]

商品流通方面，此前的研究关注的是基于地缘、血缘形成的商人网络、商人群体，但近年来学术界开始重视这些商人群体形成的交易制度、市场制度，对此应加以留意。[2]

对于商品流通的扩大，应重视铁路、电信、轮船航路等近代化交通基础的建设。但须知此类建设曾有外国公司、外国政府、包括海关在内的清政府等各方的参与[3]，对此应做全面、整体把握。

若以支撑商业、工业乃至农业的金融业为研究对象，首先需要对中国独特的市场状况、货币制度有所了解。可资参考的既往研究有，岸本美绪基于银两流通提示市场结构模式的《清代中国的物价与经济变动》（1997），以及黑田明伸从货币制度考察清朝经济形态的《中华帝国的构造和世界经济》（1994）。在此基础上，还需了解各区域货币状况。若要探讨货币的流入、流出及其汇率变动问题，除贸易结算外，还需考虑华侨汇款和国际银两市场及其行市水准。金融机构方面，除传统钱庄外，还要重视外国资本的殖民地银行及

---

1 关于技术史，研究糖业的这本著作可做范本：Daniels and Menzies, *Science and Civilization in China* by Joseph Needham, Vol. 6, *Biology and Biological Technology*, Part 3 "*Agro-Industries and Forestry*"。
2 古田和子：《市场秩序与广域经济秩序》。
3 关于清朝在清末建设国内交通、通信方面的成就，基本研究成果有千叶正史《近代交通体系与清帝国的变化——电信和铁路网络的形成与中国国家整合的演变》。

中资银行的作用。尤其进入民国后，还需要把银行券发行这一新兴业务考虑在内。[1] 当然，货币的动向在城市和农村不一样，对区域内的此类差异也必须把握。

有人或认为上述需要观察的因素过于复杂、多样，而对有的区域、有的课题而言，有些部分也的确没有必要。不过，要研究某一区域的经济，应该把描述该区域的全部历史当作最高理想，就像布罗代尔的《地中海与菲利普二世时代的地中海世界》那样。虽然没有必要将各领域的信息全部写入论文，但把该区域的各种条件作为背景来理解，是最基本的研究姿态，若非如此，也就无法对该区域的经济在整体中加以定位。而且不仅区域研究，就近代中国经济史研究整体而言，因数字资料有限，在运用这些数据时，丰富的周边信息具有决定性的重要意义。当然，无论哪个领域的研究，挖掘得越深入，能够看清的东西就越多，视野也就越开阔，从而不至于成为"井底之蛙"。

研究区域经济史，若情况允许，最好前往实地考察，并在当地生活一段时间，以亲眼观察、亲身体验该地人们的经济行为。当然，果真涉足如此之深，往往会陷入对该区域的研究中而难以自拔。反过来说，正式研究前慎重选择研究区域极其重要。最好能够根据史料状况灵活改变研究的区域和时期。重要的是，在中国各地区域史研究日趋活跃的情况下，如何培养自己独有的、他国学者不具备的观察角度。而其前提则是反复思考和探究研究史。

---

[1] 城山智子《大萧条时期的中国——市场、国家与世界经济》曾简要总结工业化和金融机构的关系。

四　史料运用

毋庸赘言，经济史研究也离不开史料。因此，在反复推敲研究史、设定课题并开始研究之后，需要潜心阅读史料，并反复修正课题方向。经济史研究领域，仅用一部完整史料支撑研究的情况极其罕见，因此，课题亦需视史料状况而灵活地调整或改变。

1. 出版史料

收集史料之前，可先了解大陆、台湾等地编纂的有关史料集。不过，史料集的编纂都带有某种目的，且与自己的研究目的并不一致，使用时需要留意。

应先收集公开出版的史料。关于该类史料中的汉文史料及其利用，坂野正高等编前著所收田中正俊文述之甚详，此处从略。不过，如田中所述，中文史料时见概念性数值，且各地度量衡不一，万不可轻易运用这些数值作计量分析。[1]

当然，与19世纪中叶以前不同，近代经济史研究的幸运之处在于中文以外公开出版的史料之多样和数字资料之丰富。期刊发行始于广州、澳门、香港、上海等开埠城市的兴起。这些期刊重视经济信息，故载有贸易统计及价格数据，其他不少报道也可用于研究。比如，19世纪中叶至20世纪中叶在上海发行的《北华捷报》，不仅含有数字资料，还刊载有上海最高法院的审判记录，故也可用作研究商业纠纷的史料。

19世纪后半期，中文期刊也开始发行，这些期刊也可用于经

1　田中正俊：《社会经济史》，第139—154页，第127—130页。

济史研究。例如，中国发行时间最长——1872年发行至1949年停刊——的报纸《申报》，上海当地的经济信息自不待言，其他地区的经济信息也十分丰富，广告等也很有价值。不过，包括官报在内，汉语期刊所载数字资料有时可信度不高，应尽量通过海关统计等相关史料加以确认后方可用于研究。

外国政府发行的刊物也很重要。其中，英国下议院议会文件（HCPP）内含贸易报告，为最优先级史料。其18—20世纪部分，近年已形成数据库，可全文检索，故以世界性视野建立研究架构已成为可能。不过，要整体把握有关中国的史料，集中收入有关中国文件的IUP版[1]依然未失去其价值。

日文史料，已刊行者颇为丰富，主要有《通商汇纂》等汇辑领事报告而成的史料集[2]，另有政府机构、民间企业的调查报告等。

2. 统计

毋庸赘言，近代经济史研究最重要的出版史料是海关报告、海关统计[3]，研究贸易方面的课题，应首先将其置于案头。20世纪初叶以前，中国的铁路运输尚十分落后，故海关统计对贸易的覆盖率较高，各港口也都建立了统计制度，因此也是把握国内流通的有效史料。不过，需要注意的是，海关统计所覆盖的范围是随着开埠城市增加而逐渐扩大的；而且，由于统计对象只包括外国货轮贸易和汽船贸易，中国传统的帆船贸易则不在其内，故难以用来把握近距离

---

1 Irish University Press, Area Studies Series, *British Parliamentary Papers, China*.
2 关于日本领事报告为主的史料群，请参阅角山荣编著《日本领事报告研究》。
3 关于海关统计在内的统计史料应如何使用，请参阅小濑一《试读历史统计》。关于统计的制度、史料方面，请参阅木越义则《近代中国与广域市场圈》。

贸易。此外，1904年前的统计采用市场价格，故需要将其换算为到岸价格和离岸价格。[1] 此外，观察进出口额时，例如经由香港的转口贸易，统计有时不反映真正的进出口地；而国内商品如经上海港中转出口时或存在同样问题，如何运用其数据也需要慎重。

利用海关史料进行研究，若研究对象为特定区域，则可使用《十年报告》(Decennial Reports)和年度报告。而研究鸦片、生丝、茶叶等特定商品，可使用"特集"(Special Series)。关于如何利用海关史料，滨下武志曾做详细解说。[2]

海关统计、海关报告是开始经济史研究最合适的史料，且有影印本出版，便于阅览。[3] 因此，有志于研究经济史者，即使不研究贸易，也应适当浏览。充分运用海关统计和《北华捷报》所载计量数据的先例，请参考有关上海网络的研究。[4]

包括海关统计在内，任何史料的数字资料，都要首先考虑其代表性，对统计的可信度、数值的含义也须善加辨析。复杂的货币汇率、度量衡等因地而异，尤须留意；而格式不同的统计前后接续时，也应特别慎重。[5] 由于近代经济常受战争、殖民地化、抵制外货等政治事件的影响，故需同时注意长期演变和短期变动的区别。了解数字数据存在局限，也是研究中国经济史的第一步。

---

1 郑友揆：《中国海关贸易统计编制方法及其内容之沿革》。Hsiao, China's Foreign Trade Statistics, 1864-1949, p. 266.
2 滨下武志：《中国近代经济史研究——清末海关财政与开埠城市市场圈》。
3 中国第二历史档案馆、中国海关总署办公厅编：《中国旧海关史料》。
4 古田和子：《上海网络与近代东亚》。
5 关于东亚统计的接合，请参考堀和生《东亚资本主义史论Ⅰ——形成、结构、展开》。

3. 未刊史料

近代史领域中的未刊史料不断增加。在经济史领域，此类重要史料即商人及企业积累、遗留的档案。19 世纪前半期以后的未刊史料群中，怡和洋行的档案最为重要。该史料此前也被用于中国史研究，[1]但在石井宽治的日本经济史研究中，该史料与日文史料实现了最佳结合，是未刊史料与当地史料配合使用的优秀范例。[2]

中文未刊史料中，较受关注的是海外华商的史料。其中，长崎华商泰益号等日本华人的史料研究最为深入，[3]其研究方法可资借鉴。此外，华人的团体、机构所留史料也具有重要价值，可儿弘明《近代中国的苦力与"猪花"》（1979）就是运用香港保良局档案探究广东人口拐卖具体状况的优秀研究之一。

此外，中国的明清史研究所重视的徽州文书等，不少产生于近代，今后应善加运用。近年来，通过实地调查所收集的碑刻集也渐次出版。其中含有许多会馆、公所等同乡、同业团体所遗碑文，是值得关注的史料。

清末以前较为系统的遗存史料群有清廷档案，其中有关督抚以上官员者，大抵皆有条件使用。民国时期的档案也同样存在偏重中央的倾向，但顺天府、淡新、巴县等地方档案也含有不少该时期的史料。至于地方行政档案遗存较多的是 1930 年代以后的，研究者已经可以利用档案进行更接近地方实情的研究。

---

1 Greenberg, *British Trade and the Opening of China 1800-1842*。石井摩耶子：《近代中国与英国资本——以 19 世纪后半期怡和洋行为中心》。

2 石井宽治：《近代日本与英国资本——以怡和洋行为中心》。

3 利用泰益号档案所作的研究，请参阅山冈由佳《长崎华商经营的历史研究》，朱德兰《长崎华商贸易历史研究》，廖赤阳《长崎华商与东亚交易网的形成》，和田久德等《上海鼎记号和长崎泰益号——近代在日华商的上海交易》。

研究民国时期的企业经营，也有档案史料可资利用。不过，此类史料多为成功企业的档案，故需要收集更多经营实例，以思考何以只有这些企业能够成功，亦即其代表性如何。

近代，尤其是民国以后，档案数量增多，因此，还是应该对大陆、台湾等地编纂、出版的史料集等预做了解，在前往当地收集史料之前要做到胸中有数。史料本来必须确认原件，但在史料开放受限的情况下，依靠已出版史料集也是无奈之举。

行政档案方面，与中国关系较深的英国、美国、日本的外交史料，其利用价值较高。特别是英美的外交史料皆依制保存并已开放，利用起来十分方便。

4. 英国外交档案（FO）

那么，具体应该如何运用未刊史料呢？此处以英国外交档案为例。直至"一战"以前，英国是与中国经济关系最为密切的国家，积累有大量史料。所以，研究19世纪末日文史料增加以前的中国经济，英国外交档案是最有效的外文未刊史料。

英国外交档案中，研究中国史常用的是一般通信（FO17、FO371）和领事报告（FO228），这些以清末为中心的史料，在日本也可查阅。此外还有各领事馆曾独自保存的档案，[1]但要阅读，须前往英国国立档案馆，或委托邮寄复制件。

在阅读这些档案前，须先就英国外交机构及其文件往来、移

---

[1] 要了解英国外交档案中有关中国的部分，请参阅佐藤元英编著《有关日中关系之英国外务省档案目录》。

交、保存等有所了解[1]；还应阅读科茨对领事报告的详细研究[2]，以加深对英国驻华领事工作情况的理解。

外交档案的保存，如 FO228 按领事馆及年度分别整理成卷。报告后有附件。有的卷把所附中文原件汇总，可用来确认英文译件的原文。不过，这些报告在当初提交时，仅根据领事的判断而抄录了一部分，故不可仅依靠这些进行研究。

各卷按日期顺序整理，但并无提示内容的目录。因此，需要花一定时间大体浏览后自己编制目录。贸易报告等归入议会文件，但谍报等为议会文件所无，其内容也涉及政治、经济等许多方面，预作浏览肯定有助于研究。另外，19世纪末以前英国驻华公馆的报告基本为手书，但习惯后不会有多大阅读障碍；唯其署名较难判读，或需要参照职员名录。[3] 来自领事馆的文件的复印件等，有不少也难以判读。可利用外交文件多通过往来咨复而成的特点，以其他对应文件为线索加以解读。最后，重要之处输入电脑，可便于以后查对、确认。

这样的做法难称高效，故在阅读外交档案前先检索前述英国议会文件数据库，则有些研究课题所需档案可做到事先胸中有数。有的史料未归入领事报告而含在议会文件之中，所以检索数据库是不可省略的步骤。另外，收藏史料比议会文件还要丰富的 FO405（英国外交部机密文件：中国）、FO881（英国外交部机密文件：数字系

---

[1] 关于英国的驻外机构及其档案，较为简明的论述为坂野正高著《政治外交史——以清末初始史料为主》，第174—187页。欲做更全面了解，请参阅英国国家档案馆刊行的 Roper, *The Records of the Foreign Office 1782-1968*。

[2] Coates, *The China Consuls*.

[3] 关于职员名录，每年有 FO List 出版，但欲了解在华领事馆职员，还请参阅 Lo and Bryant, *British Diplomatic and Consular Establishments in China*。

列）也已印行，较为方便查阅。不过，这部分史料对有的研究课题可能没有参考价值。

阅读史料时要注意的是，英国领事是按照自己的常识来把握某一事态的。当时的英国领事，因其常识往往与现在的我们相近，反倒难以理解彼时中国官方、中国商人的意图，有可能因此未能准确把握事态。当然，常识不同，有时是制度不同的反映，对研究也不全是坏事。还有，考虑到翻译可能造成误解，如有中文原文，应相互对照、确认。

按内容所做分类，其所反映的也是英国方面重视那些问题，不见得与研究目的一致。比如，由于关注点或有侧重，中国方面认为十分重要的经济问题，当时的英国政府、英国人很可能并不在意。研究不能只依靠议会文件，原因在此。

史料收入的报道反映涉及英国人的琐碎经济纠纷，故单凭一两件报道或事例就下结论是危险的。应该建立假说，对一定时间内发生的几个案件进行梳理并探讨。如果能从中发现英国外交官、中国官员、中国和外国商人等有关各方的行为模式，那是最理想的。

下面的照片是驻镇江的英国领事向驻北京的英国公使报告镇江的转口贸易已徒具形式的文件。据此可知，即使条约已经缔结，要在中国内地直接按条文执行仍存在极大困难。若将该史料与试图抑制转口贸易而制定镇江章程[1]前后所发生的各种事件结合起来思考，自会加深对制定章程意义的理解。

毋庸赘言，英国外交档案也须与其他史料相互印证。仅就英国史料而言，也可与英国其他行政机构的档案互相比照。例如，威

---

1 关于镇江章程的制定，请参阅 Motono（本野英一），*Conflict and Cooperation in Sino-British Business, 1860-1911*, pp. 41-48。

资料出处：Great Britain, Foreign Office, Embassy and Consular Archives, FO228/1117, Incl. No. 1 in Carles to O'Conor, No. 3, Feb. 4, 1893.

海卫等地受英国殖民统治，其史料就需要比对英国有关部门档案（COCO）。在阅读史料过程中会发现，政府各部门及部门派出机构的利害关系不见得完全一致，因而思考问题时把"英国"视为一个整体是危险的。此外，除外交部的史料外，其他如海关报告、《北华捷报》等出版史料，最好一并配合使用。

与清朝方面的史料相互比对，当然也很重要。尤其是《申报》等中文报纸对华人商店频繁破产、各种征税机构令人眼花缭乱的兴废等的报道，是外国领事很难把握到的。如果事涉中国以外的其他国家，无疑也应该比对这些国家的史料。

通过上述对史料的解读、比对来验证假说，并合理推论。在经济史研究中，这样的操作过程也正在使学者们逐步把握仅凭中文史料难以理解的中国的经济制度。[1] 所以，若发现有适于研究课题的史料，经济史研究也应尽可能加以运用。

如上所述，近代史料种类繁多，有出版史料、未刊史料等；但年轻学者最好通过撰写本科毕业论文及硕士、博士论文找到自己研究所需的基本史料。频繁到各地档案馆搜求各种史料的确必要，但如果杂而不精，结果会对史料理解不透、消化不良。这样的例子屡见不鲜，并非仅经济史领域如此。比如，把外交档案"挪用"于经济史研究时，需要按外交史研究的一般方法对待档案，然后细细阅读，根据研究目的对史料作重新建构。把史料内容认作事实而作简单的整理和概括，那不是研究。

五　结语

研究的成果最终需要形成论文，所以，考虑既往研究史而阅读史料，也就是最重要的研究步骤。但具体到论文撰写，却并无经济史独有的方法。因此，本文最后谈谈撰写论文时最终应以什么为目标。

首先有必要强调经济史研究对经济学（社会科学）的意义。每篇论文都做到或比较困难，但在课题完成阶段，必须带有将发展于欧美的近代经济学模型加以相对化的意识。关于此点，请参阅黑田明伸的货币史研究。[2]

研究进入完成阶段，重要的是应提出自己的模型。模型应尽量

1　冈本隆司：《近代中国与海关》。本野英一：《传统中国商业秩序的崩毁——不平等条约体系与"说英语的中国人"》。
2　黑田明伸：《货币体系的世界史——读"非对称性"》。

清晰易懂，以让人能够理解，并与其他区域、其他时代进行比较，进而交与其他学者讨论。但清晰易懂，也可能导致过于单纯，脱离此前论述，故需十分谨慎。

只有提出模型并与其他模型比较，才能明确中国或对象区域的特殊性和相似性。若能与经济史研究较为先进的日本、印度、西欧等其他区域进行比较，则更加理想。[1]

经济史实质上是比较史，故要求研究者不断提高提出模型并清晰论述中国经济史的能力。应在不打乱研究节奏的前提下，尽量参加拥有不同教育背景——接受过人文学教育或社会科学教育——的其他研究领域的学者参加的学会，并发表研究报告，以确认自己是否已充分理解其他领域的基本概念和基本方法。不过，参加学会本身并非目的，应该将收获主动融入自己的研究和论文中。

提出模型，据此做比较史研究，也应随时回归史料，反复思考。须注意，若过多倚重二手文献，则很容易如英语圈的中国经济史研究那样，导致阅读原始史料的基本能力不断下降。可以说，作为经济史研究，其以史料为据的方法与一般历史学研究是一样的，不同的只是要不断摸索如何表述。

最后要说的是，经济史研究需要对中国的现状、对全球性经济问题保持关注。这当然不是要在中国的现状中发现与过去类似的东西，并以此来强调中国没有变化。那样做，与曾经受到批判的中国停滞论没什么两样。重要的是要探讨这些类似现象历经百年或几个世纪后仍然存在或发生的背景是什么。

（袁广伟译）

---

1 关于日中之间的比较，请参阅冈本隆司《中国"反日"的源流》。

第四章

外交史研究

冈本隆司

一 "外交史"的概念

本章取名"外交史",多少有挂羊头卖狗肉之嫌。虽说"外交史是什么并不明确","与相近各领域的界线不见得清晰"[1],然而因其研究、讨论要遵守源自西方的通则,故外交史一定程度上仍与其他领域存在相通的前提。但对近代中国而言,首先这样的前提并不适用。因为,假如把产生于西方、经发展后现已覆盖全世界的、以对等的主权国家所形成的国际关系为前提的国家间交往定义为"外交"(diplomatie),则本书要探讨的近代中国几乎未曾有过真正的外交。如果一定要说有过,那也不过是在近代末期极短的时期。

但是,与西方列强等对外所施展的(自以为)真正的外交十分相似的行为,中国无疑也曾采取过。正是这种行为逐渐形成了中国的"外交",并成为现代中国外交的起源。如果称这一过程为"外

---

[1] 坂野正高:《政治外交史——以清末初始史料为主》,第167页。

交史"，则将其比照通常的外交史进行论述也并非不可能。此点有必要将其作为基本前提加以把握。

因此，本章所述并不完全适用于日本外交史及其他国家外交史的研究。更确切地说，读者对不少地方或将认为并不如此。但这些也是研究西方（史）或日本（史）时思考与中国之间的外交或其他关系时绝对不可忽视的内容。这一点，在狭窄的历史学及其他相邻学术领域，似乎都未得到清醒认识，笔者愿为此大声疾呼。

如果暂且可以这样定义并称之为"外交史"，则另一问题亦须明确，即我们研究的是外交"史"，是历史学的一部分，应当以历史为优先。换言之，此处所谓"外交史"研究不必是外交研究，即不必是一般印象中的政治学或国际关系学的一部分。也因此，必须注意不能照搬那些研究中通常使用的理论和概念。那些理论、概念当然需要了解和学习，但对轻易援用则须抱以怀疑态度。

因为同样使用"外交"这一术语，上述表述很可能招致其他社会科学领域的误解。论述近代中国"外交史"时，常有上述领域学者就概念、方法、题材提出批判。笔者经历有限，但所受批判仍不罕见。其中有些观点值得倾听，但多半并不恰当，难以接受。

社会科学研究通常应用的理论、框架等，须有一定前提才能成立。如果前提一致，对不同领域的相互理解将大有帮助；但若前提不同，也就没什么作用。其典型就是研究历史上的中国而试图运用统计数据。要用从西方这一特殊区域抽象出来的前提来全面观察、把握远比西方更为特殊的中国的历史事实，显然是不可能的。

不仅中国如此。历史学的基本出发点是对前提本身提出怀疑，并彻底审视。"外交史"研究也不例外。所以，遇有来自其他领域的批判，切不可战战兢兢，要提前武装自己，并作正面反驳。这样做并不总能说服对方并得到理解；倒不如说，大部分情况下，那是不可能的。现状是，我们所从事的中国"外交史"研究，其水准还远远不及一般外交史，需要我们自己更加努力。尽管如此，一味迎合仍是最不可取的态度。

上述各点，笔者曾有论述。[1] 但一说"外交史"，仍有可能出现误解，故此处再做强调。将来，所谓"外交史"研究走上正轨并有一定成果积累之后，或会与现有的外交（史）及社会科学研究形成更为融洽的相对关系。

二　研究现状

1. "外交史"的地位

如本书结构所示，既然近代中国研究存在于社会史、经济史、政治史等其他领域，"外交史"这一领域的存在当然也有其根据。反过来说，研究者只有明确认识到自己是在从事"外交史"研究，亦即只有理解"外交史"这一领域存在的根据（raison d'etre）在于其研究范围、内容、意义有别于其他领域，该领域才能成立。

那么，在其他领域看来，"外交史"研究的地位如何？一言以蔽之，无非是对枯燥无味的外交交涉过程进行表面观察而不追究现象背后本质的肤浅之举。这从下述感想即可见一斑：

> 搞外交史的不外乎两种人，要么是只看现象、不管本质（Substanz）的蠢材，要么是玩赏外交档案而乐此不疲的笨

---

[1] 冈本隆司：《希望共享的常识——〈中国近代外交的胎动〉寄语》。

蛋……

只知道在事物表面搬来弄去的外交史……[1]

出现这样的评价,时代、环境是主因之一。上述引文来自1970年代以前的文章,受当时盛行的史学影响,学术界弥漫着一种近乎信仰的观念,即属于"下层结构"的社会经济才是历史上人类现象本质的表现,不能切入经济基础就不是历史学,不是科学。所谓"本质""表面"的说法,正是这种时代状况的反映。

另一与此有关的原因,是外交史研究本身存在问题。那之前的主要研究手法是,将对外交交涉过程的观察、思考强行塞进多半是先验性的框架之内,并以此具体呈现、验证该框架的有效性。更准确地说,这是既对偏重社会经济史的史学抱有不满,又对其以现成理论为前提的研究方法有意无意地模仿的结果。

近代中国的对外关系无疑也是国际关系的一部分,故其研究也必须以国际政治史、国际关系史乃至国际政治学、国际关系论、国际体系论等为前提。又因为近代中国"曾长期受不平等条约压迫"[2],考察其外交交涉,也应以国际法、条约为前提性框架。研究方法大抵如此。采用国际法学法律分析手法的植田捷雄、入江启四郎的研究,以及费正清提出的"条约体系"(Treaty System)等[3]即

---

1 坂野正高:《近代中国外交史研究》,第446页,见前引坂野正高等编《近代中国研究入门》,第432页。

2 前引坂野正高《政治外交史——以清末初始史料为主》,第168页。东亚的所谓"不平等条约",是从明治日本的历史过程类推而来的术语、概念。这一点,至少从事"外交史"研究的学者不可忽视。

3 植田捷雄:《列强各国在华权益概说》《各国在华租界研究》《东洋外交史》。入江启四郎:《外国人在中国的地位》。J. K. Fairbank, *Trade and Diplomacy on the China Coast*; do., ed., *The Chinese World Order*.

典型，其思考方法、研究方式曾长期占据支配地位。

外交行为大体可区分为制定和决定对外政策的过程，以及为实施该政策进行对外交涉的过程。[1]一般而言，二者都是外交史研究的范围。但近代中国外交史研究的重点始终是后者。不过，随着研究的进展，对外政策的制定和决定自然也被纳入研究范围。这是由于研究者在研究过程中注意到了外交"与内政密切关联"，政治史自然进入视野，因而才把外交史研究作为"政治学的一个部门"而进行探究的。

如此，曾经只着重观察和探讨交涉过程、结果的外交史研究，其对象已涵盖外交行为背后的各种要素，尤其是制度的复原、演变等。因此，实际从事这样的研究，必须对当时中国的制度也有所了解。亦即，外交史研究已不再单纯模仿，而进入了自觉追求"外交史"更鲜明特点的阶段。其代表是坂野正高的《中国与西方》(China and The West)，坂野本人将这种变化概括为"意味着外交史作为学术而获得了发展"[2]。这样的表述方式也是时代的产物，尽管低调，却宣告了崭新的"外交史"研究的诞生。

2. 近年的研究状况

然而，自1974年坂野发出宣言直至1990年代，尽管时有零星研究成果，但整体状况并无多大变化。因此，要了解1990年以前的研究动向和特点，坂野正高的《政治外交史》仍足堪其用。而有关具体研究动向及著述文献的介绍、解题等也已不少，笔者本人也

---

[1] 坂野正高：《现代外交分析——情报、政策决定和外交交涉》。
[2] 前引坂野正高《政治外交史——以清末初始史料为主》，第168—169页。

曾捉笔[1], 或无赘述之必要。

1980年代以后，中国近代史研究整体发生巨大变化。概言之，其变化可分两类，即研究方式的改变和原始史料的迅速增加。但是，"外交史"研究却与这两种动向几乎都没有关系。该时期，正规的外交史研究在全世界依然呈衰退之势，也没有令人关注的原始史料公之于世。所以，后来甚至被称为"绝学"。

与此同时，其他领域的研究有了长足发展，外交史不久也进入其视野。经济史家滨下武志《朝贡体系与近代亚洲》即其代表，且至今仍具影响。[2] 国内外的史料公开，也在1990年代以后呈加速增加之势，各领域的史料和研究都在激增，题目也日趋细化。被贬称为"绝学"的"外交史"研究，自然也必须对这些动向作出回应。

随后出现的动向，与坂野曾经梳理的恰好相反：在1970年代以前本已迈过的对外交涉研究，至此却重新得到关注。这是因为，除史料状况已然不同外，学者运用史料的姿态也发生了变化。读者应清醒认识此类变化，以免重走上个世纪的老路。

20世纪初至战前，是中国外交史研究草创期，是单纯依据外国或中国史料的时期。"二战"结束后，在费正清开创的时代，同时运用中国、外国双方史料的研究得到普及。其以所谓"条约体系"等框架思考问题的强烈意识，除受到马克思主义史学的影响

---

1 坂野正高：《近代中国政治外交史——从达伽马至五四运动》。佐佐木扬：《近代俄清关系史研究——以甲午战争时期为核心》《甲午战争的国际关系——欧美的史料与研究》。川岛真：《日本民国外交史研究的回顾与展望》。李恩涵：《近代中国外交史事新研》。余凯思（Klaus Mühlhahn）：《德意志与中国关系史1848—1948——研究动向之概观》。冈本隆司：《中国近代外交观察》。

2 另，滨下武志《中国近代经济史研究——清末海关财政与通商口岸市场圈》第641—697页录有"海关关系资料目录"，以为研究经济史之便。该目录对"外交史"研究也很有帮助，显示了后述经济史和"外交史"之间的密切关系。

外，应该说也带有解决这一问题的意图，即如何梳理已呈多元的史料，并为其排序定位。上述坂野的研究，即可视作此类努力之集大成。

不过，无论怎样的时期，总是存在有别于主流的潮流，如在主要依靠单方面史料的草创时期曾有矢野仁一[1]；而在有条件运用双方史料之后，又有佐佐木正哉、佐佐木扬等为确定事实本身而对中国和外国的史料进行比对。[2] 此类研究原本或起自对史料的细小问题——如外国史料中用字母书写的中国人名、中国史料中用汉字记述而不明其原义的欧美的事或物的名称——进行查对和确认，却抓住了历史研究的本质。对此，大凡曾做过类似考证的学者都不会否认。

然而，此类考证，中国人和欧美人一般不太重视，加之以理论框架为导向的潮流盛行，至少在1990年代以前一直未得到足够尊重。而考证本身也大多不出翻译和读解史料的基本范围，未能提升到史实解释及方法论的高度。

但是，近年来史料的丰富催生了新的变化。可资利用的史料不断增加所带来的新问题中，首先是如何消化外交档案。要为反映外交交涉的新发现史料准确定位，就必须把中国和外国的史料相互比

---

[1] 矢野仁一的著作如下：《近代中国史》论述清朝盛衰，也涉及内外体制及其变化；《中国近代对外关系研究——以葡萄牙为主的明清外贸易》主要论述明清时期中国与葡萄牙的关系；《近世中国外交史》主要论述1880年前的中英关系；《甲午战争后中国外交史》则以甲午战争后对俄关系为主线论述有关中国边境的外交问题。

[2] 佐佐木正哉的论文及所编著作如下：《英国与中国——走向鸦片战争的过程》《鸦片战争研究》《鸦片战争研究——资料篇》《鸦片战争后的中英抗争——资料篇》《鸦片战争前中英交涉档案》。另请参阅佐佐木扬的如下论文：《甲午战争后清国的对俄政策——1896年清俄防御同盟条约的签订》《1895年俄法对清借款的国际政治状况》《1880年代的俄朝关系——以1885年的"第一次俄朝密约事件"为核心》；以及"The International Environment at the Time of the Sino-Japanese War"。

对，进而同时对二者做缜密、细致的考证。而随着考证的进展，此前用于分析问题的、主要产生于西方的框架和概念也开始受到质疑。可以说，对外交交涉过程的重新关注，尽管看似倒退，但因其研究方法不断拓展——首先尝试运用不断增加的新史料，继而比对史料和确认史实，再应用考证成果解释史实并重新思考框架——而把"外交史"研究必然地带进了崭新局面。

三　最新研究与外交档案

1."外交档案"

所谓"外交档案"（diplomatic documents），狭义指外交机构间相互交换并形诸文字的信息，尤其是本国与派出机构之间的官方文件及其留存件。不过，为使其能够涵盖近代中国"外交史"，此处把对外交涉的当事者或有关人的公私信件也包括在内。

这些文件成为档案史料供研究者阅览，需要经过许多环节的处理[1]，随着研究水平的提高，其内容现在已属常识。本书读者务必了解这些常识。

但是，并非外交档案的公开、史料化的每一环节都属于学术研究范畴。例如，近年颇受关注的日美"密约"问题即属此类，有些部分若事涉国家政治、国家机密，仅凭研究者的资格和研究行为，其屏障是无法突破的。本书既称入门，对该问题不拟深入，仅就已公开的外交档案及其内容与研究课题、研究方法存在怎样的关系，如何运用等做一探讨。

1　前引坂野正高《近代中国政治外交史——从达伽马至五四运动》，第1—10页。前引坂野正高《政治外交史——以清末初始史料为主》，第174—206页。

进而言之，应用外交档案的研究不一定都是外交史研究，但研究外交史而不应用外交档案是不可能的。若此判断无误，则不妨这样说，近年"外交史"研究之所以重新起步，实际上是人们承认了外交档案对历史研究的重要性。或许，更多人在"玩赏外交档案而乐此不疲"。

果真如此，那么，觉得外交档案有趣的人，应该在发现真正课题前彻底地"玩赏"下去，千万不要只在某类档案"表面"上"搬来弄去"一番就停手。

之所以这样强调是因为，以从大量档案中拾取细枝末节并追踪其过程为能事而自称"外交史研究"者实在不少。这似乎是研究本国历史——日本的日本外交史研究、中国的中国外交史研究——的通病。[1]而深受本国历史研究影响的外国史研究，也很容易无意识间重蹈覆辙。

所谓只在"表面"下功夫，主要指从背景、大局中仅截取个别事例为课题，并围绕该课题操作史料。但是，假如真正严格依外交档案进行研究，则不会止步于此。

本来，要阅读外交档案，除其所记内容外，还须理解文件的格式、体例。为此，必须了解当时的制度、社会，进而必须把握当时的时代全貌。所以从逻辑上来说，通过研读外交档案应该能够明白时代状况，"外交史"研究也应该能够呈现该时代的整体。因此，如果没有一定的广度，也就不可能达到足够的深度。

外交档案纵然内容方面存在某种偏颇，仍反映了当时交涉的各种问题。因此，仔细阅读外交档案，并深入思考其所记述的内

---

[1] 酒井哲哉《近代日本的国际秩序论》第234页曾指出日本外交史研究"视野狭隘"，或即其一例。

容，应可明晰当时各方面的现象，如政治及贸易、金融、法制、社会等。

例如经济，读其最基本史料——如英国议会文件（汉语称"蓝皮书"）或《李文忠公全集》之译署函稿——可知，当时交涉、争执的经济案件有很多。而如果不了解当时的经济，尤其是贸易金融的概况，甚至连"外交史"的大体经过也难以明白。反过来说，如果有能力研究"外交史"，则同时也应能理解经济史。[1]"外交史"研究若非如此，可断言其成果必为肤浅之作。

话虽如此，但研究者的能力毕竟有限，而要研究的事实却相对无限，外交案件也难以尽数。正因如此，研究者才往往偏好唾手可得的题目。围绕题目拾取零星材料，尽可写出许多论文。但是，我们身为外国研究者不禁要问：如此研究中国是否可以？

就研究题目而言，不少人喜好研究当前的热门话题，但那种做法未必可取。因为研究上可探讨的和历史上重要的，本不在同一维度，不一定彼此吻合。离开史料设定外在题目，容易导致对史料和史实作勉强解释，有可能重走过去以理论框架为优先的老路。而根据自己所阅读的史料、所看到的史实设定课题，可能并不华丽，却远为扎实可行。

因此，必须从纷繁多样的外交案件中慎重选取那些能够支撑"外交史"的部分，还必须增强从史料即外交档案中精挑细选的能力。说者易，行者难，但必须照此方向努力。

---

[1] 这方面典型的日文论著有卫藤沈吉《近代中国政治史研究》和佐佐木正哉《营口商人研究》。滨下武志的经济史研究实发源于此。

2. 透彻研读外交档案

既如此,有志研究"外交史"者,首先必须吃透外交档案,故而有必要熟悉外交档案的内容结构、形式、体例。这方面,坂野《政治外交史》述之甚详,若只为一般了解,几乎无可追加。但若要实际体验并活用于研究,还需在直接面对、应用已刊和未刊外交史料的过程中加以精通和熟练。

外交档案的内容颇多偏颇、修饰,不一定如实记述史实;对"外交辞令"的印象也是外交史研究被批评为止于"表面"的原因之一。有些史料甚至是虚构的。然而,史料的记述俨然有其含义,因而不可能与实体完全无关,或者纯属不存在实体、目的的修饰及虚构。我们应该做的是,如何剔除修饰、明确虚构的构造,以接近和触及实体。

关于阅读此类文章应注意之处,首先请体会如下引文。该段文字乃针对近代中国官方文件整体而发,但其见解同样适用于其他国家:

> 阅读积累到一定数量后,因格式大同小异,故不会再感到困难。实则,文章本身的难度,本无须读者具备极强的阅读能力。有的部分会出现官方特有的暧昧语句,相当于日本式的"万望善处""积极应对"等;此时若不能领会背后意思,则不能算已经读懂。但这已是读者洞察力的问题。不过,官方文件中少不了经济、外交、军事等特殊术语,若说困难,倒在于准确把握术语的意思并不容易。[1]

---

1 前野直彬:《文学与文章》,第85—86页。

下面是夏目漱石论英国文学的一段文字，虽非针对"外交史"，却告诉我们阅读外国文章应持怎样的态度：

> 要之，日本人总以为，在英国写成的文章由英国人来评说，即如嫡传人自评其器，其说不谬。换言之，评论日本文学姑且不论，要评论英国文学，还是英国人之说可信……故而，有人比自己分得清楚、看得明白，就愿意相信他的见解才是真知灼见。尽管比自己分得清楚、看得明白的人，不一定就比自己感觉得更清楚、更明白，但多数人仍暗自得出此一结论。[1]

读得懂字面意思不算本事。作为研究者，真正的功底表现在拥有"准确把握术语的意思""领会背后意思"的"洞察力"。这与"会外语"还不一样。假如一样，所谓"洞察力"也就永远比不上以该语言为母语者。但"分得清楚"和"感觉得清楚"到底不是一码事。有人认为，就实证的水准而言，外国学者的研究无法与本国学者——治日本史的日本学者、治中国史的中国学者、治西方史的西方学者——相提并论。但那是误解，绝不可因此丧失信心。

要增强这种功底，只有靠长时间磨炼。问题在于感觉，即面对某词、某句，能否感知其传递怎样的实情、哪些是修饰以及其程度如何。若能做到心领神会，则即使完全不"会外语"如笔者，功底也会逐渐增强。

所以，还在字面翻译阶段就不把语词、句法错误当回事，绝

---

[1] 夏目漱石：《漱石全集第10卷 文学评论》，第47页。

不是专业研究者应有的态度。但现实是，不少论著对此类错误漫不经心。

假如按上述前提潜心阅读外交档案，则自然不会仅追踪外交交涉的实际经过而止步不前。首先必须细致准确地弄清有哪些相互关联的信息及其传递过程。只有这样，案文的具体起草、修正才能进入视野。而这不仅是史料批判的基础，也将是研究走向分析政策决定过程的转折点。若非如此，则交涉的过程、焦点一概无从把握。

通信方式也不可忽视。除当局之间传递的公文、指示外，还有电报、私信等。公文、指示的格式一般是固定的，习惯即可。不过，遇有内容过长、字迹潦草、文笔拙劣的，自会心生厌恶。电报尽管简短，但所含信息量相对丰富，未言之处、弦外之音不易觉察。私信同样需用心体会。同一件事，或因传达的性质、快慢及对象不同而有所差异，不可不察，否则难以提取和发挥史料的价值。

既如此，可知"外交史"史料的看法、用法自然与社会经济史不同。"19世纪末以前的中国社会经济史料"，"且不管捉笔人本人意图如何，在研究者客观看来，若捉笔人论及当时的社会经济状况，即为有价值的史料断片"。[1] 而"外交史"则必须首先明确记述者是谁，其"意图"如何。就这点讲，外交史研究与思想史研究距离更近。

不过，最近的研究，其方法倒是与社会经济史越来越相似，即以记述者受其影响、限制的同时期概念为考察对象，而暂且不管记述者是谁，意图如何。

面对外交档案或相关史料，首先要重新思考其所用术语的概

---

[1] 田中正俊：《社会经济史》，第127页。

念。除须弄清其意思、用法外，还要追溯、理解其源起，并将其在记述者身上还原，以重现其政策及态度，进而明确当时的制度、体制，并以之思考政策制定、外交交涉的性质。

这样，此前常用的方法又有新要素加入。所谓档案比对法（multiarchival approach），原是外交史研究常用、必用之法，但现在已不单是向对方、第三者求取佐证之意。因为，那不过是"徒然夸耀史料数量、认史料罗列为'实证'"的"非科学态度"，仍然止步于"只知道在事物表面搬来弄去的外交史"。[1]

不同国家的外交档案，即使努力就同一事实作同样记述，因语言体系、思考模式不同，也必然存在观念、概念、逻辑的差异和错位。而倘若未做同样记述，那只能是立场、利害、态度、体制不同的反映；这种情况下，仅重现政策及态度还远远不够，还须做更深入考察。将史料相互比对，可以更明确地理解各方的特征，因此，"档案比对法"对最近的"外交史"研究而言，确为不可忽视、不可省略的关键步骤。

如果仅研究西方世界的外交史、对外关系史，且相关国家拥有共同的语言、观念，上述方法或无须使用。但近代中国在有关外交的观念上与西方，甚至与亚洲近邻之间存在较大不同，故上述方法对研究近代中国外交史是有效的。[2] 而且由于经济制度、商业习惯不同，该方法对经济史研究同样有效。实际上，有些比较重要的研究

---

[1] 田中正俊：《社会经济史》，第126页。
[2] 日本的俄清关系史研究为此提供了范例。尽管时期范围不同，但吉田金一的研究很值得一读。参阅吉田金一《俄罗斯的东向扩张与尼布楚条约》《西伯利亚通道》。就近代中国范畴而言，一些研究值得参考。参阅中见立夫《博克多汗政权的对外交涉努力与帝国主义列强》《1913年的中俄声明文件——中华民国成立与蒙古问题》；橘诚《博克多汗政权研究——蒙古建国史序论 1911—1921》；野田仁《俄、清帝国与哈萨克汗国》。

已运用该方法阐明了中国经济秩序中某些具有历史延续性的要素。[1]

四 关于史料

1. 出版史料的定位

若依上述原则考虑哪些史料须首先阅读，笔者会毫不犹豫地回答说，应首先阅读中国、外国的已公开出版的外交档案集，而且阅读时须将二者相互比对。

关于议会制国家的外交文件集，坂野《政治外交史》曾以上述蓝皮书为例作过详尽解释。尽管编纂方法不同，有需注意之处，但美国的 *Senate[House of Representatives] Executive Documents* 及 *Papers relating to the Foreign Relations of the United States*（即所谓"FRUSFRUS"），法国的 *Documents diplomatiques*（即所谓 *Livre jaune*，黄皮书）的差距并不大。应用这些史料，因研究对象多少牵涉外交政策，故有必要同时参阅议会议事录，如英国的 *Hansard's Parliamentary Debates*，法国的 *Journal officiel*，美国的 *Congressional Record* 等。

其他编纂文件集有德国的 *Die Grosse Politik*，与之对应的则有英国的 *British Documents on the Origin of the War*，法国的 *Documents diplomatiques français*（即所谓"DDF"）。政体、国情迥异的俄国也有 *Красный архив*[2]、*Международные отношения в эпоху империализма*[3] 以

---

[1] 冈本隆司:《近代中国与海关》。本野英一:《传统中国商业秩序的崩毁》。
[2] 关于"*Красный архив*"（红色档案），请参阅佐佐木扬编译《十九世纪末的俄国和中国——基于〈红色档案〉所收史料进行考察》。
[3] 关于"*Международные отношения в эпоху империализма*"（帝国主义时期国际关系），请参阅中见立夫《关于俄罗斯帝国的外交资料》。

及对华文件专门辑本 *Русско-китайские отношения* 等高质量外交文件集出版。日本的《日本外交文书》(明治时期以前为《大日本古文书》)则自不待言。

这些档案集的编纂动机——提交议会、遂行业务、政治宣传、揭发、研究等——各不相同，体例也不一致。但大致说来，包括这些特征在内，对这些档案集内容了解的深度、广度决定着研究的深度、广度和成果多寡，故应时时翻阅，以备随时应用。

一般而言，近代国家"主管外交事务的机构，由本国的外交部和派大使、公使常驻的驻外派出机构即驻外使领馆组成"[1]。上述公开出版档案集所收文件，其大部分也产生于本国与派出机构沟通的过程中。但是，中国在这点上已然不同。因为在20世纪初期以前，中国还没有如西方那样处理外交事务的外交部及驻外使领馆，规范文件格式、通信方法的整个制度也不同。外交机构不同，反映在各自的外交文件状况上，就是明显的不对称性。例如，显示近代中国与"驻外使领馆"之间沟通的史料，至少可用于研究者少之又少。这反映了这样的历史事实，即在对外关系方面，中国的政府十分被动，绝大多数事件、交涉是在中国处理的。尽管如此，"驻外使领馆"的存在绝非没有任何意义，其作用及重要性必须明确。但这种认识现在仍嫌过于淡薄。[2]

在我们看来，外国的史料基本上即可归入外交档案，事情似乎很简单。但事涉中国却不尽然，尤其对19世纪的史料，这种"分

---

[1] 前引坂野正高《政治外交史——以清末初始史料为主》，第174页。

[2] 有关19世纪这方面的问题，请参阅冈本隆司编《中国近代外交史基础研究——以19世纪后半期出使日记精细调查为核心》。该书也就相关史料和文献做了介绍。从正面审视、探究驻外使领馆问题的最新研究成果是箱田惠子《外交官的诞生——近代中国对外姿态的改变与驻外使馆》。

类"本身即不成立，文章本身也十分费解。除句法障碍难以逾越外，语词、表达方式、背景等也往往超出我们的理解，要把握，必须先掌握读解古典汉语的能力。因为，实务性文章尽管文体各有异同，但语词、句法却多有相通。运用中国方面的史料，须先把握上述差异。覆盖清朝时期的《筹办夷务始末》《清季外交史料》和以民国时期为对象的各种编纂史料集，都属于上述类型。朝鲜王朝的《旧韩国外交文书》《旧韩国外交关系附属文书》也不例外。对这些史料集，切不可与其他外国史料等而视之。

2. 出版史料与未刊史料

应用出版史料的问题在于，收录原件时有省略、删改，甚至不予收入。只能使用此类史料、无法了解其他而被误导者，不乏其例。

中国的史料已毋庸赘言，其他外国史料也不例外。盎格鲁-撒克逊人也有节略、意释之举，并标以"抄录"（extract）、"改述"（paraphrase）。此类行为虽尽量忠实原文，但也有不经解释而严重删改的现象，如法国的 *Livre jaune*；在这点上，俄国官方编纂的外交文件集 *Orange Book* 更是有名。

不过，由于档案馆开放、信息技术进步，史料状况大为改善，研究者现在已可看到史料集所收档案的原件。要逐件确认虽不可能，但最起码自己研究所需史料的核心部分，已出版和未出版的最好都要看到，并加以比对才好。当然很多情况下，二者之间并无多大差异，使用哪一种都可以。

这种情况下，为读者查阅、确认方便计，注释应尽量标注出版史料。美国学术界有一种风气，即视使用未刊记录为优秀研究，哪怕出版史料没有任何问题，往往也特意标注未刊史料。这种观点和做法令人嗤笑。

不过,假如发现出版史料存在删改、省略,则须深入探究,而不应轻易放过。这种现象有可能是当时或事后政治过程的如实反映,对其做深入考究则可能捕捉到重大研究课题;即使最后并不引用,也是对把握和理解史实的重要贡献,绝非无聊之举。

下面的照片为美国国务院档案资料,是美国驻汉城公使就朝鲜派遣驻美全权公使发给国务院的报告,拙著《属国与自主之间》第八章第二节第1至2项曾多有倚重。该史料收于 *Papers relating to the Foreign Relations of the United States*（1888, Vol. 1, pp. 436-437）, 但左边标有"删除"（omit）字样的部分被省略。但若就删除原因

United States, Department of States, General Records of Department of States, Diplomatic Despatches, Korea, Vol. 4, Dinsmore to Bayard, No. 63, Oct. 15, 1887.

作深入思考，则可看出公使与本国外交当局观点不同，以及当时清朝和朝鲜关系的状况。

确认档案原件，可应用从国内图书馆购置的缩微胶片，部分也有图片在网上公开，但最常见的还是前往各国档案馆查阅。这种做法现在已成研究活动之一环，相关档案馆的介绍很多，可参见有关档案馆网页、书籍及论文等。档案馆编制的指南内容全面，但未必载有研究者需要的信息。而曾前往查阅的研究者写的经验谈，其内容或有偏重，却往往更有用处。[1]

笔者愿意推荐给读者的，是中见立夫的《关于俄罗斯帝国的外交资料》。若非曾为史料而苦心孤诣，绝不可能写出这样的文章。因时间和金钱都十分有限，我们应该寻好抵达目标的最佳路径，为此必须好好学习已出版的文献、史料。其成果如何，将决定能否从原件中发掘出好的史料。而中见立夫文就可以使我们深明此点。如果对这样的文章也不能产生共鸣，那么作为研究者，肯定欠缺某些非常重要的东西。

原件中占大多数的手写资料，亦即手稿，其笔势、字体特征因书写者不同而千差万别，无论日语还是外语，难以判读者不在少数。这种情况下，可借助其活字印刷件或同类近似资料。更准确地说，经常比对印刷件和手写件、反复琢磨在具体场合下的意思，可以提高判断字体的能力。

日本文学、日本史等开设有古文字学等正规课程，以训练如何判读手写草体文字。但中国史及其他外国史，则不可能在本科、研

---

[1] 在此仅举一例，即中国近代史研究者可能不太关心的介绍德国史料的下述文章：浅田进史《柏林德意志联邦档案馆藏中国史料——关于"中国驻德大使馆 Deutsche Botschaft in China"史料》。

究生院设置类似课程。由于史料使用外国文字，仅掌握理解可读文本的能力，就要耗尽读完博士课程前的几乎全部年月；不经过此过程而直接面对手稿，也不会有任何收获。因此，判读能力只能在研究生院毕业以后，通过本人努力逐步掌握。从这个角度讲，也应该充分学好出版史料。

当时的现象或曰信息，不可能毫无遗漏地形成记录并留存至今。因此才须不辞辛苦，尽量多地收集现存史料。在笔者步入研究的1980年代末，早有用心的研究者，为了能够亲眼看到尚未出版、公开的档案而飞赴世界各地，可谓竭尽全力。档案的信息化大约也就始于那个时期。现在应用史料如此方便，实赖他们不懈的努力和积累，此点当铭记在心。

当然，史料的查阅、收集并非最终目的。应该思考的是，怎样更有效地运用已经存在、可以使用的史料。这才是收集史料的前提。

若以编制目录、制作数据库为目的，又是另一码事。不过，在着意深究某一课题时，除有限场合外，目录学意义上的广泛而详细的目录基本上没有实际意义。最终，自己使用的文献目录，还是要自己随时编制，但那很可能永远没有完成之日。而且，若非如此，也不能称之为专业研究。最理想的是，阅读和收集能够相辅相成，在此过程中逐步加深对史实的理解。

五　基本研究文献

1. 研究的整体倾向

以史料和研究现状看，"外交史"大体可分为两个时期，即19世纪的清末以前和20世纪的民国以后。或者应该说，二者之间的断层远比通常认为的要深。

进入 20 世纪后,中国的政府权力开始朝西方化的组织和制度演变,史料的体裁和保存形态也与从前不同。恰于该时期,英美外交部门的运行形态和外交文件的整理形态也发生变化,研究上的利用方法也随之改变。发生于中国和英美的上述变化无疑共同拉大了 19 世纪和 20 世纪之间的差距。

从前,19 世纪清末的"外交史"研究相对较多,是因为有较为丰富的出版史料可资利用,如中国的编纂史料集,以及爱尔兰大学出版社重印的蓝皮书[1]等。反过来说,出版史料较少的民国以后的外交史,假如档案等未刊史料使用方便,也可进行较为精细的研究。应该说,现在正值其转换时期。南京国民政府的"外交史"等,虽然不少观点尚嫌薄弱,但清末和民国以后的研究比重已发生逆转,清末"外交史"已有沦为"绝学"之忧。

仅就具体史料的体裁及研究者面对史料的态度而言,19 世纪和 20 世纪并无本质区别。不过,在日俄战争、"一战"、华盛顿会议、国民革命等重大事件相继发生的背景下,与美国及日本的关系,以及民族主义、"修约外交"、"革命外交"等则成为 20 世纪民国外交的核心课题。[2] 必须清醒认识到,这些外交过程也与现代直接相关。

相应地,在 19 世纪似乎比重并不太大的中国与日美两国近代史、外交史的关系,就显得重要起来,故对日美近代史、外交史研

---

[1] 其中,关于 *British Parliamentary Papers*, *Area Studies Series*, 前引滨下武志《中国近代经济史研究——清末海关财政与通商口岸市场圈》第 677—683 页曾做详细解说。
[2] 请参阅李恩涵《北伐前后的"革命外交"》,唐启华《北京政府与国际联盟(1919—1928)》,王建朗《中国废除不平等条约的历程》,川岛真《中国近代外交的形成》。

究的状况及特征也应有所了解。例如，这些研究尽管对日美国内政策的决定过程已有十分精细的调查和分析，但对与中国史的关系、对当时中国外交状况却缺少关注、理解和洞察，态度通常十分冷淡，见解往往非常肤浅。实际上，此类现象已对研究产生了不良影响，故不可不知。

有志研究"外交史"，且已把握上述前提后，接下来须面对另一问题，即应该先读怎样的著作，须把怎样的资料置于案头。不过，答案归根结底只能由本人去寻求和决定。自己最终决定以之为范例的著作，才是最好的入门指南；而从作者角度观之，撰写优秀论文即等于为入门者提供最佳研究范例。

因此，下面推荐的，不过是曾对笔者研究19世纪"外交史"有所帮助的著作，纵有画蛇添足之嫌，亦属无奈。因为对任何研究者都适用、类似最大公约数的标准是不存在的，我们只能期待某种缺陷多少有助于刺激同好，同时消减另外的缺陷。

2. 经典的作用

阅读和了解最新研究成果，并判断其质量高下，是研究者应尽的义务，无须赘述。在这一前提下，还要不为时流所动，拥有独立判断，则战前或战后不久的著作当为经典。这样说的确出自笔者的偏好，但也与史料和学说问题有关。

该时期经典著作的特征是，大多篇幅较长，史料引用丰富。换言之，著者一般会详细提示支撑其"外交史"叙述的史料，论证过程也清晰明了。阅读这些著作，不仅能够了解所用史料来自何处，其对史料的实证和解释，以及理论构建成功与否、或巧或拙，也都比较容易判断。

这些著作也有助于了解上一时代的通行见解和常识。因为这些著作正是此类见解的塑造者、承载者。对于通行见解，仅立于现在立场而赞同或反驳，并不困难。但无论是赞同还是批判，最后都必须审视、分析如下问题：常识何以成为常识？支撑通行见解的史料来自何处？其逻辑推导过程怎样？若不能通过如此思考而认识到前辈学者的过人之处和缺陷所在，就不可能有自己的独创性产生。

一言以蔽之，必须大量地潜心阅读经典研究著作。不过，所谓经典也各有特点。尤其以同时代即20世纪为研究对象者，基于现实政治进行思考的倾向较为普遍，这一缺陷应予以把握。

关于上文反复强调的出版史料的使用方法，如下著作可做范例：西文著作有 H. Cordier, *Histoire des relations de la Chine avec les puissances occidentales*; H. B. Morse, *The International Relations of the Chinese Empire*; T. Dennett, *Americans in Eastern Asia* 等。中文有蒋廷黻编《近代中国外交史资料辑要》、王信忠《中日甲午战争之外交背景》、邵循正《中法越南关系始末》。日文著作当以田保桥洁《近代日本与朝鲜关系研究》为最佳。各著无不论述严谨缜密，行文令人耳目一新，值得反复阅读。

关于未刊史料的使用方法，请参阅 Cordier, *Histoire des relations*; do., *Lexpedition de Chine* 以及 А. Л. Нарочницкий, *Колониалъная политика капиталистических держав на Далънем Востоке*; С. С. Грнгорцевич, *Далъневосточная политика империалистических держав*。这几部著作大段引用的史料十分丰富，若非前往留学则很难直接目睹。换言之，对史料的检索和判读也都有参考价值。与之相似的引文著作则有 W. C. Costin, *Great Britain and China*; S. F. Wright, *Hart and the Chinese Customs*。中文著作主要有1970年代以后"中研院"近代史

研究所专刊系列。

现在看来，上文所列著作，不少史料的使用方法难以苟同，而且大都依据一个国家的史料，偏颇在所难免，与前述研究方法当然不符。研究的前提不同，此类现象亦属自然。尽管如此，它们却并非毫无价值、没有用处。因为了解不同的研究前提也是必要素养，知道相同史料在不同前提下可作不同解释，也是学习。即使拥有独立见解，也应多读此类著作。例如，田保桥洁《近代日本与朝鲜关系研究》和林明德《袁世凯与朝鲜》都运用相同史料，且以相同时期为研究对象，但其论述及与所依据史料的关系形成鲜明对比，读来必定很受启发。

就这点而言，上一时代的中文论著值得推荐。[1] 尤其是，当时中国举学界之力、作为国家事业而编纂的史料集类，其质量很高，如"中国近代史资料丛刊"[2]"帝国主义与中国海关"丛书[3]。这些史料集部头不大，但基本史实、史料、文献尽皆收入，作为入门阶段研究用书，较之现今不断大量刊行的研究专著、史料集要好得多，文

---

1 王芸生编著《六十年来中国与日本》即其一例。该书现已再刊，且增编第 8 卷。但新旧版本互有出入，如史料有所增减等，故利用时务须参阅旧版。

2 其中与"外交史"有直接关系的有《鸦片战争》《第二次鸦片战争》《中法战争》《中日战争》。

3 该丛书编者为"中国近代经济史资料丛刊编辑委员会"，自 1950 年代末至 1960 年代前半期共刊行 10 册，1983 年由中华书局整理再版，并改称"帝国主义与中国海关资料丛编"。前引滨下武志《中国近代经济史研究》第 669—672 页载有对该丛书各册内容概述。其中直接有关"外交史"者，有《中国海关与中法战争》《中国海关与缅藏问题》《中国海关与中葡里斯本草约》《中国海关与中日战争》《中国海关与英德续借款》《中国海关与义和团运动》《中国海关与辛亥革命》《一九三八年英日关于中国海关的非法协定》。该丛书尽管有些史料可见诸 J. K. Fairbank, *et al.*, eds., *The I. G. in Peking* 及《中国海关密档》(*Archives of China's Imperial Maritime Customs*)，但远未失其价值。另，该丛书另有续刊出版，即《辛丑和约订立以后的商约谈判》。关于该丛书价值最高的《中国海关与辛亥革命》，请参阅冈本隆司《辛亥革命与海关》。

章也远为清晰明快。

要学习比对中国和外国史料,最好还是仔细体味本章注所举矢野仁一的著作。其研究范围之广泛令人惊叹,所用史料及论述虽然已陈旧,但读者仍能从中得到许多补益。若与最近的著作对比来读,应能发现不少新的论点。总之,做学问,须从尊重前辈学者开始。

(袁广泉译)

第五章

政治史研究

石川祯浩

一 政治史的枷锁

陈独秀曾经在《新青年》刊文称：

> 你谈政治也罢，不谈政治也罢，除非逃在深山人迹绝对不到的地方，政治总会寻着你的。[1]

《新青年》是新文化运动的代表性刊物，创刊时曾标榜"批评时政，非其旨也"，而不谈政治；然而，五年后却公然表示要谈政治。因此可以说，原本以"改造青年思想"为"天职"，试图推动广义的文化运动的《新青年》，从刊载陈独秀该文的这一期开始就改变立场，已成积极参与政治的杂志。众所周知，陈独秀所追求的"政治"运动，乃取范于苏俄布尔什维主义的共产主义运动，第

---

[1] 陈独秀：《谈政治》。

一步即推动成立中国共产党。中国的"政治季节正在到来"[1]。

现在，我们也无法摆脱政治，此点无须再引述陈独秀的话来证明。不过，如评价某人时会说"善于政治表演"，"颇有政治手腕"；此类讽刺说法显示，一直以来，"政治"一词多带有谋略、交易或利己性交涉与妥协的意味。

政治活动，只要打着实现"社会正义"的旗号，就脱不掉某种主观色彩。难办的是，近代以后，这种主观色彩披上了各种意识形态的外衣。"革命""运动"多发的中国20世纪往往既被称为"政治世纪"，也被称为"意识形态世纪"，其原因在此。而更难办的是，这些"革命""运动"多半不会一次性完结，而是意识形态所规定的下一次"革命""运动"的铺垫或预告。既然如此，后世的"政治史"研究也不可避免地会受到其研究对象——政党、政派、政治家——的意识形态（或与之抗衡的其他意识形态）的影响。借用陈独秀的话，政治史研究，只要是在政治的世纪进行，就不可能有"深山人迹绝对不到的"世外桃源可供逃避。

毋庸置疑，现在仍然没有什么"世外桃源"。然而，政治史研究当然必须注意同意识形态保持适当距离，否则会偷鸡不成蚀把米；同时，也不可认定意识形态就是偏见而拒绝对其思考。例如，清末的历史人物几乎都具有儒学素养，他们生活于儒教价值观的世界里。这与研究者是否赞同其价值观、儒教是否具有当今价值完全是两个问题。近代的各种政治意识形态也与此同理。本文开首提到的陈独秀有生之年认定人脱离不了政治，并在人必须参与政治这一价值观流行的时代终其一生。历史学家必得首先承认并尊重这一事

---

[1] 野村浩一：《近代中国的思想世界——〈新青年〉群像》，第324页。

实，即彼时各种现象的产生和发展皆受这种价值观的规定。就好像研究近代思想史必须先了解"儒"的基本内涵一样，若不清楚认识到意识形态的分量而研究 20 世纪政治史，是做不到的。没有这样的认识和尊重，无论运用怎样的理论或框架，所谓政治史最终只能是炫耀知识的天马行空般的评论而已。

1. 日本的政治史研究

20 世纪积累起来的中国近现代政治史研究曾受到各种制约，但绝非因带有意识形态色彩而一片荒芜。更确切地说，政治时代的学者特有的某种紧迫感、使命感，以及为从有限的刊物点点滴滴地拾取、复原、梳理受时代限制而不易搜求的原始史料而倾注的朴素热忱和诚挚态度，是我们远不能及的。[1] 试以《中国共产党史资料集》观之。1970 年代日本曾有《中国共产党史资料集》（全 12 卷，1970—1975）刊行。如此高水准的同类资料集后来再未出现，甚至无人试图编纂。毛泽东著作集——《毛泽东集》(1982)、《毛泽东集补卷》(1986)——也一样。日本学者编纂的这些史料集的价值，尽管因 1980 年代以后中国出版《中共中央文件选集》（全 18 册，1989—1992)、《毛泽东文集》（全 8 卷，1993—1999）等而多少被抵消，但《中国共产党史资料集》收录的一些史料并不见于《中共中央文件选集》（及其改订版《建党以来重要文献选编》，全 26 册，2011)，而《毛泽东集》也因反映了毛泽东著作集常见的修改（即后来编辑《毛泽东选集》时对最初发表文本所做的订正）过程，至

---

1 附言之，日本的中国近代史研究被称作名著的不少著作中，史料引用所占比重较高。以现在眼光衡之，难免有罗列史料之讥。但那不过是当时学术界状况的反映，即研究著作本身往往必须同时是史料集。

今仍受到中国方面有关专家们的重视。

不仅中共党史，有关中国政治史的史料集、目录、索引等工具书的编纂，在战前、战后的日本都未曾中断。[1] 此外还曾相继翻译、出版欧美学者的研究专著。其概要，1970 年代以前的请参阅卫藤沈吉《辛亥革命以后政治外交史》（1974）；1980 年代以后的，野村浩一等编《现代中国研究指南》（1990）、小岛晋治等编《近代中国研究指南》（1993）、野泽丰编《日本的中华民国史研究》（1995）、砺波护等编《中国历史研究入门》（2006）以及饭岛涉等编《20 世纪中国史系列》（全 4 册，2009）都有介绍。不过，个人专著姑且不论，就用作研究前提的史料集、目录等而言，上述 1980 年代以后的研究指南，对中国在改革开放后大量出版的政治史史料介绍得十分详细，对日本出版的史料集却着墨不多。这并非因指南编者眼界狭窄，而是因为日本学者编辑的史料集、目录本身的确已相对减少。欧美著作的译刊所占比重，在 1980 年代以后同样大幅减少。

何以如此？一言以蔽之，政治史在近代史研究中所占比重大为下降使然。卫藤沈吉《辛亥革命以后政治外交史》之所以内容充实，与当时日本学术界的状况有关。当时，中国近代史研究的很大部分是广义政治史，许多学者争相研究政党史、革命史，并想方设法挖掘、共享难以接触的稀有史料。

然而，现在的情况完全不同。由于社会史、文化史研究日趋活跃，加上"政治世纪""意识形态世纪"因冷战体制崩溃而宣告终结，政治史，尤其是革命史、运动史在历史研究中唯我独尊的地位已不复存在。当然，政治史没有任何理由必须唯我独尊，将不同研

---

[1] 例如，关于中共研究的日语文献目录，在战后不久即附以英文解说后出版。I. Shirato, *Japanese Sources on the History of the Chinese Communist Movement.*

究领域分出高低本身就没有任何道理。笔者也完全无意主张恢复政治史研究的地位而重视革命史，只是想说研究政治史需把握一定方法，亦即在遵循历史研究共通的基本方法的同时，还须对若干特殊史料持有政治史研究特有的批判态度。本章的意图尽在于此。

2. 政治史史料存在的问题

如上所述，1980年代以后，中国政治史方面的史料集、目录、索引等工具书的出版大为减少。这与如下状况互为表里，即中国的史料集出版日臻丰富、完备，个人也可轻易获取；同时，虽然研究团队缩小，但因信息技术迅速发展，学者可较容易地建立自己需要的数据库。亦即，时代已经变化，多名学者合作研究一个课题、共同收集史料已成过去，现在的研究是各人运用不同方法，从不同视角分别面对日趋细化的政治史的某个领域。日译外国著作的减少，或许也可说是日本的研究体制日渐充实的结果。

因此，史料集等工具书减少本身不值得忧虑。令人担心的是，随着研究越来越依靠个人，集合众人的学识和力量分析史料的研究体制正在被抛弃。激增的公开发行史料，本是为分析文献、史料如何形成清除障碍，实际上却极易助长研究者图省事、轻易相信公开刊行史料的习惯。实际上，较之其他领域，政治史史料在其形成、传播、编纂的过程中尤其容易发生问题，因而需要特别注意甄别。

中国近现代政治史研究涉及许多领域，试图提出较为全面的研究指南是做不到的。因此，本章主要以政党史研究为主，通过具体事例就常用史料、研究途径等提出建议。之所以特别强调政治史史料的性质及其形成过程，乃因研究深入一定程度时即会发现，史料的形成、编纂过程本身就是一部政治史。在这点上，以史料分析为前提的历史学研究无不如此，但尤以政治史研究最为显著。在这个意义上说，如果不承认重返历史现场、史料形成现场对政治史研究具有首要意义，则下文的建议大可忽视。

二 政治史的史料
—— 政治史史料形成的空间

中国近现代政治，在不同时期表现出十分复杂的形态。仅以中央政府的政治活动、政治取向而言，其政治体制在 19 世纪末至 20 世纪初即曾经历过令人眼花缭乱的变化和更替：先是清朝帝制（及其派生形态"垂帘听政"），接下来民国成立后曾短期存在过立宪议会民主制，但该制度形同虚设，不久后被府院制（总统府、国务院）所取代，再后来又形成实质上由特定政党掌握政府的党国体制（party-state system）。[1]

1. 清末及民国前期的政治史史料

清末，中央在决定如何处理某政治问题时，掌握实权的地方大员（督抚）往往承旨具折上奏。收录政治家此类奏折及往来信函的全集已大体出版齐备[2]，因此，若将其与中央部院的档案等[3]结合起来，则详细分析政策形成过程是可能的。当然，有些日记并不单纯，如戊戌变法前作为清流派领袖、帝师而在中央政界位高权重的翁同龢的日记，就经翁本人修改过。仲伟行曾对其仔细订

---

1 关于党国体制，请参阅 G.萨托利《政党与政党体制》。
2 例如，国家清史编纂工程的文献丛刊类（《李鸿章全集》《张之洞全集》等）。
3 北京的国家图书馆藏档案，2003 年后陆续刊行"国家图书馆藏历史档案文献丛刊"。

补,并有《〈翁同龢日记〉勘误录》(2010)出版。总体而言,由于中国自2002年以后投入六亿元巨资推动国家清史编纂工程[1],以档案为主的大量史料已公开出版,只要有阅读这些史料的能力和毅力——仅此已非常人所能为,不仅已有条件了解政策形成的过程,还可从中一窥政治具体运作的状况、政治文件形成的程序。此外,清末新政时期的史料,有各省咨议局议事录集《辛亥革命稀见文献汇编》(全45册,2011)可供利用。

进入民国以后,事情稍显复杂。在许多实行近代立宪制的国家,大抵以国会(议会)为国家权力的最高机关,追踪国会的动向及其与政府的交涉,基本上能够了解中央政治的情况。但是,中国的国会正常运转的时间极短,因此这些通常的方法行不通。所以才有学者通过制度设计论的方法进行研究,即认为国会之所以屡遭民国前期当权者破坏,其原因在于《中华民国临时约法》赋予早期国会(立法)监督大总统和内阁(行政)的功能过于强大。[2] 当然,也有学者不同意国会基础脆弱,只是被人用则存之、不用则弃之的观点,而是给予其一定正面评价,认为国会作为民意和法统的唯一根据,其必要性经常受到重视,因而是民国后期宪政运动的历史前提。[3] 史料方面,民国北京政府时期以后的政府档案史料,已按政治、外交、军事等分类整理,被以大型史料集《中华民国史档案资料汇编》名义出版,2010年其《总目索引》出版后,更加便于利

---

[1] 关于清史编纂工程,此处参照张永江《近百年来中国的清史编纂事业与最新进展情况》。另,曾作为"中国近代史资料丛刊"而刊行的《辛亥革命》等史料集,也被纳入该工程,正在重新编纂。

[2] 例如,杨天宏《政党建置与民国政制走向》第一章。另有研究试图对清末至民国初年的官制改革、地方制度的结构性问题做综合性把握,如曾田三郎《走向立宪国家——近代中国与明治宪政》。

[3] 味冈彻:《民国国会与北京政变》。

用。此外，政府公报、国会（参议院）记录（"民国文献资料丛编"系列之《内务公报》《北洋时期国会会议记录汇编》《筹备第一次国会报告书》等）也相继出版，若将其互相参照、印证，相当程度上可以明确立法、行政二系统的协同、矛盾关系。另外，关于政界概况，北京、天津、上海等地发行的不少日报已经复刻出版，据此比对政治家的日记等[1]，重现政治过程并非不可能。

2. 民国后期的政治史及政党史史料

但是，党国体制下的民国后期的政治史又与此不同。无论是中国国民党，还是中国共产党，其对政府的影响都是决定性的，因此，如果不对党的会议记录、通知、报告等进行分析，就无法了解政治取向的决定过程。例如，林森自1931年起担任国民政府主席长达十二年，但恐怕无人认为循着他的足迹就可探明该时期政治的变化过程。因为，该时期实质性的决定权显然掌握在党（国民党）手里。至于共产党，其上还有来自共产国际的巨大影响，分析起来困难更大。

此外还须考虑意识形态要素。国民党也好，共产党也好，其历史史料都是在与意识形态敌人持续斗争的情况下编纂的。为了给本党及时任领导人的正统性、权威性提供历史根据，其史料编纂过程往往不可避免地受当时意识形态的影响。这种情况不仅出现在事后，有时也发生在政治文件撰写、发表的阶段。国民党第一次全国代表大会（1924年1月）的宣言就是如此。

这次大会通过的宣言标志着国共合作的开始，因此几乎所有通

---

1 除上述《翁同龢日记》《王文韶日记》等外，收入信函等的年谱（年谱长编），其史料价值也不可低估。只不过，须知日记及年谱长编的价值，因编者补以丰富的注释、索引而大大增加。其代表性日译本有《宋教仁日记》《梁启超年谱长编》。

史、概论都对其加以叙述和探讨。然而实际上，该宣言疑点颇多。"宣言"于1月23日即正式通过，但翌日因有人要求修改，于是再次表决并通过；但到了1月30日，孙中山又提议追加部分字句，于是再次修改。但经过怎样的程序才最后确定的，则不得而知。大会期间及大会之后出现的数种版本清楚地反映出主义、主张的分歧，因此，很显然这绝不仅是由于会务手续出现失误。[1] 众所周知，"一大宣言"是孙中山在遗嘱中特意要求国民党必须遵守的几个文件之一，是国民党不可违背、更易的金科玉律；然而实际上一直存在数个不同版本。事实上，这种情况正是该时期国民党的真实反映，其间的"政治"，只能通过所谓"史料学"分析的方法，追踪文件的形成、传播、确定过程，才能看清其形态。

中国共产党在开展工作时，比国民党要更加重视会议和文件的作用。即使决定通过事先协调大局已定，也要召开会议赋予其党组织正式决定的形式。这就是为什么人们在叙述共产党历史上重要的路线改变时总离不开会议，如"八七会议"、"遵义会议"乃至"十一届三中全会"。

当然，所有组织的运行都离不开会议，而非独政党。例如，国民党党章（1919）对会议就有特别规定。只不过，该规定仅针对全国代表大会。如果考虑到撰写指示、报告文件及在会上发言实际上是高度的文化行为，也就不难理解拥有这些能力的知识分子何以能够在党内占有重要位置——尽管共产国际反复要求领导层要更多地吸纳工人阶级出身的人才。

---

[1] 狭间直树：《对〈中国国民党第一次全国代表大会宣言〉的考察》。

3. 共产党史的史料

按规定，共产党各级组织的会议记录须随时提交给上级组织。就中央而言，领导层大体每周开会一次，会议记录有时会译作英语或德语、俄语等，然后提交给上海的共产国际派出机构（远东局）。据称，现存的中共中央会议记录，中华人民共和国成立前1929—1932年、1935年下半年以后的部分基本保存完好。[1]其中，中共中央政治局和共产国际远东局的联席会议记录等，随着所谓"莫斯科档案"解密，一部分已经被公开。[2]不过，北京的中央档案馆藏中共中央政治局会议记录，除某些史料集、中共领导人传记中可见到某时期记录的摘录外，并不对外公开。[3]国民党方面，中央执行委员会常务委员会在1926—1948年间召开的约六百次会议的记录已影印出版[4]，会议记录、速记可在台北的党史馆阅览。

不过，中央档案馆藏中共文献没有开放，不等于学者无法依据

1　杨奎松：《共产国际为中共提供财政援助情况之考察》。
2　所谓"莫斯科档案"中有关中国革命的部分，其主要部分已经出版。俄文版：ВКП(б), *Коминтерн и Китай: Документы*（第一至五集）。德文版：RKP(B), *Komintern und die national-revolutionre Bewegung in China: Dokumente*（第一至二集）；*KPdSU(B), Komintern und die Sowjetbewegung in China: Dokumente*（第三至四集）。俄文版第五集尚未出德文版。中文版：中共中央党史研究室第一研究部译《联共（布）、共产国际与中国国民革命运动》《联共（布）、共产国际与中国苏维埃运动》《联共（布）、共产国际与抗日战争时期的中国共产党》。此类汉译已与重新辑录的出版过的相关史料集合称为"共产国际、联共（布）与中国革命档案资料丛书"一并刊行（全21卷）。不过，俄文版和德文版所附人名索引未收入中文版（中文版仅有无索引信息的人名录）。另，台湾也曾出版俄文版第一集之中译本（李玉贞译：《联共、共产国际与中国（1920—1925）》第1卷），但第2卷及之后的未见出版。此类史料集所收档案，多为共产国际与中共之间的往来文件（报告、指示等）。其中的会议记录，主要是俄共政治局和共产国际有关机构的会议讨论记录，而中共本身的会议记录则比重极小。
3　中央档案馆藏中共中央会议记录，尤其是1940年代前的会议记录，其很大部分已在中华人民共和国成立后由苏联返还给中共中央，其副本现藏于莫斯科的档案馆。如俄罗斯国家社会政治史档案馆藏档案之全宗514（中国共产党档案）。
4　《中国国民党中央执行委员会常务委员会会议录》。

会议记录等原始资料来分析中国共产党的历程。因为1980年代前半期以后，中央档案馆和各省市档案馆合编的大型档案史料集"革命历史文件汇集"已经出版。该史料集主要收入1949年以前中共地方组织的党内资料（决议、报告、统计、会议记录等），书名冠以地区名（如《上海革命历史文件汇集》《鄂豫皖苏区革命历史文件汇集》等），计二十余地区、三百余卷，总计近五千万字。[1] 各地区的汇集原则上分甲编、乙编，甲编主要收入决议、报告、指示，乙编则收入会议记录等，对了解中共地方组织的实际状态——在怎样情况下如何执行中央指示——具有极大参考价值。[2] 关于20世纪后半期的政治史，原不在本书论述范围之内，故此处仅做略述。研究中华人民共和国时期的政治史，可查阅地方档案馆藏史料。地方档案馆的管理各有差异，但其开放度一般远高于中央档案馆。地方组织和机构对中央的指示、决定的执行情况及其信息，一部分可在地方档案馆阅览，因而可间接窥知中央的部分指示、通知。[3] 除地方档案馆外，"文革"时期各地造反派等独自编纂的中央文献史料集等，也是政治史研究的重要史料，可适当参考。

关于侵华战争全面爆发前中国共产党的活动，国民党、国民政府出于"围剿"需要收集了大量有关资料，故而中国大陆以外现也存在较为集中、完整的原始史料。较早的有1930年代初中期"围剿"共产党根据地时所收集的中共文件，即所谓"陈诚文库"[4]。此

---

1 谢莹：《继往开来　走向新征程——中央档案馆编研工作回顾与展望》。
2 该史料集尽管称所收资料基本未做删除、订正，但实际上，有些人名已经隐去。
3 利用地方档案馆藏史料研究政治史的代表作，有杨奎松《中华人民共和国建国史研究》。
4 陈诚所收集中共史料藏于其个人资料室（台北石叟资料室），其中约1200件于1960年前后被制作成微型胶卷赠给斯坦福大学胡佛研究所，因而被广泛利用。其目录有 T. Wu, *The Kiangsi Soviet Republic*, 1931-1934。石叟资料室藏资料后来于2005年被移交给"国史"馆保存，其目录可在网上查阅。

外，台湾地区司法事务主管部门调查局资料室等也保存有相当数量的中共党史史料。总体来看，若台湾的相关档案史料与南京第二历史档案馆已开放的民国时期档案结合起来，则要比较深入、详细地分析政策决定过程，是具备条件的。[1]

三 对象与方法论

如上节所述，尽管尚非十全十美，但我们现在已可接触许多政治史的原始史料，这与坂野等编前著的时代相比，直如天壤之别。那么，如何才能运用这浩如烟海的档案史料以深化政治史研究？或有人说，这些史料能够使学者回归原始史料。此说当然无误；但如：果再问"何为回归原始史料"，又当如何回答？对此，我们必须深入思考的是，值得回归的史料，是对怎样的研究课题而言？又对怎样的研究方法有效？这些问题必须经常置于脑际。也就是说，研究对象和方法论才是问题关键之所在。

就不少政治领域而言，存在可供运用的丰富原始史料，意味着研究者设定研究领域的自由度较高。而研究者的选择大体有二。首先，对那些既往研究积累已相当深厚，但仍存在尚不清晰问题的课题，可运用新史料作重新探讨，或揭示其谜底。汉语分别称"旧案新探"和"破案"。在这种情况下，既往研究相对丰富，基本上就等于研究有价值，一般无须再对此重新思考和阐述。因为，超越或改写既往研究，本身就有其意义（如后所述，也并非绝对如此）。

其次，以此前几乎无人探讨过的历史现象为研究对象，即"拓

---

[1] 关于台湾的档案馆和南京的第二历史档案馆，《东亚行政档案公开的现状与问题》载有川岛真的详细介绍。

荒"。或是重视研究原创性的潮流使然，又或因已开放档案过多而无法消化，当下喜好"拓荒"的学者绝不在少数。但是，"拓荒"与前述"旧案新探""破案"不同，必须回答为何选择从前无人关注的课题为研究对象，并明确研究所依据的理论。"以前无人研究"并非研究确有意义的保障，如果不能回答"那是否因为不值得研究"，则所谓"拓荒"型研究，很可能只是为弄清"邻居家生了几只小猫"而徒费心思。¹

1. "旧案新探"型研究和"破案"型研究

发掘新史料推翻定论、揭开谜底，是政治史也是历史研究所有领域的魅力所在。当然，在社会科学研究方法盛行的时期，不考虑政治的前提（即各种社会经济关系）而一味追索细节的事件史研究曾被揶揄为"猜谜史学"。身处那样的时期（1960年代）而试图解开"加拉罕宣言"（1919）之"谜"的伊藤秀一曾这样说：

> "猜谜"一说，讥讽史家罔顾社会政治现实、视研究如游戏的不负责任的态度……我的考察，也属于"猜谜"之列，对此无须争辩……如果考察始于"猜谜"、终于"猜谜"，那么，留给我们的各种问题可能永远得不到解决。因为要解决这些问题……仅仅通过形式逻辑是完全不可能的。²

---

1 "邻家小猫昨生一子"，是斯宾塞在其随笔《什么知识最有价值》（1859）中使用的比喻，在明治时期经日本（如浮田和民《史学原论》，1898）传至中国，为清末民初中国学者所常用（如梁启超《新史学》，1902）。
2 伊藤秀一：《关于第一次加拉罕宣言的不同文本》。

伊藤的高水准实证研究，至今仍经得起验证。尽管如此，他还是不得不就"猜谜"之说做一番解释。"加拉罕宣言"之谜，后来因有档案证明苏俄确曾对"宣言"语句做过修改而基本破解[1]，而且如伊藤推断的，背后的逻辑的确是"政治逻辑"，而非形式逻辑。不过，假如伊藤未曾通过"猜谜"作出推断，其他学者就不可能循此思路继续前行，并最终找到足以证明存在"政治逻辑"的档案。

"加拉罕宣言"仅是一例。事实上，在研究政治史中时常发现，就在政治活动还在进行的过程中已经存在某种有目的的史料处理。也因此，"破案"型研究的手法，往往与警察破解刑事案件时细致缜密的现场取证和锲而不舍的证据搜求十分相似。现在已无人再以考虑社会经济关系不充分为由而否定"破案"型研究，但我们仍须知道"破案"的目的何在。近年因多次"破案"而深受关注的杨奎松，在回答记者"研究历史最大的乐趣是什么"时这样说：

> 最初的乐趣是"破案"。历史研究有点像刑警破案，通过种种蛛丝马迹，深入发掘拓展，找到更多的线索，运用逻辑分析和推理，把所有能够掌握到的历史碎片串连拼合起来，最后组成一张相对完整的历史过程图，弄清什么时间、什么地点、发生了什么、发生的经过情形以及原因何在等，从而揭示一个过去不为人所知，或者被人误读的历史秘密。刚开始从事这项工作时，每完成一篇论文，就会有这样一种成功"破案"的满足感。当然，现代历史研究仅仅满足于这样一种职业的兴趣是远远不够的……我们为什么研究这个

---

[1] 李玉贞：《从苏俄第一次对华宣言说起》。М. В. Крюков, "Вокруг 'Перой Декларации Карахана' по китайскму вопросу. 1919 г."

事件或人物？为什么我们要把自己有限的时间、精力和金钱用来去钻那些故纸堆，去把那些过去的故事翻新出来讲给别人听？这当然有我们自己的价值判断和种种强烈的关怀在里面。[1]

也就是说，"破案"本身无疑是史学家的乐趣，但那样做是否有意义，除结论必须正确外，所选择的"案件"能否说服人也是决定性要素。从这点看，在政治史研究领域，由于"破案"型研究一直受到重视，许多"案件"都曾是研究对象。不可否认，同样是档案，较之限制较少的社会史、经济史领域，接触政治史研究的核心史料相对困难；但是，现在既然已有大量档案史料可供运用，则政治史领域仍需要以超越既往研究为目的的"猜谜"型研究。

然而需充分注意的是，"猜谜"型研究往往关注最新研究动向，却忽视既往研究的积累。上述有关"加拉罕宣言"的伊藤论文也好，邓文光在1970年代对中共第一次全国代表大会的考证——被视为典型的"破案"型研究——也好[2]，都不能以"旧"为由而弃之不顾。如果还有"谜"未被解开，则必定有人曾进行过研究。重读既往研究，不仅是出于尊重而尽道义方面的义务，还是为理解当时的史料状况、研究状况的演变脉络，进而为站在更高层次分析其如何设定"谜题"、对史料编纂有过怎样的影响等找到线索。下文不避冗长，以上述邓文光也曾据以研究的某回忆录为素材加以说明。

1　杨奎松：《研究历史有点像刑警破案》。
2　邓文光：《现代史考信录——研究现代史的甘苦（初稿）》《中共建党运动史诸问题》。

2. 中国共产党第一次全国代表大会回忆录[1]

中国共产党的第一次全国代表大会（1921），其参加人数及姓名等不易确定，乃因出现于回忆录的共有十三名代表的名字，但记载报告大会概要的俄文文献却称"大会有十二名代表参加"（未列姓名）。然而，这份俄文文献也是进入 1980 年代以后才在中国国内公开，在那之前只能以代表们的回忆为依据。

其中，成文时间距"一大"最近的是陈潭秋的回忆录，发表在共产国际的机关杂志《共产国际》（中文版）1936 年第 4、5 期合刊。当时，中共成立十五周年纪念准备在莫斯科举行，"一大"代表之一陈潭秋恰在莫斯科，于是写下这篇回忆录，题为《中共第一次代表大会的回忆》，后又被翻译并转载于《共产国际》其他语言版上。陈文列举全部代表共十三人的姓名。关于会期则称，代表们在上海到齐是 1921 年"7 月下半月"，会议本身在"7 月底"举行。在上述记有"7 月 23 日开会"的俄文文献公开前，因不少回忆录语焉不详，故无论会期还是代表人数（姓名），陈的回忆录都是最准确的。

在中国，"一大"研究始于 1950 年代初。1951 年年底，内部刊物《党史资料》发行。该刊初时不定期，后为月刊，主要介绍建国后收集的各种党史史料。党史研究正式开始应自此时。而载于该刊创刊号卷首的，正是上述出自陈潭秋之手的回忆录。对国内首次介绍的这篇回忆录，该期杂志的"编后记"有如下解释：

> 陈潭秋同志的《回忆中国共产党第一次全国代表大会》，作于 1936 年，曾在 1936 年 7 月出版的《共产国际》上发表，

---

[1] 石川祯浩曾于《中国浦东干部学院学报》2011 年第 5 期发表《由考证学走向史料学——从中共"一大"几份资料谈起》。欲全面了解作者论述，可参阅该文。——译者注

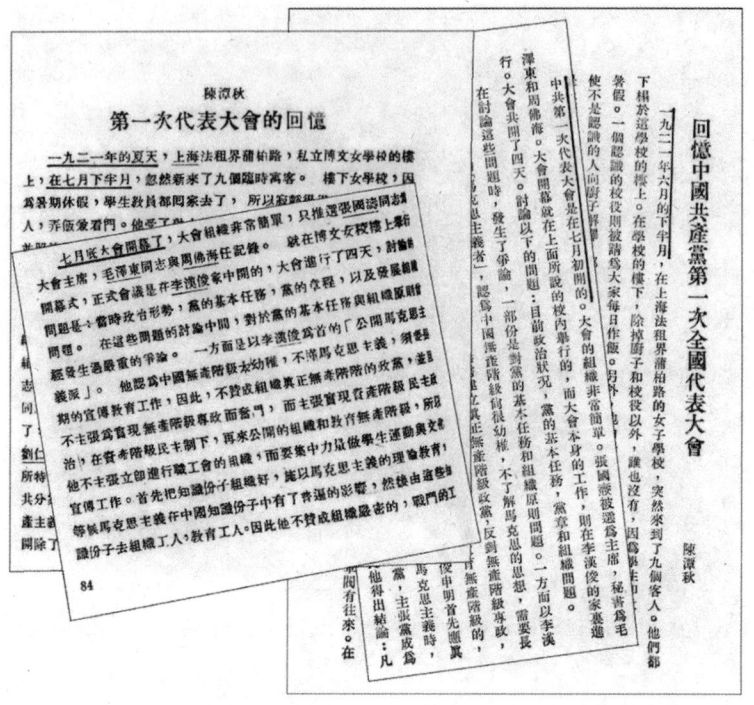

陈潭秋回忆录照片。左为《共产国际》（中文版，1936年第4、5期合刊）载，右为《党史资料》第1辑（1951）载。本应一样的文章，文体却大不相同，可据此推断《党史资料》版译自《共产国际》俄文版或德文版。此外，如下划线部分所示，《共产国际》版称"一大"代表在上海聚齐是1921年"七月下半月""七月底大会开幕了"（俄、德文版同）；而《党史资料》版分别作"六月下半月""七月初"。后者显系删改。再有，中国共产党在1930年代末试图设建党纪念日时，似因无法确定是7月何日而暂定在该月1日。此时大概未能参照《共产国际》载陈潭秋回忆录，或根本不知有此文。但后来各种纪念活动皆在该日举行，"纪念日"遂被视作"建党日"，1949年以后最终成为定论。这或许也是与此定论相抵触的陈潭秋回忆录不能再原文刊发的原因。

这次在本刊刊载时略去了末尾论述当时政治形势的一段。[1]

这段说明，正常读来只能作这一理解，即《党史资料》版陈潭秋回忆录转载自《共产国际》，除末尾一段略去外，未作改动。然而，或因当时中国国内找不到《共产国际》中文版，该文实际上是从俄文版（或德文版）翻译而来。"编后记"对此未作任何说明，但在《党史资料》文本中，代表们齐集上海的日期是"6月下半月"，而会议召开时间则是"7月初"。至于代表人数，如上所述，《共产国际》明言"这次到会的一共有十三人"，但《党史资料》版却没有这个信息。

何以如此？回忆录与当时的通行观点一致，具体指为胡乔木《中国共产党的三十年》（1951）中的说法，即7月1日开幕、代表十二名。

3. 史料的再生产

中国实行改革开放、党史研究重新起步之后，早期党史史料逐渐被公之于世，为"一大"研究注入了活力。陈潭秋回忆录也被再次公开，但各种版本并存的状况并未改变。有的重录《党史资料》版，有的将其删改的地方（日期、人数等）恢复原貌，还有的为纠正上述二者的共通问题——译自外文——而重新收录《共产国际》中文版。从史学立场观之，当然是录自《共产国际》中文版者最为可靠，但遗憾的是，仍存在不经说明而修改字句的问题。[2]

---

[1]《党史资料》第1辑，第255页。
[2]《"一大"前后》（二），第285—291页。试举一例：在叙述一大代表刘仁静后来的经历时，陈潭秋回忆录原文为"在国民党警察所特务机关卖气力"，而该书改作"在国民党警察所特殊机关卖气力"。

第五章　政治史研究

另一方面，2010年出版的史料集[1]，在未作解释、说明的情况下，却从各种版本中单单选录了《党史资料》版。总之，陈潭秋回忆录作为史料尽管是如此重要，但在2011年以前无人读到过原文！

中共"一大"的考证研究，应该回归当时的历史现场，但更须反复追问：为因应尤其看重的"一大"的体制、时代的要求而进行的史料的编纂、形成、研究以及所形成的定论，它们彼此间的关系到底怎样。

假如考证中共"一大"代表（人数）而意识不到此点，一味罗列史料，即使看似在"破案"，也难免被揶揄为不过是要弄清"邻居家生了几只小猫"。因为冷静思考便知，"一大"代表到底几名、到底是谁，共产党创立这一事件的大致轮廓和意义却并不因此而有所改变。我们不能仅随着邻居数小猫而满足，而应考虑邻居为何一定要数清猫有几只——"破案"型政治史研究应如此。

4. "拓荒"型研究——"信息"的重要性

既然史料如此丰富，政治史研究的有些领域已有条件尝试"拓荒"。其中值得期待的，是导入和运用信息传播（包括误传）、信息操作观点的研究。研究者在思考历史事件发生的因果关系时，会以年表作参考。思考、推定事件前后的脉络，是历史研究的第一步。但是显然，作为我们研究对象的政治家、革命家等不太可能按照后来编制的年表（甚至更详细的"日表"）依次获得信息，甚至他们往往是在对年表所列信息无从知晓或误判的情况下作出政治判断、采取某种行动的。生活在当今的信息社会，且对历史事件的结果及

---

1 李海文主编：《中共重大历史事件亲历记（1921—1949）》。

其前后关系已有所了解的我们,在观察过去时总是忘记此点。

在此前的政治史研究中,积极思考信息因素的学者恐怕并不多。因为,其他姑且不论,能够反映某政治家是否经常获得什么质量的信息、在多大程度上将其用于政治判断的史料,实在少之又少。但现在情况已全然不同。例如,我们现在可以读到蒋介石日记,还可看到其曾经过目的信息(一般信息有报纸,特殊信息则有机密报告)。要了解蒋介石等政治家是否以及如何掌握相关信息、该信息的准确度有多大,日记是不可多得的材料。当然,不仅蒋,大凡史上留名的人物的日记,不见得照实吐露当时的心境,故不可盲信。但如果想从中了解他们所接触信息的质和量及传递的途径、快慢,日记还是有用的。如果再加上媒体信息——众所周知,清末民国时期媒体上充斥着未经确认的信息和误报,则位居中枢的政治家因拥有独自信息来源和传递渠道而较之他人所占据的优势,应可一目了然。[1]

质量更高、数量更多的信息,使其占有者进行某种信息处理成为可能,而政治决定也可能因此而偏离常轨。尤其是在形势复杂多变的紧要关头,信息处理本身就是政治行为。关于此点,下面以1936年的西安事变为例加以探讨。

众所周知,张学良发动兵谏囚禁蒋介石,令国民政府(国民党)、中共以及苏联各方都猝不及防。该事件经长达两周的交涉得到解决,蒋回到南京。不过,近年的研究显示,信息操作促成了事件和平解决。首先是事件发生后为打破僵局而从南京来到西安的宋

---

[1] 须注意的是,民众间信息不畅以及谣言等往往会引发大规模骚乱。清末的不少教案是由谣言等引起的。注意到该问题的论文有小野信尔《一个谣言——辛亥革命前夜的民族危机意识》、藤谷浩悦《1906年萍浏醴起义与民众文化——以中秋节谣言为核心》等。

子文。此时蒋介石坚决拒绝接受张学良等人的主张，要求来访的宋子文转告南京：对西安实行武力讨伐，不得犹豫。但宋发现蒋的态度有转圜迹象，在返回南京前向张学良作了暗示，而对南京方面则没有立即转达蒋允许武力讨伐的意向。[1] 宋的举动或与他本人的立场不无关系，他对建立举国抗日体制一直持积极态度；但他如此处理，的确促使南京方面迅速软化态度而转向和平交涉。

其次，事件发生后支持张学良的中共方面，在向张转达共产国际（苏联）的态度时也进行了信息操作。张学良似乎估计共产国际、中共会支持自己的行动，实际上中共的基本态度也的确是支持张学良，但一直不太相信张的共产国际却并非如此。共产国际得到事变的消息后发电报给中共称：不管张的意图如何，他们的行动会妨碍建立抗日统一战线，只能助长日本进一步对华侵略，并明确指示和平解决。对急于了解莫斯科意向的张学良，中共方面把指示中指责张的部分隐去，只转达了希望和平解决的部分。[2] 中共的政治判断或许是，若把莫斯科的指示全文出示给认为中共和共产国际持一致立场的张学良，将会破坏和他的合作关系。

上述宋子文和中共的做法，都是为和平解决事变而采取的信息处理措施。尽管历史不能假设，但不难推测，如果他们不那样处理，而是如实转达，则西安事变很可能演变成另外局面。而因档案开放，此类有关情报传递的史料也已不难获取，政治史研究也应更加关注许多事件是在怎样的信息条件下发生、传播的。

---

1 吴景平：《宋子文政治生涯编年》，第318页。
2 杨奎松：《西安事变新探——张学良与中共关系之谜》，第362—363页。

四 结语

本章前文提到"猜谜史学",其中也包括"阴谋史观"在内。认为重大政治事件背后总有特定势力不可告人的阴谋,此即阴谋史观。持该观点者认为,揭露这些阴谋即可揭示历史的谜底。必须指出,考虑信息传递、信息处理而研究政治史存在这一危险,即一步迈错就可能走向"阴谋史观"。

然而,如果充分意识到信息和政治的双向性,则绝不至于陷入"阴谋史观",以信息(包括虚假信息)单方面规定政治为认识框架。有关所谓阴谋产物的"田中奏折"的高质量研究[1]即为明证。这方面的研究不是埋头考证单一信息的来源及其如何被处理,而是将考察的目光投向必然生产虚假文件、不断引发争论的政治磁场和社会舆论。前文曾说,我们不能满足于随邻居数小猫,而应关注邻居为何要数猫;在面对阴谋史观论者这个"邻居"时,同样需要这一态度。

我们在研究中必须自觉意识到,我们不得不运用的史料就是在意识形态的时代编纂、形成的。尽管"破案"型研究和"拓荒"型研究的对象和方法不同,但要进行政治史研究,就必须首先自觉地提防落入阴谋史观论的窠臼中。

(袁广泉译)

---

[1] 服部龙二:《日中历史认识问题——围绕"田中奏折"的矛盾 1927—2010》。

第六章

文学史研究

斋藤希史

一　序言

历史研究自不待言，从文学研究的角度看，近代中国也是非常具有魅力的领域。在传统与近代交错、中华帝国与其域外相互纠葛的背景下，文学发生的变化是从前难以想象的。在这一过程中，文学在中国从古代到现代漫长、丰腴的文学史上实现了最具活力、最激动人心的改变，同时也从社会体制拥护者演变为驱动社会前进的动力之一，因此具有极其重大的意义。而通过具体事例对这一过程进行解读、阐释，不仅能够探明近代中国这一领域作为历史舞台的性质、特点，还可帮助我们理解文学并非文学作品的生产、流通、欣赏的简单循环，而是与各种读写行为密切相关。

反过来说，文学的"近代"并非一开始就自有其定义。在中华人民共和国对文学史的分期中，从1840年的鸦片战争到1915年开始的新文化运动被称为"近代"，其后至1949年中华人民共和国成立被称为"现代"，再以后则被称为"当代"。显然，如此分期来自政治史分期的框架。当然，这个分期在一定程度上是有效的。在近代中国这一领域，政治和文学的关系极其密切，文学甚至曾是推动政治的力量，故而政治动向和文学动向的确此呼彼应。但这一权宜分期不适合作为历史观而强迫人们接受，文学和政治二者之间应有明显区分。尤其是，考虑到"近代文学"在研究史上曾被当作向"现代文学"的过渡或旧传统余孽而受到轻视，则分期问题显然应予以足够重视。

幸运的是，1990年代以后，日本、欧美以及中国等都有学者不断对该分期提出质疑，从前被忽视的清末民初文学（近代文学）研究也已有长足进步。本章即从这些研究动向的意义论起。

二　近代中国的视角

首先来看"近代""现代"的分期问题。1917年，胡适在《新青年》杂志发表《文学改良刍议》，陈独秀也发表《文学革命论》，1918年鲁迅又发表小说《狂人日记》。这一系列动向对文学革命运动无疑具有重要意义，而这些文章作为文学革命运动的一部分而广泛传播，也的确激起了近代文学的巨浪。但是，若将其作为"革命"放大，我们必会发现其前与其后之间存在着巨大断层。而这则是"近代""现代"分期的根据。

不言而喻，对于"革命"的当事者和继承者来说，这一断层十分重要。但要使研究成为可能，则必得与之保持一定距离。因此，有必要首先思考他们的"革命"，其内涵到底如何。

一是文学语言由文言文改为白话文。胡适在《文学改良刍议》中列举如下八条：

一曰，须言之有物。

　　二曰，不摹仿古人。

　　三曰，须讲求文法。

　　四曰，不作无病之呻吟。

　　五曰，务去滥调套语。

　　六曰，不用典。

　　七曰，不讲对仗。

　　八曰，不避俗字俗语。

此处引用的原文并不深奥。"一"和"四"都是说不可内容空洞；"二"是说不可崇尚古人的做法，对其亦步亦趋；"三"要求重视文法，即写文章要有意识地按照西方文法那样尝试主谓结构、复合句结构，与"七"反对使用对仗句式一致；"五"反对使用套句套语；"六"反对使用典故成语，分别与"二""三"对应；"八"则对此从反面再次强调。总之，胡适反对写旧体文，即传统的文言文。[1]

陈独秀在《文学革命论》中也有如下论述：

　　文学革命之气运，酝酿已非一日，其首举义旗之急先锋，则为吾友胡适。余甘冒全国学究之敌，高张"文化革命军"大旗，以为吾友之声援。旗上大书特书吾革命军三大主义：曰，推倒雕琢的阿谀的贵族文学，建设平易的抒情的国民文学；曰，推倒陈腐的铺张的古典文学，建设新鲜的立诚

---

[1] 在《文学改良刍议》发表前，《新青年》第2卷第2号（1916年10月）的通信栏载有胡适致陈独秀信，其中也有八条，但其顺序、语句与此处八条略有不同。

的写实文学；曰，推倒迂晦的艰涩的山林文学，建设明了的通俗的社会文学。

总之，陈独秀呼吁必须改贵族文学、古典文学、山林文学为国民文学、写实文学、社会文学，并称之为"三大主义"。然而，且不论其内容如何，有一点显而易见，即胡适和陈独秀在文学革命运动中都主张使用口语文体，但表述该主张所使用的文体，至少在早期却并非口语文体。尤其是陈独秀的文章，在其核心部分，"推倒××的××的文学、建设××的××的文学"的句式竟重复三次，让人不禁联想起八股文的行文传统。当然，频繁使用"的"字是白话的特点，"革命""建设""贵族""国民""古典""写实""社会"等词或者并不常见于传统文章，或者作为西方语言的翻译词汇而附加了新的含义，并且是同时期日本常用的汉字词汇。总之，该文的确不是传统的文言文，但也并非白话文。而这正是当时最为通用、流行的文体。

若把上述文章当作文体史资料加以考察则可理解，所谓革命，其与传统之间并无显著断层，而是在缓慢、渐进的变化中逐步确立其方向的。从文言文体到口语文体的转变不是通过"革命"骤然间实现，而是由于文言文体首先发生变化，到一定程度时，促使人们有意识地改用口语文体。所谓"贵族文学""国民文学""古典文学""写实文学""山林文学""社会文学"等概念，在中华帝国的文学故步自封、自我满足的时代，当然未曾有过。甚至该文中"文学"一词的用法，已不再是中国古典常见的传统用法，而是借用了经明治日本重新定义后的新概念。

不言而喻，"革命"不是突然间发生的。因此，思考其基础如何形成,毋宁说更加重要。胡适曾留学美国,鲁迅和陈独秀则曾在日本求学,留学经历是他们重要的知识基础。如此说来,促使他们倡导"革命"的,应是他们的读写行为曾受其熏陶、濡染的时代和环境,这样看才合乎情理。之所以关注文学革命以前的"近代",其理由在此。

关于"近代"亦即清末民初的文学,早有阿英的《晚清小说史》(1937)、《晚清文学丛钞》(全19册,1960—1961)等开拓性研究。在日本则有桥本照雄等一直坚持研究[1],其起始点甚至早于1949年后研究活动长期停滞的中国。本来,清末民初的小说翻译作品较多,而且从日语重译者占较大比重,故在资料方面,日本学术界占有一定优势。而其成果就是至今仍在增补、改订的《清末民初小说目录》(原始版1988年)。

当然,只研究小说难以明确其基础即"近代"文学的全貌。胡适、鲁迅、陈独秀都不是只读小说成长起来的。鸦片战争以后,中国被迫与西欧列强形成对抗性关系,从而开始了各方面制度的改革。将所有社会变化的原因归于来自西方的影响无疑过于片面,从中国文明本身的指向发现其近代化潜力才有积极意义。不过,鸦片战争等暴力性契机的作用极大,也是无可否认的事实。教育环境急剧变化,西式教育经过租界引进中国,学堂教育开始替代传统教育。此外,1872年《申报》创刊后,期刊媒体(报纸、杂志)等也迅速增加。小说的变化就是在读写环境的这种转变中实现的。

也就是说,关注"近代"的意义,与其说在于对个别历史现象的前史阶段进行研究,不如说更在于探究其发生的前提,即近代中

---

[1] 杂志《清末小说》及《清末小说研究》等。

国——就文学而言，则是作为读写圈域的近代中国——如何形成。教育的变化、媒体的出现和发展，使中国出现了迥异于传统的读写空间，而且这一读写空间与西方、日本相互交融，通过汉字翻译词汇大量流通而在整个东亚形成了近代汉字圈。而由传统文学向近代文学的演变，就是在这一过程、这一圈域中发生的。[1]

梁启超研究在1990年代的中日两国呈一时之盛，曾是"近代"研究的重要动向之一。而梁启超本人出身于科举，作为政治家曾流亡日本，也是近代媒体人；其活动领域远不止政治和文学，也曾号召文界革命、诗界革命、小说界革命，其令人耳目一新的文体更是风靡一时。从梁的这些特征，或可得到他何以成为"近代"研究标志性对象的答案。陈独秀的文体无疑属于梁启超新文体的谱系，但要准确把握此类情形，还须重视其与其他方面广泛、复杂的关系，而不能仅把目光投向文体史。

当然，就实际研究而言，必须对某一特定领域作扎实的专门研究。但与此同时，如果不具备观察整体的广阔视野，就无法回答某一问题能否成为研究对象。此外，要促进就特定课题做精细研究的学者相互对话并深化各领域的研究，学者之间也须有共同认识。不仅如此，由于东亚的近代化进程无可避免地始终伴随着对西方文明拒绝还是接受的矛盾，故学者们还需要能够俯瞰东亚各地的共同视点。就此而言，梁启超研究曾有日本、中国、美国及欧洲众多领域的学者共同参与[2]，是颇具象征意义的。

作为读写圈域的近代中国是如何形成的？有了这个问题，不同

---

1 斋藤希史：《"汉文脉"在近代：中国清末与日本明治重叠的文学圈》。
2 狭间直树编：《共同研究 梁启超——西方近代思想的容受与明治日本》。Joshua Fogel, ed., *The Role of Japan in Liang Qichao's Introduction of Modern Western Civilization to China*.

于从前"革命"史观的文学研究才有其意义。而以该圈域的形成及其扩展为核心进行思考，我们会发现19世纪后半期至20世纪前半期的一百年应是同一历史阶段。下文将把该阶段视作文学领域的近代中国（相当于中国所称的"近代"和"现代"），并以此为前提论述近代中国文学的研究方法。

三　读解方法

须知研究近代中国文学的方法有两个方面，其一即尽量接近中国这一文化圈域，其二为包括其他区域在内的近代文学研究一般通用的方法。如前节所述，近代中国这一圈域形成的前提之一，是存在以科举考试制度为支撑的古典诗文的读写空间，无视此点则无法谈论近代中国。此外，在提倡口语体文学（白话文学）时，《红楼梦》等白话小说的传统也曾是重要参考。[1]

然而，近代中国之为近代中国，是因为中国这一传统空间被迫打开了通向西欧、日本的门户，东亚在整体上形成了一个松散、舒缓的思想、文学往复循环的圈域。所以，构思研究方法也需要考虑历时、共时两种要素。

在此基础上，多读几本概论至关重要，而且要用不同语言相互对照。一般而言，日、汉、英文概论为必读。尤其阅读英文文献，对了解东亚以外其他区域学者的观点十分重要。多读外文著作，既可了解因语言不同而产生的框架、术语，从而方便与国外学者共同探讨问题，也有助于用外文撰写和发表论文。

---

[1] 如胡适《白话文学史》等。

既然是文学研究，则必须熟悉并能体味语言特点。近代中国上承古典、下接现代，尤其文学性文章，其语言多以古典语言知识为背景。许多作者如胡适、鲁迅等，是学习、吟诵着古典诗文走进近代读写世界的。因此，不能充分理解古典诗文，就无法研究该时期的文学，也难以体会出语言的新意何在。而要能够辨识、体味该时期特有的语言，必须在古典和现代两方面掌握更强的汉语读解能力。

要掌握这种读解能力，除借助适当的辞书、语法书多读文献，别无他法。汉日词典，为一般汉语学习者使用，举例以现代汉语为主，显然对于文学研究是不够的。这些辞书的目的是帮助理解当下正在使用的词汇、语句，但近代中国的语言因处于从传统脱胎为现代的摸索阶段，许多用法与现代差距较大，如最常见的人称代名词等。也就是说，需要使用收入语词古义及其例句，因而能够呈现语义和用法历史性的辞典。《中国语大词典》（角川书店。汉语版名《现代汉日辞海》，北京大学出版社）之例句多采自近代以前的白话小说，也收入较多方言语汇及更早时期的书面语汇，可堪研究使用。《中日大辞典》（大修馆书店）为东亚同文书院从1933年开始编辑（初版1968年，2010年第3版），其旧版多采录民国时期语汇。

此外，主要收入古典语汇的辞书，《辞源》（修订本，商务印书馆）、《汉语大词典》（上海辞书出版社）或为必备。《辞源》是近代中国最早的大型文言辞典，由上海商务印书馆出版于1915年，后经增订，1979年刊行4卷修订本。随后，1979年至1983年有《汉语大词典》12卷、索引1卷出版。就词汇数量看，《汉语大词典》也最多，现在并有光盘版发售。因此，有该词典，《辞源》似乎已不再需要。但实则在语义解释、举例等方面，《辞源》往往更加准确。《汉语大词典》常把语义分解过细，举例也随之琐碎，反倒不能呈现古典语词的含义。笔者建议两部辞书并用。

语法方面，在学习过刘月华等著《实用现代汉语语法》（2001）、已通览现代汉语语法的基础上，可再学习王力主编《古代汉语》（全4册，1981年修订第2版）、杨伯峻《文言语法》（1963）以进一步加强文言文基础。若以现代文法为基础学习古典语法，可借助太田辰夫《汉语历史语法》（1958）。而如要同时学习传统文学形式的相关知识，小川环树等著《汉文入门》（1957）是较好选择。

不过，实际阅读近代中国的文章时，有时需要参照语言学研究的成果。较之现代汉语，近代中国文学语言的变化十分丰富，作家甚至作品不同，其语词用法也不同。例如，关于鲁迅，仅语汇索引就有上野惠司编《鲁迅小说词汇索引》（1979）和丸尾常喜等编《鲁迅文言语汇索引》（1981），研究鲁迅文体的学者、论文也不在少数。可见，近代著名作家的作品也是语言学研究的重要对象。研究近代中国文学也须尽量参照这些成果，而不可单纯做"文学"性解读。

此外，近年翻译语汇研究卓有成就，相继有沈国威《近代日中语汇交流史》（2008年改订新版）、千叶谦悟《汉语中的东西语言文化交流》（2010）等出版。这些成果也值得参照。这方面的跨领域共同研究也很活跃，内田庆市和沈国威合编《近代东亚文体演变》（2009）就是日、中、韩三国语言学和文学研究者共同研究的成果。

解读文言文，坚持训练十分重要，可选未施标点的版本复印下来，阅读时尝试断句。或将上述《古代汉语》《文言语法》的例句去掉标点抄写下来（或制成电子文本），阅读时再把标点加上去，也不失为好方法。在如此训练的过程中，对文言文的独特节奏将越越来越敏感，再读欧式标点符号引入中国之前的文献会容易得多。

除散文外，还须习惯阅读韵文。基础阶段，推荐使用小川环树《唐诗概论》（2005），且最好先读第七章《唐诗词汇用法》。该章解说读诗的基本要领，诗与散文的区别也解说得非常细致。然后再回到卷首依次阅读。第一至五章叙述晚唐以前诗的历史，但不可仅读所提示的训读法、注释、译文即完事，而要翻检常用的《汉和辞典》或《新华字典》，为例诗汉字逐一注音，如此可知韵律（平仄），从而加深对诗的结构如字义、对偶句的理解。附录《唐诗的助字》也很有帮助，读例诗时可随时翻看。掌握韵文读法，首先在此书上下足功夫是最好捷径。

与近代中国有关的著作，还有田中谦二译注《龚自珍》（1962）、岛田久美子译注《黄遵宪》（1963）。诗的注释多偏向唐宋等古典，但如下视角对近代中国研究也很重要：古诗这一表达方式面对近代是否有过变化？有过怎样的变化？古诗在近代具有怎样的意义？为了解这些，不得不读清代以后的诗，但好的译本太少。在这种情况下，上述二注本实属难得，而且对时代背景、诗人的意识等也有详细解说。

关于解读清末民初古诗文的要领，前野直彬《文学与文章》（1974）仍值得一读。尤其如下一节，不仅对读诗，对阅读其他任何形式的作品都适用：

> 训练读诗的最好方法，就是依次阅读全集。诗人会因时因地使用各种不同的表达方式，但人的着眼点、思路自有其较为固定的模式。依次读全集，自会发现有些思路重复使用，诗人偏好的词语也会反复出现。然后再读其他人的全

集，又会看到不同的思路和词语重复出现。久而久之则可把握诗的不同风格，进而能够理解，尽管风格不同，但所有旧诗的着眼点、思路都存在共通之处。不过，这是笨办法，既耗时又费力。尤其遇到既非佳作，表达方式又极晦涩的诗篇，尤其需要耐性。然而，笔者尚不知有更省力的办法。

一般而言，以持续创作为业的作者（在近代文学则为职业作家），会运用特有文体并主要围绕某一主题坚持创作，以形成自己的个性。从这个角度讲，为发现不同文本间的相互关系，读全集是较易入手的方法之一。换言之，准确发现文本间相互关系的能力是读解能力的重要基础，因此，为掌握这种能力，第一步先读全集最为合适。当然，至此只是第一步。文学研究难以把全集作品按作者的经验、学养加以还原，所以，与其说"人的着眼点、思路自有其较为固定的模式"，不如说作家是通过不断运用、扩展"某一固定模式"来确立其文学特点的。不过，前野所论，即使有所保留，无疑仍是提高读解能力的正途。

如此说来，仅阅读作品即需要大量时间。但对有志于研究而刚站在起点者而言，想读、必须读的东西堆积如山实属理所当然，不想读书、认为无书可读才真正让人担心。笔者希望在读的硕士生、博士生们，且不管作品形式怎样，每天都要仔细、潜心地读一些近代作品（一般所谓"一次资料""原著""原始资料"等皆可），以体会该时期的读写状况。而且，最好有意选择自己不熟悉的作品来读，以便为将来的研究打下基础。通史都提到的作品（即所谓"名著"），不管喜欢与否，也一定要通读。或者把该时期发行的期刊等找来逐期阅读，也是好办法。增加阅读量当然很重要，但应尽可能地养成仔细阅读的习惯,然后再提高阅读速度。

此外,每周可用一两天来阅读研究专著、论文(一般所谓"二手资料""既往研究"之类)。如果阅读一手资料是"日课",阅读专著、论文可作"周课"。这个比重整体上最好不要倒过来。因为既往研究只用来扩大自己的研究范围,或者在思路停顿时为自己的研究打开一扇透亮的窗户即可。之所以要如此,乃因这一现象层出不穷,即不少人没读多少所研究时期的作品,却认定阅读别人的著作、论文就是研究,一味追寻别人未填补的空隙,然后草草地完成论文。假如陷入了这样的循环,即使论文数量在不断增加,但因基础不牢,研究会随时难以为继。特别是,文学研究作为人文学之一环,最重要的是持之以恒;而其基础则是日积月累,亦即平时曾如何阅读过怎样的作品,除此无他。作为职业性研究的一部分,既往研究当然必须阅读,但前提是先仔细阅读作品。

而且只阅读既往研究而不读作品,久之会经常被牵着鼻子走路,最后迷失自己的研究方向。就文学研究而言,阅读既往研究须注意两点:一是准确体味实证结论,二是注意其与后述分析理论的关系。具体而言,分析文学作品而产生的论文,内中包括作品的结构分析、与所翻译的原著等其他作品的关系、同时期他人的评价等影响、作者的生活环境(如完成年代)等实证研究的成果,对此要注意仔细辨析、体味,值得接受的则接受。然后,再就论文所采用的方法论作大体分类。文学研究存在各种方法论,从事研究而无方法论意识,则所谓论文可能只是感想而已。没有必要受特定方法的束缚,但必须注意方法问题。为此,有效方法就是对所读论文的研究方法进行分类。当然,有些既往研究,其方法论意识淡薄,因而难以分类。但这种尝试的目的并不在于分类本身,而在于寻找、确立自己的方法。所以，分类无须准确、明晰，甚至随意为之即可。至于分类方法，不妨采用系统树法，或在矩阵（四象限）上做适当标识，总之以适合自己为准。

不过，这一步骤的前提是具有一定方法论知识。近代学术制度源自西欧对研究方法的自觉（或曰对"科学"的自觉），在文学研究领域，西欧文学研究产生的文学理论也影响极大。虽然照搬西欧文学的方法论无甚意义，但整体上若以近代这一时期为研究对象，则还是需要先把握西欧的理论，然后再尝试从近代中国这一圈域研究的需要出发，对其进行调整或改善。既然近代文学带有文学西欧化的性质，这样做是无可回避的。

文学理论方面的读物为数众多，入门阶段可通读大桥洋一编《现代批评理论总览》（2006）、广野由美子《批评理论入门》（2005）、乔纳森·卡勒《文学理论》（2003）等面向本科生的手册。然后再将弗兰克·伦特里基亚等编《现代批评理论》（1994）、伊格尔顿《文学是什么？》（1997）、安托万·孔帕尼翁《文学的理论与常识》（2007）等置于案头慢慢阅读，最好阅读原著。最后再对其中感兴趣的著作仔细研读。

需要注意的是，1980年代以后，在曾深受马克思主义影响的中国，也有学者开始引入西欧的文艺批评理论，并以独特分析视角开展研究，且有许多成果问世。其中不少对近代中国文学的研究影响极大，如陈平原的《中国小说叙事模式的转变》等。仅就此而言，掌握叙事学及文本论、新历史主义、文化研究等分析观点的基本概念也很重要。如此不仅可丰富自己的研究方法，也可学习到与世界各地学者交流的共同语言。前文称文学理论著作最好读原著，并非因译著多有传述错误，而是因为那样做有助于了解这些基本理论概念用英语、汉语如何表述，以便使这些理论真正成为与他人交流时的共同语言。至少，表述基本概念的关键术语要分别掌握其日语、汉语、英语的说法。

最后，阅读现代中国的理论性、批判性著作，除可了解这些著作如何分析近代中国外，还可自然洞察现代中国这一文化领域如何将西欧的批评理论接受、转化为针对自身的分析视角。此类理论和文化的邂逅，在近代中国同样出现过，所以可从这些观点获得分析近代中国的启发。

四　原始文本的搜求

轻视文献资料，该领域的研究就无从成立。传统的作品作家研究自不必说，文本论研究、新历史主义研究也离不开资料调查。的确，关于文学文本，每位作家都有经过校订的全集定本。古典文学有"中国古典文学基本丛书"（中华书局）、"中国古典文学丛书"（上海古籍出版社）等，且都有一定权威性。《鲁迅全集》等曾经多次收集、反复校订的全集也不在少数。还有的是收集罕见文本编成的全集，如《中国近代文学大系》（上海书店）等。或与出版界的动向有关，近年中国出版此类全集不少。所以，首先从这些文献资料入手是捷径。

但如果阅读作品不全是为了欣赏，而是要将其当作文学文本研究的对象，就不能只依靠全集。与发表在杂志、报纸上的最初文本相比，单行本往往有较为明显的改订，此为常识。作家创作时的原稿若有遗存，也需要找来对比和参照。而如鲁迅《故乡》那样被录入教科书的，则教科书的文本亦须过目。此外，若从文本传播角度观之，未经授权的盗版也不应忽视。校订版最起码已比对过最初文本和单行本，但令人遗憾的是，近代文学不如古典文学那样重视校订，对待文献资料往往粗疏马虎。

书志学研究——比对包括刊本及手抄本在内的各种文本，使其形成谱系，进而探究哪处字句曾被如何改动、对理解文本影响如何——在日本和中国，都是古典领域远为精细、领先。在这些方面，收入上文所举古典文学丛书的文本，不否认或有例外，但绝大部分基本上可以放心。然而，即便如此，假如研究古典文学而只运用此类校订本，完全不去参照已有影印本出版的主要刊本就发表论文，则作为学者，其素质无疑将会受到质疑。

必须参照原始文本的理由有二。第一是常识性的，即再值得相信的校订本也不可能完美无缺。校订时自然可能出错，手民之误也在所难免。而更重要的则是第二，即不留意抄本、刊本、铅印本等各种版本形态的区别，以为只有经过整理的校本才是正常形态，久而久之将不再认为每个时代都有不同的文本形态——这种态度必须力戒之。

例如，在近代以前的中国，古典书籍在出版时基本不施句点、逗号等，标示这些符号是读者自己的责任。而且既不像现在这样句点、逗点分开使用，也不存在问号、感叹号。然而，现在中国所出版的古典书籍，若认为应该是疑问句，一般都在后面加上"？"，反问句则加上"！"。但那只是解释（而且是相当机械的解释），作为文本则距原初形态相去太远。

近代中国的情况也大同小异。上溯不到两百年，19世纪后半期到21世纪的变化堪称剧变，版本形态可谓千变万化，如传统刊本、铅印报纸及杂志，以及标记欧式标点且西式装帧、活版印刷的

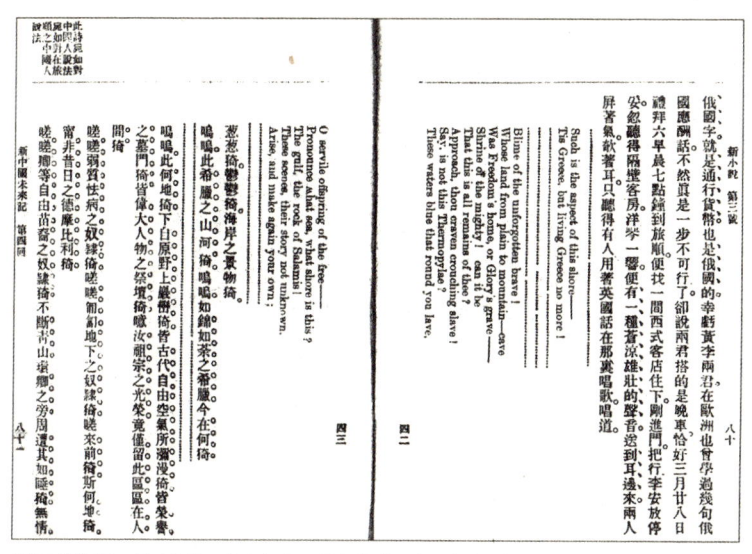

《新小说》第3号（光绪二十八年十二月）载《新中国未来记》之第4回。倡导"小说界革命"的梁启超政治小说的原始文本。

单行本等。作品以各种形态产生、流传并被广为阅读。不了解形态的多样性，试图把中国当作单一读写圈域进行研究是做不到的。

当然，假如不研究书籍史、出版史，全面搜求原始文本乃额外重负，但基本知识仍需掌握。而对自己研究的文本，则必须尽量把原始文本在内的各种版本搜求齐备，并应用摄影、复制等方式保存下来。搜求原始文本，报纸、杂志的刊文目录应有帮助。不可只在互联网上检索，若能充分利用纸质分类目录，则当时的言论空间会较完整地展现在眼前。此外，目录不能只"查"，还要"读"；通过"读"培养把握时代整体的能力也非常重要。在互联网上开始检索之前，先翻阅纸质分类目录，对什么地方可能有什么先做到胸中有数，这看似费时，实则高效，且可开阔研究视野。

单行本版本的调查方法也一样。可先浏览《民国时期总书目》

等，还可顺便利用各地图书馆的目录。现在，中国有可通过互联网查阅的联合目录，可配合使用。做好上述准备，即可开始资料的调查和收集，如前往收藏机构阅览，或索取复印件等。

调查和收集，纵然在日本国内，如果居住地距收藏机构太远，前往一次也不容易，往往一拖再拖，还需要一定的费用和时间。假如收藏机构在国外，无疑更加困难。而即使费尽周折抵达目的地，想看的资料也往往下落不明，或书名、刊年不对等，这种遭遇并不罕见。

即便如此，经常跑图书馆等收藏机构调查资料，仍会有很大收获。最主要的是，与索取复印件相比，亲眼看到资料实物所得到的信息——包括无法诉诸语言的信息——要多得多。其他相关资料往往就在目标资料附近。例如，索取发表于某杂志的小说、评论时，考虑到费用、麻烦程度等，同期杂志上的其他文章往往作罢；但如果亲自去收藏机构拿在手里翻检，则可看到包括广告在内的整本杂志，从而明白杂志设想的读者群是怎样的。即使杂志已有完整影印本（如《晚清小说期刊》），但原杂志的纸质如何、装订怎样等，不看实物是无法了解的。

调查原始文本还另有好处。远赴外地查阅，通常需安排较长时间。换言之，在这期间，时间、空间都与日常研究保持适当距离。这是集中精力专心思考文本问题的宝贵时间，新的研究思路也往往产生在这种时候。这与留学、进修的意义相近。置身于不同的研究环境，通过与他人交流而学习新的研究方法，从另外的环境和角度反思自己的研究，其收获之大自不待言；但有时间专心致志地面对文本，其意义也不可低估。

此外，如本书其他章所论，尤其在近代中国，作者多用笔名、化名，故查阅资料时最好充分借助《近代中国人名辞典》《20世纪中文著作者笔名录》《中国近现代人物名号大辞典》等工具书。

五 信息的陷阱

由于个人电脑和互联网的普及，学术研究的面貌大为改观，此已无须赘言。在调查、阅读、撰写等所有环节，信息通信技术已是不可或缺的工具。如前所述，越来越多的图书馆在推进书目网络查询，古典文学、近代文学的文献电子化势头迅猛。在撰写环节，仍在坚持手写的学者已是少数，年轻学者更是如此。

在调查文献和资料、撰写论文等方面，文学研究对信息技术的应用与其他领域并无不同。因此，文学研究同样必须清晰认识到网上信息有缺陷，写论文也须力戒复制、粘贴。这是在大学一年级即须掌握的基本研究要领，此不赘述。

不过，文本的解读和分析与上述还有所不同。就阅读全集而言，在电子文本普及以前，仔细阅读文本、留意文本的特征及其与其他部分的关系从而获得新发现，是最正统的研究方法。而现在则可将一定数量的电子文本集成为语料库，并以之作定量分析。至少，利用电子文本了解某一词语的使用频率，现在几乎人人都能做到。如果研究古典，利用台湾地区"中研院"的汉籍电子文库及电子版《四库全书》也已属常识。有的大学还购入电子文献，并提倡学生积极使用。

毋庸讳言，这些技术手段是有用的。如果了解计算机语句处理等知识，则检索复杂语句不成问题。掌握了perl、ruby等脚本语言，还可按出现次数编制词汇索引，甚至自己构建简单的检索系统也不是难事。显然，这种操作远比凭印象叙述感想的所谓研究可信。[1]

但是，那不过是许多同等价值的技术性方法之一，此点应铭记在心。而且这些技术性方法的缺点是，学习和利用这种行为本身，对提高研究能力没有任何帮助。在信息通信技术普及之前，如要了解某一词语或表达方式的使用场合、使用次数、既往作品是否曾使用，并收集其例句，只好逐页翻看、用眼睛搜寻，然后抄写到笔记本或卡片上。但在这一过程中，至少会知道什么书摆放在图书馆的什么位置，进而凭印象即可知道在哪些书上可能找到需要的例句。随着对文献越来越熟悉，读解能力也会越来越强。由于经常以文本整体为对象，也能逐步提高把握其常用场合及上下文关系的能力。

用电脑搜寻例句，效率高、费用低，检索范围也广；还可把查到的数据保存起来，直接用于论文。然而，若说通过这一系列操作能否提高读解能力，答案则是否定的。因为眼睛看到的只是一个个片断的堆积，而非整体，收集时也无须考虑文本特征。要正确使用这些例句，当然应该回到文本来思考、确认。但实际上，不少论文只出示统计结果就万事大吉。有的甚至似乎只是把网上流传的电子数据拿来，既未考证其源头何在，更没有案诸校本确认。

尽管如此，我们恐怕已经没有回头路可走。身处当下的时代，学术研究无法不考虑运用电子数据；而事实上，电子数据带来的好处的确很大。本章之所以强调潜心面对文本的重要性，就是针对这种环境而言的。换言之，只要把应用电子技术所节省下来的时间和精力用于精读和思考调查结果，提高读解能力即可。这需要很强的自律意识。而能否做到这一点，结果也截然不同。从前要成为学

---

[1] 请参阅汉字文献情报处理研究会编《电脑中国学入门》等。

者，必须接受研究方法所决定的一定程度的训练，而现在，只要想省事，方法实在太多。通向研究的路径宽了，但实施和接受训练的机会在逐渐失去。如果本人不能自觉主动地强化训练、提高能力，则其研究难免步人后尘、重复生产千篇一律的短小杂篇。须知，只顾处理不断涌来的信息，很可能正在失去提高自己的机会。

避免此类情况的方法只有一个，那就是有意识地中断信息处理，多安排时间接触文本实物、研读作品。应力争运用不间断的研究行为所打磨出的感觉、所积累的记忆来整体把握近代中国这一读写空间，从而形成作为学者所应有的研究核心，而不应为大量信息所包围和左右。幸而信息技术发展迅速，仅能处理文字数据的时代已成过去，现在已进至图像处理阶段，而越来越多的图书馆、档案馆也将宝贵的图像数据公之于世。与文字数据相比，图像数据能够传递文本实物的感觉，接触文本实物后再看图像，也很容易找回曾有的感觉。有人或不重视此点，但这种不断积累的感觉对文学研究大有帮助。

如何应对、运用信息通信技术，没有人人必须遵守的一定之规，重要的是必须拥有自己的研究核心，在此基础上各持立场而又相互尊重。如果自己在某方面不擅长，则转而采用能避开该缺陷的其他方法即可，而不必设法借助别人来弥补缺陷。反过来说，自己在某方面再擅长，也没有必要强迫他人仿行。精通信息通信技术，对研究的确是一大优势，但如果沾沾自喜、沉溺其中，则可能失去作为文学研究者应该具备的更大能力。各人应在具体研究中寻找平衡，既不应依赖他人，也不应受他人强迫。在这方面，学会等研究组织、研究机构的要求和学者个人的具体做法，不能混为一谈。

六　结语

前引前野直彬《文学与文章》还有如下一节：

> 总之，对中国文学史而言，清末就像幕间休息。这时，台上既没有令观众瞠目的装置，也没有演员在博得满堂喝彩。但在幕后，却在为下一精彩场面——五四新文学运动——紧张地做着准备。因此，要了解清末文学史，必须观察幕后在做什么。这自然会引起文学史研究者的兴趣，但从中国文学史的角度看，要把重心置于此处却十分困难。

不得不说，案诸本章所论，这一看法已经过时。的确，近代以前写成的文学史著作，其主体是"演员"，近代以后又多出了"装置"。前野用这一框架来观察，其结论应该说是恰当、诚恳的。如果脑海中描绘的是"演员"在表演的场面运用文学革命兴起这一"装置"，其结论也只能如此。更确切地说，要把"现代"视作"精彩场面"，则需要"近代"来充作"幕间休息"。

但是，从该文发表的1974年至今，由于学术界不断在思考"何谓文学史"，我们现在已经知道，文学史的研究对象不仅是"装置"和"演员"。传统诗文也好，近代文学也罢，首先应该探究的是，文学史这台戏得以上演的"舞台"到底是如何形成的。[1]

另一重要问题是，在由传统向近代演变的过程中，"舞台"本身是否在解体和重构。从古代到近代舞台不变，这是国民文学史叙

---

[1] 请参阅川合康三编《中国的文学史观》等。

述的典型模式。而今后撰写文学史，应该将这种模式相对化，同时明确其与作品文本关系的多元性和创造性。近代中国文学因文体和题材的变化而丰富多彩，不如说更适合采用这种叙述方式。

事实上，对于近代中国的文学，文学这一读写行为中圈域及其结构的变化才是重要的。以科举士大夫为主的传统诗文领域和以商人阶层为支撑的通俗小说领域，打着"文学"旗号迅速交汇、融合，又与西方文学建立了联系，并试图对历史进行重新解读和结构重建。在这一过程中，从前的诗文、小说似已无人理会，而其资源则被最大限度地充作他用。这种现象持续不断，久之形成了新的框架，似乎"文学"本来如此。五四运动在19世纪后半期至20世纪前半期长达百年的剧烈变化中无疑发挥了巨大作用，但不是独一无二的动力。因此，现在已无须一定向五四运动去寻找具有决定意义的断裂带。

换个角度考虑，近代中国的剧变，也意味着文学中"中国"这一领域的重构。历史上，中国曾长期是东亚区域书写语言的源头，因此自古即形成了汉字圈。众所周知，古典诗文在朝鲜、越南、日本等各地曾是拥有至高权威的文学。然而，到了近代，由于用以翻译西方概念的汉字译词在中国沿海开埠城市和日本等汉字圈周边地区大量生产和流通，中国失去了作为书写语言源头的优越地位，因而在近代东亚的语言空间从依据传统文本的古典文体向重视与世界交流的翻译文体转换的潮流中，有必要创造新的文学圈域。

梁启超等人的文界革命、小说界革命是第一阶段，结果形成了适应近代东亚语言空间的圈域。明治日本对传统诗文且借助且拒绝而形成的训读文体，也为中国知识分子提供了有效的参照。读本章开头所示陈独秀的文章，直如由明治训读文体还原而来。而创造新文学圈域的第二阶段，则是胡适、鲁迅等人的文学革命；其所指向的，主要是提高上述圈域的向心力，而非对外部的适应。白话文在这里被拿来当作中国固有特性的根据，近代中国文学史因此得以续写新的篇章。

但是，上述两个阶段也可这样理解，即从历史角度观之，它们是贯穿中国近代全过程、分别指向一般和固有的两个矢量发挥作用的结果，故其先后顺序并非一定如此。与其将上述两个阶段视为不可逆转而试图在"近代"和"现代"之间寻找断层，不如考察这两个矢量时而对抗时而合一的过程，对当下的文学研究更有帮助。

日本对形成新文学圈域的作用之大也值得重视。文学如此，教育、美术等与文学关系密切的领域亦如此。[1] 准确地说，这几个领域是彼此呼应、相互联动的。将这种状况单纯地解释为近代以前日本受中国影响，而近代以后日本开始影响中国，是非建设性的。问题在于近代东亚这一圈域是怎样在传统汉字圈基础上形成，日本对此曾有过怎样的贡献。对日本在近代东亚的重要性，今后仍须不断地按这种观点加以客观、辩证的探讨。

综上所述，笔者认为，近代中国文学研究今后值得重视的问题主要有二。一是，要重视文学与读写规范制度（即教育和语言政策）及作为表象规范的美术、戏剧之间的关系，探讨这些要素的合力如何塑造了近代中国，以及文学在其中发挥了怎样的作用。二是，尝试通过分析文学文本、文学作品，探讨日本对近代中国意味着什么，经日本主导在东亚启动的近代化进程是如何与中国结合或抗衡的。当然，需要研究的问题还有很多，而且阅读的愉悦是文学

---

[1] 请参阅阿部洋《中国的近代教育与明治日本》、西槙伟《中国文人画家的近代——丰子恺对西洋美术的容受与日本》、陆伟荣《中国近代美术和日本——20世纪日中关系的一个断面》等。

研究的前提，没有必要强迫自己为研究而大量阅读。但是，如果有人对文学研究的意义多少有些迷茫，则笔者想诚挚地对他说，我们已经身处通过细致解读文本、作品并以上述开放视野思考如何重新建构文学史的时期，真心期待你的参与。

（袁广伟译）

第七章

思想史研究

村田雄二郎

一 书写思想史

1. "思想"与"现实"

所谓近代中国思想史，指中国的近代思想史，或以近代中国为对象的思想史。就运用"中国""近代"这一时空框架而言，近代中国思想史是近代中国史的一部分，但有些部分超出制度化（大学学科体制、专门领域学会）历史学的范畴。即使在历史学范畴内，思想史在某种程度上并不被视作主流，而处于边缘。其理由或是，思想史的研究对象属于观念、意识形态——唯物史观所称的上层建筑——的领域，并不被看作历史"事实"，而是其代理，或曰表象。已经过"语言学转向"（Linguistic turn）的现在，表象、印象对人的实践行为的重要作用的确深受重视，但那仅限于与"现实"的运动、事件有关的场合。应该说，视观念、表象为历史学正式研究对象的观点，在中国史领域尚未充分确立。

如丸山真男所指出的，思想史研究，有些部分的确超出历史学通常的方法和对象。¹ 需要强调的是，对历史研究而言，这既是弱点，也是思想史无可取代的长处。简而言之，思想史的意义在于这一事实，即人是叙事性（narrativity）的，通过叙事对自己周围的世界不断作出解释，并赋予其一定意义。叙事形成概念或思想，促使自己和别人采取行动，甚至构成"现实"。

至于表象与历史学通常设定的"事实"之间的关系，或可这样表述，即"思想史研究的对象是各种表象及其相互关系，这些表象本身即思想史上的'事实'"²。假如思想是"在现实的各种力量推动下，不断对自己提问题并要求自我订正的过程"³，那么，它不应是被动的，而应具有在实践中作用于"现实"并形成"事实"的力量。而在如此思考历史上出现的"思想"时，思想史即已形成。

安丸良夫以农民暴动的史料为例，认为思想史进行表述、表象分析的意义在于，通过摘取史料所示暴动行为模式的特征，"把既往已形成的印象加以切割，然后将固有领域总括、呈现出来，并建构其中固有的逻辑"⁴。而表述、表象所截取的"现实"也构成历史"事实"的一部分的观点，在历史学研究中正在显示其重要性。⁵ 因此，认识（赋予意义）、印象和"现实"的相互作用，才是思想史

1　丸山真男：《思想史的思考方法》，第356页。
2　安丸良夫：《问题与方法》，第2页。
3　曼海姆：《意识形态与乌托邦》，第191页。
4　前引安丸良夫《问题与方法》，第3页。
5　众所周知，受"语言学转向"潮流的影响，有关历史记述叙事性的讨论趋于热烈，实证主义作为历史学的方法受到怀疑。在这种情况下，学者在研究中越来越意识到史料文本作为被表征物、被构建物的性质。但是重要的，或许并非强调历史叙述的叙事性而坚称文本没有"外部"参照物，而是要充分意识和理解卡洛·金茨堡的批判性答复所说的文本完全是"变形的玻璃"的意义，同时不断追问文本与"外部"参照物的关系。只有通过这样脚踏实地的研究，才能够立足文本（尽量而无限地）接近"事实"。请参阅二宫宏之《历史与文本——关于金茨堡》。

应予阐明的固有领域。

比如，列强加于近代中国的"停滞""积弱""野蛮""专制"等符号，或可作这一理解，即这些符号与其说是对当时中国"现实"的直接表述，不如说是"西方""日本"为自我塑造而强调中国负面形象所需要的叙事、印象的一部分，后来又被梁启超等清末改革论者所"内化"，加强了中国的危机意识，最终形成中国政治实践的"事实"。另如"大同""均平"等概念，虽然源自传统社会，但通过探究其在具体历史阶段（太平天国、土地改革、社会主义革命等）中如何与其他观念结合而发挥了政治、社会作用，则可能缩短思想与"现实"的距离。需要注意的是，虽然与江户时代日本的农民暴动一样，如果没有"现实"的社会经济矛盾或不会出现"大同""均平"的要求，但要求"大同""均平"的观念的复合表象，却因时代、区域、习俗以及进行陈述的领袖的个性等不同而表现出丰富形态，以至于无法将其还原为唯物史观所称的经济基础与上层建筑的关系。[1] 其间必然存在意义赋予"过剩"，为"现实"带来难以归于阶级的"虚假意识"（即曼海姆的"特殊的意识形态"）和当事者主观意图的效果。

2. 思想史的类型

思想史研究的方法和对象并不明确，存在一定的自由度和多样性。丸山真男把此前的思想史分为"教义史"（History of doctrine）、

---

[1] 如果我们对毛泽东的革命运动和1950年代后半期以后的社会主义运动的历史有所了解，就不应忘记在土地问题上对"均平"的追求，乃来自对"现实"社会的分配、所有制公正性的批判意识（意识形态），同时又与"大同""均平"等观念表征相结合，从而成为引导超越"现实"、面向未来的理想（乌托邦）的动因。而这正是曼海姆所说的"总体的意识形态"。

"观念史"（History of ideas）、"时代精神/时代思潮"（Zeitgeist）三种类型，而作为学术的思想史，其自觉源自对第二、第三种类型的"各种观念"和"时代精神"的研究。[1] 提起思想史，人们一般认为是知识（知性）的历史（intellectual history），这种理解与"教义史"有所重叠，同时又与"观念史"为相互补充关系。"知识的历史"将焦点朝向文化精英即知识分子（传统中国社会中的士绅、读书人），而"观念史"则关注为社会共有的特定观念（如"进化""个人主义"等），并探究其与其他观念的对立、混合关系以及社会功能的状态如何随时代变化而变化。对于"观念史"研究，除知识分子的思想外，文学作品、政治文件等也是考察个人、群体观念构造的重要材料。[2] 以"时代精神"为对象的思想史，在未曾如日本那样接受德意志学影响的中国几乎看不到，但在1920年代的学术界，"时代思潮"一词也曾十分流行（后述）。若对"Zeitgeist"作广义理解，则曾以阳明心学为例论述明清精神史非连续性的岛田虔次或可归于此类。不过，在日本的近代中国思想史研究领域，从"精神史"角度观察的学者不多，故本章所论思想史主要是知识及各种观念的历史。

常有人描述知识分子的思想史而指出其消极特点，称其为易于陷入精英中心主义而疏离民众、人民的意识和情感。尤其是在19世纪以前的中国，科举官僚形成政治支配阶层，同时垄断知识、文化，而目不识丁的百姓几乎没有机会出现在思想史的舞台。在传统社会中，中国的思想史就是学术史、知识分子探讨学问的历史。然

---

[1] 前引丸山真男《思想史的思考方法》，第357—361页。
[2] 洛夫乔伊：《观念史论文集》。

而，若以洛夫乔伊式"观念史"来思考问题，既然研究对象是为社会所接受的规范意识、象征等，则作为观念史的思想史自然也会将民众的思想纳入视野，亦可发现与以群众的群体心理、无意识为研究对象的社会史的结合点。

这里首先要思考的是，此前的"intellectual history"能在多大程度上把握某一时代、社会的全貌。特别是中国史研究，由于流传下来的史料几乎全部出自官僚、文人之手，自然须充分注意他们的立场及记述偏差（bias）。在中国思想史领域，深入考察被支配者阶层的观念、意识的研究不多，但仍有学者尝试依据传说、善书、宝卷等通俗道德教本接近民众的内心世界和世界观。[1] 所以有学者主张，为深入民众文化、触及被支配者观念的肌理，必须"梳理史料叙述中知识分子的认识状态、印象、叙事方式，同时探求附着于事件深处的各种意义，并切入历史的纵深"[2]。在近代中国的过渡期，传统政治社会的秩序剧烈动摇，外来的物质文化及精神文化（特别是基督教）不断流入，甚至渗透到区域社会。在这种形势下，受过教育的知识分子的自我意识与被其疏离的民众世界形成了怎样的关系？这种关系又将如何变化？这也是近代中国思想史研究的重要课题。

在该课题上可以指出的中国"近代"的特质是，19世纪末以后，国民的群体认同感出现在了历史舞台的中心。意识到外敌即西方、日本的威胁，位于政权边缘和社会下层的知识分子于是提出民族这一群体表象，并谋求全体国民与"社稷"（王朝国家）结为一体。这种动向超越了原有的士庶阶层和地区的差异，不久汇成以富

---

[1] 山田贤：《源远流长的革命意识形态》。
[2] 藤谷浩悦：《辛亥革命的心性》，第146页。

国强兵为目的的民族运动的主流。尽管眼前存在阶层差异、地区差异，但近代中国仍试图在社会经济危机中通过观念的力量克服此类差异，20世纪中国的革命运动即由此而出现。这一民族运动不久也将转化为植根于传统文化及日常生活、将所有"国民"卷入其中的近代对抗性民众运动。换言之，近代中国的思想在其内部包摄、携带着各种"反近代"的对抗性指向和力量，跨入20世纪后，通过国民凝聚感的高涨，不断地催生出了试图以观念力量克服现实的贫困、歧视、压迫的民族革命运动。近代中国思想史的发展以"国家""民族""国民""人民"为核心和基础，其原因在此。

二　中国思想史的叙述类型

如上所述，思想史的叙述本无一成不变的形式、规则。就原理而言，从历史上曾有的观念、表象中提取内涵并加以解释，应有多种表现形式。然而，作为历史叙述的一环，也的确不得不受到一定制约。即使未来的思想史将会有新的表现形式，那也只能通过与从前的规则对话、博弈才能获得。正因此，才必须回顾研究史，以虚心汲取和消化过去的积累。为叙述方便，此处将中国思想史的叙述类型大体分为学案型、运动型和主题型。

1. 学案型

所谓"学案"，是将思想学派的源流、学说依时间顺序列举、编辑的学术思想史之一，也可视作知识分子传记（intellectual biography）的集成。人们熟知的典型学案有黄宗羲的《明儒学案》《宋元学案》，而援用该体裁描述明末清初至辛亥革命的学术、思想史的，则是梁启超的《清代学术概论》。仅就近代思想史而言，民国时期出版的钱穆《中国近三百年学术史》（上下册，1937）、郭湛波《近五十年中国思想史》（1936）[1]、王森然《近代二十家评传》（1934）以及中华人民共和国成立后的侯外庐编《中国早期启蒙思想史》（1956），都是学案型思想史的代表作。此处将以人物为核心的思想史概称为"学案型"。

事实上，学案型是思想史研究最常见的形式，是其他类型的基础。跟随某思想家的足迹，仔细分析其经历、行事、著述、交游等，以明确其思想特点和思想家的全貌，是思想史研究最理想的方式。可以说，没有学案型研究的积累，思想史无从谈起。

但学案型只是思想史研究的出发点，而非最终目的。常有人说，思想家本不过是社会关系的网结之一，但学案型研究却将其描述为自我完结的"独立体系"。亦即，学案型研究的缺陷是，它往往缺乏将同时代其他思想家联系起来进行比较考察的眼光。而更大的问题是，学案型研究常常无条件地接受思想家的地位排序，仅因其为"伟大的思想家"而对之研究，结果难免仅是既有观点的重述。即使意图重新评价此前备受轻视的思想家，如果结果仅是重新排定位次，也不可能观察到同时代思想家群体背后思考方式、观念结构的关系。对于分析社会的群体意识及内心世界，学案型的局限十分明显。

在这点上，梁启超的《清代学术概论》尽管采用学案型体裁

---

[1] 除康有为、谭嗣同、梁启超、严复、章炳麟、王国维、孙中山等人物传记、思想评论外，郭著还就伦理学及辩证法在中国的传播、古代思想的梳理和批判、围绕"东西文化""科学与人生观"及"中国社会史"的论战等分别列章论述。故郭著的有些部分非纯然的学案型。

叙述个人、学派，但同时运用当时流行的"时代思潮"概念梳理思想史，而且也未忽视带来思想变化的环境要素（政治、宗教、文学、西学等），从而成就了至今仍值得细读、体味的学案型研究的范例。当然，以现在眼光观之，梁启超对具体思想家所下的论断、对清朝各时期"时代思潮"的评判，许多地方不无问题。但我们可以将《清代学术概论》置于其问世的时期和时代状况，甚至梁启超的交际关系（尤其与胡适的关系）等语境中，以之作为解读民国时期"时代思潮"的文本，从而为其重新定位。在这个意义上讲，学案型思想史是研究、评价具体思想家、学派并为其定位的起点，同时也可能成为主题型思想史的一部分。

2. 运动型

关注某一政治运动或事件，通过知识分子的言论、行动对人物的观念、意识做系统分析，此即运动型思想史研究。如上所述，梁启超的学案型思想史已强烈关注并运用"时代思潮"的框架。研究近代思想史，有时会按事件、运动的性质为其选择特定的"思潮"。比如"太平天国的平均主义""辛亥革命的立宪思想""中国共产党的少数民族政策"等题目即属此类。另外，人们熟知的对近代中国思想史的三阶段论述即洋务、变法、革命，因将洋务、变法、革命视作不间断的运动，也属于该类型的研究。战后日本的近代中国思想史研究试图从思想史的脉络中寻求导致 20 世纪中国革命的历史动因，如人民的反帝反封建斗争、资本主义近代化等，故以此类型为最多。

1980 年代后，随着革命史研究"退潮"，运动型思想史研究开始减少，但那是视"革命"为核心的事件、运动退至幕后的结果，而非该类型研究的价值被否定。[1] 研究对象由"革命"而"改良"、由"激进"而"保守",进而扩展到"反革命"的领域;但将重要的政治事件、政治运动置于思想史框架的基础这一观察方法,似并无多少变化。尤其是,政治思想史研究至今仍占绝对多数,这是试图把思想在其与政治权力、政党组织的关系中予以准确定位的研究姿态的反映。部分属于新兴领域的社会史、文化史研究试图为以政治史为核心的历史叙述吹进新鲜空气,但对思想史的影响不大。

运动型思想史的叙述偏重政治领域有其理由。因为20世纪的中国,战争、革命、内战、大众运动等频频发生,是政治权力在社会、经济、文化等所有领域影响十分巨大的时代。研究也因此无暇顾及长期持续的构造和极少变化的现象,和政治无直接关系的问题如哲学、学术等被忽视。而且,过分重视政治运动、政治事件导致对思考方式、精神构造的分析受到轻视,最终未能提出思想史固有的时期划分。应该说,这是运动型思想史研究的局限。

3. 主题型

就某一主题广泛涉猎史料,以叙述特定年代表象、概念的配置状况,称作主题型思想史研究。设定主题是史料研读者(学者)的自由,但并非绝对自由,许多情况下要考虑既往研究及同时期的热点问题。例如,1980年代随着中国实施改革开放政策,人们开始关心中国的近代化与传统思想的关系,"中国社会主义与大同思想""近代中国的儒教""中国传统中的自由和民主"等课题进入思

---

[1] 比如,1980年代以后,义和团运动研究在中国和日本都迅速萎缩,但关于义和团的源流及民众思想,仍有一些优秀的实证研究提出了新的问题,如小林一美《义和团战争与明治国家》等。

想史研究的视野。1990年代以来，越来越多的研究则试图重回中国历史，以再次探讨市民社会和公共圈、民族主义、自由主义等问题。

这些主题无疑是生活于现代社会的人在"向历史求教"。主题似乎无穷无尽，选择的自由好像也无限大，但实际研究的主题几乎全部选自既往研究积累，或受其他领域、其他学科启发而选定。主题型研究的特点是自觉追求"过去和现在的对话"。当然，学案型、运动型思想史研究也不可缺少向历史寻求答案和对现代问题的关注，差别在于主题型的此类意识尤为显著和强烈，研究者通过设定主题而表明其积极、主动思考问题的态度。

严格地说，主题型研究的方法论核心是主题批判（thematism），即将文本"作者"与"文本"切分开来，以便在与主体即文本作者保持距离的前提下，对文本作无须还原为"意图""动机"的解读，亦即批判。不过，此处的用法不必如此严谨，可做这一定义，即将文本作者的"意图""动机"置于时代背景（社会背景）并铺展开来，以探求其与"现实"之间相互作用的方法。换言之，按思想家、知识分子所生活的时代环境来解释他们的思索。

主题型研究极易掉入的陷阱是，主题设定过于宏大，或问题意识强烈导致忽视依据史料作严密论证。被批评为史料解释牵强、文本运用随意，往往是在这种时候。此外，主题型研究也常遭到这一批判，即视欧美的近代为普遍性模式，并以之解释中国史，这种外推法妨碍对中国史内在要素的共鸣和理解。主题型研究往往可见观察者的臆断和偏见，经不起科学的历史学的验证。这种批评可谓戳到了主题型研究的痛处。然而，尽管如此，走向单纯的二分法也是危险的。是从史料出发，还是从主题出发，没有决定性的答案。要之，在学习既往研究类型优点的同时，不断自我反思和探究，并与他人相互借鉴，以改善自己的研究类型和方法论，舍此无他。

当然，思想史研究的上述三种类型，只是理念层面的分类，实际研究中往往将其组合或混合起来。排列顺序也无特别含义，并不意味着按此顺序研究即可深化和发展。共通之处则是，史料考证和在背景中定位是最大前提，必须明确区分思想史和以历史作装点抒发感想、观点的"思想论"。下文即就史料运用和解读的方法加以论述。

三 史料的解读

1. 文本与背景

书写思想史所需史料，最重要的是知识分子留下的各式文献（著作、奏折、信件、日记、回忆录等）。学案型思想史，尤以当事人及其周围人物的著作为主要考察对象，自不待言。但如后所述，为对文本作内在把握，对文本赖以成立的背景、状况亦即社会背景，亦须有一定程度的理解。

例如，要研究清末某士人的思想，除其生平、经历、家庭、师生及交游等信息外，还须把握其所生活的时代全貌。当然，没有必要逐一确认史料，不少情况下，利用既往研究、通史等，自己适当描绘其时代图景即可。但要准确解释文本、深入理解其思想内容，仅耽于研读文本是不够的。

试举一例。因提倡西方议会制而被视为变法论者的郑观应著有《盛世危言》。该书可谓清末变革论的代表作之一。众所周知，毛泽东曾将其列为自己青少年时期最爱读的两部书之一（另一部是梁启超的《新民丛报》）。该书受到较多关注的，是从上下一心、军民一体观点论述西方议会制度的"议院篇"。然而，《盛世危言》最初出版时名为《易言》（有36卷本和20卷本之别），其后又有5卷本、14卷本、8卷本刊行，而每次改版，其结构都有极大变化（各版本又有数种异本存在，故文本校订异常复杂）。[1] 正文也每次都大幅改订，"议院篇"也可见关乎郑观应思想变化的重大文字改动。幸运的是，现在已有夏东元编《郑观应集》，对此类改动进行了可靠校注。并且，最完整的《盛世危言增订新编》14卷本也有影印本出版。

不过，版本整理、文字校订结束，并非万事大吉。那不过是最基本的工作，是书写思想史的起点；在此基础上需要探究的，当然是此类改编、补订背后的原因是什么。这个问题的答案，需要向文本以外去寻找，即须仔细观察郑观应所处的时代环境，如中法战争、甲午战争、列强为获得租界而展开的竞争、戊戌维新、义和团运动、东南互保等，并探讨和思考郑观应与这些事件及运动的关系、其所采取的行动以及对其作为"买办"的经营活动有怎样的影响等等。通过对此类时代背景和状况进行考察，即可窥见比如8卷本（1900）"议院篇"的改写[2] 可能意味着什么（对义和团事件后一蹶不振的政治绝望和期待？），从而能够更深入地理解郑观应本人思

---

[1] 关于《盛世危言》的各种版本及其异同，夏东元编《郑观应年谱长编》下卷之《附录一〈盛世危言〉版本简表》按时间顺序做了细致梳理。另请参阅费成康《〈盛世危言〉版本考》。

[2] 在1896年出版的《盛世危言增订新编》14卷本中，郑观应曾将5卷本的"议院篇"增补为上下两篇；但关于是否应开设国会，他说"必须行于广开学校、人才辈出之后"，弱化了其在5卷本中的主张。至1900年的8卷本，则以"经权"范畴再论开设议会之要，即"先议广开学校"为"经"，"先设议院，并开学校"为"权"。《盛世危言》围绕议院论调的变化和摇摆，至今尚未见充分讨究。

第七章　思想史研究

想的变化及其"变法"思想的内涵。

在《盛世危言》多次改版的时期,另有不少人也关注西方的议会制度,主张应引进以改良政治,如汤寿潜《危言》(1890)、陈虬《治平通义》(1893)等。[1]至戊戌维新时期,"变法论"大张其势,因梁启超、黄遵宪等人的宣传,通过开设国会而实行"上下一心""君民一体"的政治改革甚至成为时代大合唱。郑观应改订"议院篇",也不可能与此形势无关。事情恰好相反,他对康梁派激进的变法计划应是既期待且不安,甚至害怕戊戌变法后自己会受到牵连,从而改订《盛世危言》,而现在看来,此行为既是"稳健"之举,也是"保身"之术。只有把握了这一点,才可能了解郑观应各时期编纂《盛世危言》的动机和意图,并更深刻地理解其思想和行动的全貌。游走于文本内外并将文本与社会背景结合起来解释,不妨说这就是书写思想史最大乐趣之所在。

2. 史料研读

与历史学其他领域一样,思想史研究首重史料研读,此点古今皆同。

桑兵曾撰文对近现代中国史研究近年的现状作批判性总结,在谈到如何面对日益增加的史料时,论述了"看得到"和"读得懂"的区别。[2]由于新史料的发现、史料集出版、档案馆开放等,能够看到、使用的史料急剧增加。但要正确对待并解读这些史料以构思论文,只"看得到"大量史料还不够,尚须了解每份史料的性质和背景(即史料批判),继而咀嚼其词汇、文法以加深理解意思,然

---

[1] 请参阅小野川秀美《清末政治思想研究》第二章《清末变法论的形成》。
[2] 桑兵:《近代中国研究的史料和史学》,第88页。

后再读出字里行间的深层含义。

　　当然，近代中国史的史料浩如烟海，而且还在不断增加，凭一己之力是读不尽的。仅与研究课题有关的史料，要想毫无遗漏地收集和发掘，再与其他史料比对，然后一边阅读和思考既往研究，一边潜心研读新旧史料，也远非常人所能为。笔者敢断言，无须优先发掘、利用新史料而悉心阅读现存史料，也能发现新的研究对象和课题，近代中国思想史研究领域仍然存在这样的广阔天地。无数课题其实就在脚下，而无须频繁地跑档案馆。两眼紧盯档案史料，而最基本的史料和研究论文尚未消化，这无疑是本末倒置。须知，仅利用原始史料而不读基本文献，不可能写出研究论文。

　　常有人说，越是研究资历浅的年轻学者，越容易为档案等原始史料所吸引。然而，档案史料本身不会叙述历史全貌，并且史料的作用往往因研究课题和方法不同而不同。虽说研究须从史料出发，但史料作为客体不会主动讲述任何事情。有鉴于此，笔者倒是认为，与其追逐新史料，不如首先潜心研读已出版的史料（集）、已存在的论文或专著。桑兵的警言，包括初学者在内的所有学者都应倾听和体味：在课题研究已细化的情况下，出现这一不正常倾向的风险正不断增加，即在既有成果未得到验证的情况下一味搜求材料，用"看得到"来掩盖"读不懂"。[1]

3. 解读文本的四重障碍

　　如本书其他各章所述，准确地解读史料和不依赖"孤证"的批判性验证，是历史研究最重要的基础。然而，"说者易，行者难"。

1　前引桑兵《近代中国研究的史料和史学》，第88页。

清末民初的特殊原因使该时期的史料尤其难以梳理和解读。此处把此类原因归纳为如下四点。[1]

【文体繁杂】

近代中国是文体、词汇演变的过渡时期，而清末至五四运动时期则是"现代汉语"的形成期。思想剧变的时代，也是表达思想的媒介即语言、文字剧变的时代。尤其因西文影响、俚语混入，各种文体和表达方式都有人在尝试。但该时期大量引进新词、俚语，亦俗亦雅的文白混合文体却晦涩难懂。梁启超的"新民体"也不例外。比如，在思想、文体上都深受梁启超影响的陈天华《要求救亡意见书》（1905），就有如下一节：

> 难者曰：今瓜分之谈，尚属影响，<u>而行如是之举动，不几类于无事张皇乎</u>。应之曰：瓜分者，岂必待改图易色，而始谓之瓜分哉？土地、人民、主权有一不完全，则不可谓之国。<u>今土地则已去者无论，指名坐索者又纷纷矣。如俄之要求厦门等地，及要求蒙古、新疆之矿山，其余名〔各〕国不胜枚举</u>。人民则非洲、美洲之工人。东三省之难民，惨无天日。而上海则俄国水兵公然杀人于市，而惟定以四年之监禁。嗟，<u>我同胞曾草芥之不啻也</u>。

底线部分即所谓文白混合文体，其结构显然曾受外国文法影

---

[1] 当然，此处所述"四道磨难"非指负面缺失状态，而是"经受并克服一定痛苦、郁闷的砥砺而得到的典型的'欢乐'，即喜悦的感情"的"苦修"（藤田省三：《趋向"安乐"的全体主义》）。亦即不经"痛苦"，无以为"乐"，或曰"苦乐并进"（章炳麟《四惑论》）。

响,并不规则;其节奏、意思,对于已习惯五四新文化运动以后白话文的读者,恐怕也难以把握和理解。[1]

【新词混入】

除文体的摇摆、规则未定外,随着西学及东学(日本学)流入、相互交流的深化,"新名词"——尤其是来自日语的汉字词汇——不断增加,则造成了文本解读的另一困难。对习惯使用日语者而言,清末"新名词"耳熟能详;但日中两国语言不同,还有时代对引进词汇的重新定义,解读时还须特别留意。

例如,上文所引陈天华文中"影响"一词即属古典用法,现代汉语或日语都不会如此使用。[2] 关于"自由""共和""革命""进化""公理"等有关政治体制的基本词汇,观念史、词汇史领域的研究比较活跃[3],或有可能形成思想史研究的新潮流。[4] 观念史研究虽开始不久,但通过观察欧美、日本、中国之间法律政治、自然科学等领域的知识输入及相互影响,思想史研究的视野有望得到拓展。

此外,清末史料中的外国地名、人名等专有名词,多不标注

---

1 刘晴波、彭国兴编:《陈天华集》,第162页。《要求救亡意见书》的试译,请阅孔祥吉等《清末中国与日本——宫廷、变法、革命》第八章。
2 据研究,"影响"一词见于中国古籍,明治初期日本以之翻译"influence",后传至中国,致使该古典语的用法发生了变化。详见沈国威《近代中日词汇交流研究》第五章《关于汉语容受日语》。
3 比如,陈建华《"革命"的现代性——中国革命话语考论》即为分析近代中国"革命"观念变迁的优秀研究之一。另,金观涛、刘青峰《观念史研究——中国现代重要政治术语的形成》将清末民初政治、社会方面的基本词汇形成数据库并做定量分析,开创了思想史研究的全新方法。
4 比如,2011年台湾政治大学启动了"近代东亚观念史"国际研究项目,开始构建数据库、发行相关杂志。

原文拼写或书志信息，很难确定其出处及引文来源。众所皆知的人物、地名还好，那些现已基本遗忘而当时却极负盛名的著者、著作、文献，仍须对照原书。尤其在清末民初之前，著述和翻译、介绍的界线比较模糊，中国人著述多不标注"底本""原作"，因此通过确定原词或明确引文来源并与原著、原文比对，极有可能发现值得思考的新问题。

兹举一例。梁启超《中国史叙论》（1901）开首即出现两个西方人名，即"法国名士波留氏曾著俄国通史""德国哲学家埃猛垮济氏曰"。笔者在编著《新编中国近代思想史原著》（2010）时，直到最后阶段才在合作者吉川次郎的帮助下弄清，原来"波留氏"即博利厄（Anatole Leroy Beaulieu），"俄国通史"即林毅陆译《露西亚帝国》（东京专门学校出版部，1901），而"埃猛垮济氏"则指陆宰（Rudolph Hermann Lotze）。[1] 这是有了日本国立国会图书馆近代电子图书馆才做到的。

我们已经知道，梁启超是通过明治日本接受西学的。而要了解近代中国知识分子所接触的"学术知识"如何输入中国、产生了怎样的连锁反应，确定和比对人名、书名是不可或缺的基本工作。在这点上，梁启超思想研究最为出色。例如，石川祯浩对梁启超"文明"论的研究，就依据史料证明了梁的《地理与文明之关系》（1902）实则浮田和民《史学通论》的翻版。[2] 此外，李大钊的《我的马克思主义观》（1919）是受河上肇《马克思社会主义的理论体系》启发而写成的，此点已广为人知；但后藤延子进一步反复考证后发现，该文后半部分的底本实际来自福田德三《续经济学讲义》

---

[1] 村田雄二郎编：《新编中国近代思想史原著》第3卷，第267—268页。
[2] 石川祯浩：《梁启超与文明的视点》。

(1913)。[1] 对清末民初汉语著述运用过的"日本资源",今后尚须从多方面进行研究。

【编纂史料的陷阱】

"四重障碍"的第三重是,除史料数量极多之外,史料本身也可能因意识形态、政治动机而曾被加工或删除,面对编纂史料集时尤其需要注意这方面的问题。1950年代出版的中国史学会主编"中国近代史资料丛刊"影响极大,对其后近代中国史研究的发展起到过极大作用,至今仍是必须参照的基本文献。但不可否认的是,如笔者另文所述,考虑该丛刊编纂的时代背景,其史料的取舍、排序、编辑方面带有浓重的意识形态色彩。[2] 收录清末最后十年主要政治言论的张枬、王忍之编《辛亥革命前十年间时论选集》(1960),也存在同样现象。至于蔡尚思主编《中国现代思想史资料简编》(1982—1983),因以现代(五四运动时期以后)为对象,该倾向就更加显著。

若说史料集无一不反映编者的历史观,那是非建设性的。不过,我们倒是可以把目光投向史料编述的背景和状况,将史料编纂和出版的过程也视作思想史研究的对象。比如,川岛真曾就民国时期刊行的《清季外交史料》(台湾的冯明珠曾详论该部史料的原型是未出版的《光绪朝筹办夷务始末记》[3])指出,其编辑过程反映了修改不平等条约、恢复中华"失地"的强烈政治意愿。[4] 如此,《清

---

1 后藤延子:《李大钊与马克思主义经济学》。
2 前引村田雄二郎编《新编中国近代思想史原著第3卷》之"解说"。
3 冯明珠:《〈清季外交史料〉作者质疑》《再论〈清季外交史料〉原纂者——兼介台北故宫所藏〈光绪朝筹办夷务始末记〉》。
4 川岛真:《中国近代外交的形成》《未竟的"近代"外交——中国对外政策的通奏低音》。

季外交史料》不仅可用以研究清末外交史,也是研究民国时期外交思想、对外认识的不可多得的素材。

对初学者而言,在跳进史料海洋前,有史料集指明方向,对必读文献作条理清晰的整理,无疑十分难得,应积极运用。总之,若不以查对原著、原文为烦琐,即应设法运用史料集;首先就某一特定人物、事件、思潮、运动等把握其概要,概观整体后再进一步研读、思考具体史料。

此时需要留意的是,影印史料集且作别论(实际上,影印本也存在"加工问题",如后所述《翁文恭公日记》),铅印史料(集)多少都有关乎可信度的问题。此类问题,有的出于故意,如省略、删除而无注释;有的则属于无心的印刷错误,如衍字、漏字、误字等。就笔者所知,《辛亥革命前十年间时论选集》就删除了编者认为涉及人种歧视的语句;另如冯客、坂元弘子所指出,《走向世界丛书》也存在擅自删除和缺字现象。[1] 总之,运用编纂史料时,尽管难期十全十美,但必须随时查对原书、原文。

实际上,有些对研究比较重要的信息只能得自原书、原文,而在经过加工的编纂史料集中早已不存在。笔者也曾有下面经历。1898年戊戌维新时,《国闻报》作为变法派的言论阵地发挥过重要作用。笔者曾因长期难以获取原文,中国国家图书馆(原北京图书馆)藏件也不完整,只好一直使用《戊戌变法》第三册《报纸新闻》所收选录。后来有了缩微胶卷,于是索取原文,并结合日本外交档案考察《国闻报》的经营内幕。在此过程中笔者发现,早期第一版中央每天为"华俄道胜银行"刊载广告,其意义

---

[1] 坂元弘子:《中国民族主义的神话——人种、身体、性别差异》,第243页。

很不平凡。

　　事实上，俄国驻天津领事馆为利用《国闻报》在政界的影响，曾对经营者严复、王修植提出收购该报，其结果即"华俄道胜银行"在该报刊登广告。对俄国的资金诱惑，《国闻报》当时的经营者们虚与委蛇，同时刊载广告，希望以此维持"友好"关系。但这种关系并未持久，后来日本为排除俄国的影响也提出收购。这也反映在报纸版面的变化上：印在首版上部的西历和华历日期，未经任何预告和解释突然改作"大日本明治"和"大清光绪"年号。版面的这一变化，仅看史料集所收文字信息是不可能了解的。戊戌维

《国闻报》第44号（1897年12月8日）第1版

第七章　思想史研究

新、日中关系的重要事实因此大白于天下。[1] 可见，报纸、杂志原件的固有史料价值，往往是标点本所不具备的。

【笔名与年代倒错】

　　最后的障碍是著者难以确定和年代倒错（anachronism）问题。清末至民国时期的著作和文章，出于政治或其他考虑，隐去真名而署笔名、化名者不少，干脆不署名或署团体名称者也很多。将其用作思想史研究的史料时，需要了解其作者及执笔过程，但很多时候因没有证据、线索而无法判断。例如，1874年在香港创刊、被称为近代中国第一份中文报纸的《循环日报》，许多评论认为出自王韬之手，但到底哪篇是王韬所写，至今难下定论。[2] 严复发表在《国闻报》上的评论也存在类似问题。[3] 此外，革命团体、政治领袖发表的宣言、檄文等大多不知起草者是谁，只能从各种周边史料类推。曾经有学者论述必须分清"毛泽东思想"和"毛泽东的思想"；事实上，孙中山的《革命方略》、蒋介石的《中国之命运》在多大程度上是他们个人的著作，还有很多复杂问题值得探究。

　　其中，有的文章最初用笔名、化名发表，后来由其本人或有关人再次实名发表。这种情况下，一般认为最初发表的文章（或所留底稿）原创性更强。但有时却是后来发表的文本史料可信度更高。因为经过改订的文本，其文字的可信度增强，也增加了新的信息。也有的时候，对异本及各版次进行校订并施以恰当注释的标点本史

---

[1] 详见村田雄二郎《清末的言论自由和报纸——以天津〈国闻报〉为例》。
[2] 村田雄二郎编：《新编中国近代思想史原著》第2卷收入《循环日报》载有关日本早期亚洲主义团体兴亚会的评论三篇。这些文章尽管极可能为王韬所写，但因没有署名，故未断定出自王韬之手。
[3] 王栻：《严复在〈国闻报〉上发表了哪些文？》。

料集的利用价值或许更高。总之，必须逐一面对文本，用自己的眼睛和大脑进行史料批判。

麻烦的是，有时著者本人对原稿、刊本加以修改，同时改动执笔、发表的时间，而后世读者极易受到误导。最著名的例子当数康有为《戊戌奏稿》（1911）。该书收入康有为的变法奏议，很长时期内无人怀疑其日期"〔戊戌=1898年〕×月"有问题。后来，黄彰健《戊戌变法史研究》（1970）怀疑该书是康有为本人的伪作。1980年，北京故宫博物院发现康有为在戊戌年上光绪帝的奏议集（《杰士上书汇录》）和呈御览本（《日本变政考》《波兰分灭记》），黄的怀疑遂被证实。后来，孔祥吉经广泛查阅中国第一历史档案馆藏原档，基本恢复了康有为戊戌年奏议的全貌[1]，此前对根据《戊戌奏稿》建构的康有为变法思想的看法也不得不做出修正。《戊戌奏稿》反映的是康有为辛亥革命前的思想，但不能用作分析戊戌维新的思想、运动的史料。如果一定要那样做，就会造成年代倒错。[2]

也有相反的例子。如《翁同龢日记》，虽曾长期被怀疑著者本人曾做删改、补订，但经比对原件发现，删改并不足以影响其史料价值。身为帝师、曾对推行变法运动发挥重要作用的军机大臣翁同龢的日记，经张元济整理，在1925年由上海商务印书馆出版《翁文恭公日记》。由于翁曾常年置身宫廷中枢，该书出版后立即被视为研究戊戌维新即清末政治史难得的原始史料。但自金梁对该书提出质疑——戊戌政变后，翁为隐去曾支持康有为等变法派的证据，

---

1 孔祥吉：《康有为戊戌变法奏议研究》《救亡图存的蓝图——康有为变法奏议辑证》《康有为变法奏章辑考》。
2 尽管如此，日本学者在论述戊戌变法时仍在引用汤志钧依据《戊戌奏稿》所编《康有为政论集》，只能说太过自负、草率。

曾改写过日记中与康党有关的部分——之后，即有学者对《翁同龢日记》的可信性抱有怀疑。后经孔祥吉和笔者对翁同龢后代保管的日记原本和影印本进行比对，并就金梁所指出的删改部分（原有"康有为"处等）加以确认后发现，补述部分并不多，倒是张元济考虑到对人际关系的影响，有些部分未予影印。[1]《翁同龢日记》的可信性因此提高，其史料价值再次得到确认。

4. 历史对过去的异化

如上文反复强调，近代中国思想史研究的要谛，一言以蔽之，在于潜心研读史料。同时，理解史料被撰写、被编纂、被阅读的背景、状况也非常重要。尤其在面对过去的史料时，最重要的是不能以现代的价值尺度来评价历史。特别是19世纪以前的史料，由于政治体制、社会结构、文化规范等与世俗化的现代社会都完全不同，有些记述或让人感到荒唐甚至幼稚。而文人官僚留下的文字，愚民观点和对女性的歧视可谓无处不在。

但探讨历史，并不是为了把过去拉近到以现代价值观才能理解的世界。不如说，通过将过去"异化"而使我们生活的世界更加多元，才是包括思想史在内的历史学必须回应的要求。疏离人民的"专制"体制、严格区分君与民的政治文化、排斥女性的儒教道德、处理与"夷狄"关系的"中华思想"等，现在看上去无不难以理解，都像是过去的"封建"遗物。这种时候，我们不妨驻足思考他们为什么要留下这些文字？为何他们的"常识"与我们如此不同？这样思考时，思想史研究即已开始。如此，不愿放弃"现在"特权

---

1 孔祥吉、村田雄二郎:《〈翁同龢日记〉删改史实》。

的思考惰性将被撼动，对过去人们生命、生活的谦虚态度则由此而生。而这也将向我们展现人的经验领域之广阔，并极大地丰富"现在"的生命和生活。

尽管如此，"惩善扬恶"的历史观依然根深蒂固。或因潜在意识作祟，不少标榜客观、实证的研究也笼罩着现代道德规范及意识形态的浓重阴影。

叙述历史而难以分别道德判断和政治评价，古今中外或历来如此。但如文化人类学所示，道德和价值观因共同体不同而有异，且随时代而不断变化。有时，那些看似"野蛮""残酷"的习惯或规范，在特定文化共同体中也有其合理性。须知，即使仅凭理性判断来辨别正邪的现代人的价值观和世俗感觉，也不过是特定历史环境的产物。

还必须认识到，评价思想而以进步、发展为标准，在试图以现代价值观评判历史这点上，也是受到意识形态影响的。近代中国的变革思想在历史上刻下了被后世称为"洋务""变法""立宪""革命"等丰富多样的印记，直到现在，在评价某种思想时，仍有依其与"近代"之间的距离远近为其排定价值位次的倾向。上文曾提及郑观应《盛世危言》的"议院篇"。郑观应和王韬，都因较早关注"西学"和主张制度改革（变法）而受到较高评价，被称为"变法思想家"。但实际上，他们关心"西学"的动机、意图大相径庭，思考方式也很不一样。

对王韬而言，吸收和摄取西学本身并非目的，不如说，他是把变法视作中国重回黄金时代，亦即通向"圣人之道"的途径。换言之，王韬的"变法"完全停留在"器物"层次，他对中国"道"的信心从未动摇过。他始终相信，通过引进西方的优秀"器物",反倒能够证明中国"道"的普遍性。王韬甚至说,像中国这样的农业国家,如果引进了西方的机器、技术,将会增加"懒惰之民",从而发生"意外之变"(即民众暴动),国内秩序将被动摇。此类言论,显然与洋务派官僚的近代化政策直接对立。王韬的"变法"论也全然不见有关议院的积极态度,这和郑观应、陈虬完全不同。尽管同是"变法思想家",而且相互引为同道,但王韬和郑观应开出的革新处方存在巨大差异。显然,在探究他们是否为"变法思想家"之前,应仔细解剖并比较、分析其"变法"思想的内涵如何。[1]

面对甲午战争后西学正式流入、影响逐渐扩大,清末的"变法"论者常常援引经学、诸子学乃至佛学展开"附会"。康有为的《大同书》如此,谭嗣同的《仁学》亦如此,宛如动员自己掌握的全部传统资源以打赢文化保卫战。衡之以规范的"近代"思想史标准,这类现象或许很异样、滑稽。然而,思想史研究的妙味不在于嘲笑此类误读及肤浅理解,也不在于对其变革理论之幼稚、缺陷予以批判。研究者应该基于对他们所生活时代的知识环境的把握,沿着他们"创造性误读"等艰难思想探索的足迹,对其喜怒哀乐报以共鸣和理解。为摆脱无意识间运用近代价值观去判断过去(非西方)的思想家,并试图从中发现歪曲、缺陷、失败的思考惰性,以准确理解既不同于日本,也迥异于西方的中国"近代"的苦恼,还是让我们记住岛田虔次论述清末思想界诸子学、佛学兴盛时所说的略带悲怆、苍凉(pathetic)的论断。

---

[1] 在这个意义上讲,前引小野川秀美《清末政治思想研究》至今仍是叙述思想史的最佳范例。与此相关,竹内弘行《康有为与近代大同思想研究》详细论述了王韬、陈虬、康有为的大同思想的差异。

无论是康有为还是谭嗣同，必须注意的是，佛教不断将他们带进永无尽头的逻辑荒漠，同时却又对其变革思想发挥过巨大作用，二者互为表里。的确，这里面有许多滑稽之处，也有笨拙的牵强附会。……那些无须把数千年周详、厚重的"学问"传统作为自己肉体的一部分而担在肩上，因此可以把西欧的科学、民主径直当作西欧的科学、民主而虚心予以接受的国民，肯定会把这些现象视作喜剧……一说，唯伟人多苦难、多迷茫，此话案诸国家和文明的历史也是真理。对谭嗣同、章炳麟在中国历史上空前绝后的转型时期表现在思想、行动上的诸多矛盾和莫名其妙，我愿献上满腔的敬意。我想说，这才是真正的学者即思想家的形象，这才是文明永不服输的形象。[1]

不以"进步"或"权利""科学""民主"为唯一价值尺度，又要仔细探求为获得这些价值所做努力的痕迹，并从文本及社会环境中发现那些"永不服输"的思想形态——近代中国思想史研究可谓任重而道远。

（袁广泉译）

---

1 岛田虔次：《清末学术研究状况》。

座谈会

近代中国研究的现状和问题

吉泽诚一郎·冈本隆司·村上卫·村田雄二郎·
西英昭·石川祯浩·斋藤希史
（按发言顺序）

入门和指南

吉泽（主持人） 那么，先请编者发言吧。

冈本 我先来谈谈为什么想到编这样一本书，算是抛砖引玉。我并不认为应该拿着入门书要求年轻人这么做、那么做，而且我自己也一直是现有入门书的受益者，所以这个计划本身有点自不量力。只不过，各种入门书阅读、参考得多了，自然有些想法。本来，就这些想法作些评判也可以。但与其那样，不如按自己的想法编一本——这就是编辑本书的最初动机。

大体上，此前曾有两次入门书集中问世的时期，那就是约十年前和现在。这是我的感触，实际上或许不是这样。十年前出版的，似乎大都对所谓文献、史料作详尽介绍。而最近出版的稍有不同，几乎无一不强调"自我展示能力""竞争能力""全球化"。有的为表示编纂目的在于提高某方面的基础能力，甚至干脆称"××指南"（如小杉泰、林佳世子、东长靖合编《伊斯兰世界研究指南》）。这是最近出版的入门类书籍的特点。

十年前出版的入门书，我们熟知的有山根幸夫先生的《中国史研究入门》、岛田虔次先生的《亚洲历史研究入门》等。最具代表性的近版入门书则是砺波护等编《中国历史研究入门》、桃木至朗编《海域亚洲史研究入门》。另有饭岛涉、田中比吕志以本科生和研究生为对象，强调"全球化"的《中国近现代史研究的准则》《对21世纪中国近现代史研究的思考》。

这些书都号称"指南""基础"，但是否发挥了预期效果，好像值得思考。因为是"指南"，似乎照此撰写毕业论文即可，但要想再进一步，恐怕就做不到了。这些书对提高硕士、博士研究生的能力或许有效；但越过这一台阶之后的年轻学者的研究水平如何，却令人怀疑。一般会出现两个极端。步骤到位、论证严谨的，大都枯燥无味；而看似引人入胜的又大都经不起推敲。吉泽先生怂恿我点出姓名，说要不然年轻学者都得背黑锅，反倒是失礼（笑）。我看，还是不要指名道姓吧。不过，这种情况的确常见。

十年前好像不是这样的。引人入胜的论著，其方法、根据和考察、论证大抵周详、缜密。日本的中国研究曾经被认为走在世界前列，其原因或许就在于这种研究态度和能力。现在本来应该重新找回这种态度、能力，却没有这样做，反倒高呼什么"手法""技术""指南"。那么，问题出在什么地方呢？

就所谓"全球化""自我展示能力"来看，学习和应用外语是应该的，也很重要。但有了外语难道就够了？外国人要读日本的优秀研究成果，那就得学习日文，这是外国人应该解决的问题。我们的责任，首先是用日文撰写高质量的、引人入胜的文章。这个观点或许有些武断，却是我的真实看法。

站在这样的立场上看，试图传授研究要领的入门书，其原型还是1974年出版的坂野正高等编著的《近代中国研究入门》。该书讲解的是专业学者必须掌握的各种要领。我认为这是最近号称"指南"的入门书籍不太重视的，所以有了编纂本书的想法。

另外，近年历史学研究处境不妙，或者说面临逆境。倒不是人们对历史本身的兴趣减退了，尤其是学者，分析现状时经常谈到历史。但对历史感兴趣，是否就是对历史"研究"感兴趣，或者抱有尊重？也很值得怀疑。

这本书，当然是为有志于专门研究历史的人编的，但为其他领域的学者了解史学研究作些提示也很重要，例如"史学研究的方法是这样的"，"要涉足历史，起码要把握这些要点"等。这也是改善历史研究所处环境的途径之一。我想，如能明确这些要点，应有助于减少似是而非的研究。为了这个目的，坂野前著的态度和主张，仍有值得充分认识和汲取之处。

编者的上述意图是否以及怎样为读者所接受，还请各位坦率地谈谈看法。

吉泽 刚才冈本先生介绍的，是编辑这本书的基本意图。各位可以谈谈撰写各章时的感想，以及从不同角度思考的问题。

最近出版的入门书，刚才冈本先生也提到了几部。不过，这些书研究生读吗？对他们有多大实际影响？我真的不太了解。村上先生，您怎么看？

村上 我主要搞研究，不带学生，所以具体情况不太了解。我感觉，恐怕没有学生从头到尾仔细阅读。不光学生，职业学者也差不多。研究要领，不少入门书在某种程度上都有论述——虽然不如这本书详细——但认真读的人似乎并不多。不少论文,连书中列举的最基本既往研究都不了解,也不运用基本史料。所以,这些书对研究生、职业学者,似乎影响都不大。

冈本 指导学生时,我要求他们必须读。不过,到底读了多少,确实很有疑问。《史学杂志》的"回顾与展望"栏目好像也差不多,不少人只看看目录也就罢了。

吉泽 曾经和研究生讨论《对21世纪中国近现代史研究的思考》时,我说,本来是直接请教老师、学长的东西,却变成文字出版,这好像不太合适,不好。谁知研究生却说,"还是不要藏着掖着,写成文字教给我们最好"。所以,希望读到指南,或者希望有人编指南的,也不是没有。

从前学做研究就好像学手艺,要求"做中学",直到习惯成自然。有时会挨学长训斥,老师也会当面示教,自己则看老师怎么做,而后照着做。但是现在这种做法行不通了,所以才需要指南。

村上 只要日本的大学今后还在进行组织调整,就会需要入门书。这是事实。

村田 刚才有人说,尤其这十年,大学和研究机构所处的环境发生了巨大变化,所以需要基础指南、详细解说等。我不认为这没有意义,但那样离研究也还有距离。这本书,还有刚才冈本先生介绍的书,怎么读,都不可能让读者掌握更深层、更广义的读书能力。

吉泽先生刚才提到"学手艺",在大学的教室或研究室里面对面的交谈,或者一对一的接触而得到的收获,对研究是非常重要的。身边有人会读书,于是自己也想成为那样的人;读到某人的优秀研究论文,于是自己也想写出这样的论文。这对搞研究的人是最好的刺激,无论环境怎么变化,是没有办法用指南替代的。所以,我主张不要对学生净讲什么效率，还是得要求他们潜心面对书本和史料，这才是最重要的。

的确，指南、检索工具很方便，这是好事。但要继续研究，就必须汗流浃背地比对史料、探究问题，或者满身泥水地四处跋涉。这种做法最后总会保留下来。所以，为了学生去编制详细的文献目录，或者写什么指南，这种事我不做，我会让他们自己去想办法。

西 我最近经常发现，那种事情，越来越多的学生自己不做。文献目录、指南等，在法制史研究领域本来不存在，冈本先生介绍的那样的文献，我尽量按自己的需要和习惯整理，也就是说，为自己编制指南。不过，我发现，现在很少有人这样做。而且文献目录上的书也好、辞典也好，最近的年轻人根本不会到图书馆借来读。不管我们怎么费尽力气，如果年轻人不去做，也就没什么用处。

石川 西先生自己编制文献目录，是因为感到有必要吗？

西 是啊。我是法学部的，周围几乎没有专门研究中国的，开始研究中国的时候简直不知怎么办才好。于是只好去文学部请教有关老师，看老师们都怎么做，自己再模仿着去做。那时没有别的办法。

村田 东大有"放养"的说法，不知京大有没有。即使放养，愿意学的学生也会像西先生那样去做。不过，现在放养已经不行了，搞不好会被告发的。（笑）

虽然觉得放养就可以，但实际上也不得不适当指导。回顾自己和别人求学的时候，好像东大都是放养的，老师什么都不教。

冈本 我想京大也是这样吧。

石川 是，撒开来放养。（笑）

冈本 现在仍然是放养。

吉泽 就是，放养有放养的好处。

冈本　不过，现在据说牧草都不长了……（笑）

吉泽　问题原来出在这里呀。

石川　坂野等编的入门书，各位是什么时候读的？很惭愧，我是直到参与本书执笔时才读的。早就知道有这本书，但在我1980年代初上大学的时候，该书已经出版了很久，不再新鲜了。而且依靠入门书学习研究，总有点不情愿。不过这次读后，觉得应该早些读就好了。总之，大学是放养，研究要领之类的没有人教，也没人告诉你该读什么，甚至没人对你说有这样一部书。

村田　说起当面请教、示教，学会、研究会的作用很大，但现在好像也在减弱。以前，要是某大学有哪位老师可以请教，老师就会让学生去参加那位老师组织的研究会。

石川　现在研究会上报告时间也很短，以发表研究结果为主。至于研究本身是怎样做到的，史料根据是什么，史料是怎么得到的，是没有时间介绍的。

村田　我自己觉着总算会读书了，不是在研究会上，而是在读书会上。那是王船山读书会，经年累月地探究"三行主义"。有名师点评发言，常说"那也不是""这也不对"。那段经历让我学到的东西最多。现在已很难组织那样的读书活动。

冈本　我读坂野编的入门书，是在上本科的时候。

石川　你真是早熟！（笑）

冈本　那倒不是，就像刚才讨论说的，东大、京大到底还是有学长和老师的。我读的是地方大学，身边没有人可以请教。刚才西先生说他是法学部的，周围没有人研究中国，而我虽然在文学部读东洋史，同样也找不到人。我们的大学也是放养，所以要想学习，一个办法是主动参加研究会，另一个办法就是寻找入门书。当时找到的就是坂野等编的入门书，书店卖剩下的。买的时候并不知道什么内容，读了才发现，是写论文的方法。田中正俊先生写的那部分，简直成了金科玉律，我写论文，处处着意模仿。总之，就是什么都不知道。

石川 本科的时候，读得懂吗？

冈本 不懂。

村田 我也是读本科的时候买来读的。后来发现，照那样去做，根本写不出论文。

冈本 你那是环境好，所以能够明白。当时我根本不辨东西南北，只能模仿，比如"这个要用环形针别上"，"那个要抄在稿纸上"，等等。不过老觉着没有进步。这种状况持续到写毕业论文，完全不行。最后还得摸索自己的方法。

不过，书上写的要领，我确实觉得是对的。比如，年龄大了，逐渐就明白某些汉和辞典对理解文章实在没多大帮助。这一点，或许我因为盲目模仿过，才体会得最深。所以，假如年轻人要阅读、参考某些指南，最好仔细阅读后全部模仿一遍，这种经历是必要的。总之，如果不照着做一遍，例如要尽量全面收集资料，要就其内容独立思考等；不下这种功夫，谈不上有用没用。所以，这本书，年轻人是否要照着做暂作别论，希望先能通读一遍。

村上 坂野编的入门书，我上本科的时候学长给了我一本。当时还不知道什么研究方法，读了之后，也是对田中先生写的那部分感到非常震撼。尽管后来没有运用田中先生介绍的史料。

不过，不管在什么阶段，通过阅读入门书、留学等得到某种震撼，是十分有意义的。因为在接受各种震撼的过程中，会有机会反复思考自己的研究现状怎样、自己要怎么做。希望这本书也能给年轻人提供这样的机会。

反过来说，假如有人读了我写的部分，有意尝试从相反的方向研究，那也很好。我甚至希望那样。

吉泽 斋藤先生，文学领域是不是有一些指南类的书？

冈本 文学研究更是要当面请教、示教。

吉泽 是不是自古就是口口相传，从来没有改变？

学习方法及其现状

斋藤 这次写这本书的文学部分时，心里的确有点没谱。我读坂野编的书，记得是在读研究生或是做助手的时候。我是研究古典文学的，好像是要参加京大人文研（京都大学人文科学研究所）的梁启超研究会，不先了解点什么不行，所以就读了那本书。

冈本 是为了解历史吗？

斋藤 倒不一定是历史，就是想大体了解文学以外领域的一般知识。偶然读到前野直彬先生的文章，觉得非常有意思。后来又读田中先生的文章，有一篇是详细解释工具书的。记得当时我就想，这不和研究文学一样嘛。比如，田中先生说必须读《助字辨略》（刘淇）。在研究文学时，我们是通过口口相传知道的，田中先生的文章却写得那样清楚。

不过，说是口口相传，实际上没什么书单。上研究生的时候，大家说狩野直喜先生的《汉文研究法》应该读，于是我们就读了。还有人说得读《吉川幸次郎全集》，《内藤湖南全集》也该读。后来，小川环树先生的著作集出版，我要求学生把《小川环树著作集》全部读完，另外还有《唐诗概说》等。我说，通读吉川先生的著作非常不容易，但至少要读完其中五册。

总之，我觉得，不是去读什么指南，而是通过全面把握某人的学术体系，自己要做什么自然会明白的。

冈本 历史研究也一样。读某人的论文，发现有吸引自己的地方，就把他的所有著作通读一遍。倒没有人这样教过我，但我是这样做的，也是这样要求学生的。不过，没有学生照着做。

斋藤 有一位学长说，吉川全集他读了三遍（笑），我当时想那怎么可能。不过，听说还有人上高中时就通读过吉川全集。以前，这样的人还真不少。

吉泽 这次编的书里面，西先生也写了一章，其中说，从某学者的论文中只选几篇来读还不够，要全部找来读，这对研究生是非常有意义的训练。我也认为，了解活跃于一线或已过世的名家的治学经历，是一种很好的体验。比如他在人生的每一阶段——从青年，经中年到老年——所关心的问题有无变化等。所以，读全集的确有其好处。

斋藤 还有，申请科研项目时要写开题报告等，文学研究这种时候就很为难。比如要求明确研究目的……（笑）研究完成后会明确的，可还没研究就明确了，还有意思吗？这个问题在文学领域较为突出……

冈本 哪个领域都差不多。

斋藤 我想也是。

村田 "预想研究效果"啦，"对社会的影响"啦什么的，真的不好写。

斋藤 要是知道了，还研究什么呀！

冈本 那就没必要研究了嘛！

村田 最后只好写上"丰富人们的精神世界"。(笑)

石川 填写材料的时候,提出一个假说行不行?

斋藤 假说当然没问题。但那只是个形式。我们这些人或许还好,总有些想研究的东西,也已经有了些成就,假如把申请和研究分开对待,写个开题报告没问题。但年轻人就不同了,他们不得不在研究成形前向学术振兴会申请经费,实在令人同情。所以,他们希望有某种指南可做参考。

我们感到实际研究与开题报告有差距,而年轻人不知如何写。这样来看,如果像冈本先生说的要编一部研究入门,那应该能帮助他们尽快形成自己的研究核心。

村上 刚才说到科研项目,我觉得有些项目让那些还没形成研究核心的研究生更加不知所措。

冈本 而且研究生使唤起来很方便。

村田 在博士课程的较早阶段就得考虑项目研究,这是环境使然。所以,刚才提到的在研究会或读书会上字斟句酌地阅读,或者花时间仔细研究某人的作品,现在越来越不容易了。也不能责怪年轻人。

冈本 从这个意思上讲,现状是非常严峻的。

村上 我认为问题不在年轻人,而在于组织项目研究的人。

斋藤 我们也每天都在受到侵蚀。我们的研究,相当程度上依靠此前的积累,但这部分正在受到侵蚀。所以,不单是年轻人的问题。

冈本 对,确实有吃老本、切整卖零的感觉。好像每个月都在对自己说"没存货了"(笑)。没有机会慢慢读书,真是不幸啊。

刚才斋藤先生提到京大人文研的梁启超研究会,就吸收、积累而言,当年参与译注《梁启超年谱长编》那项工作、那段经历太宝贵了。回想起来,面对文献时应如何判断和运用,正是在译注过程中才找到了感觉。

石川 《梁启超年谱长编》的译注,当时也有两名研究生参加。遗憾的是,他们毕业后都没能继续从事研究。也就是说,那项工作就像一次集中讲座,的确把学习方法传给了年轻人,但恐怕不会再传下去了。这太遗憾了。

吉泽 现在的研究会等,虽然仍有交流意义,但遗憾的是,很多也不再重视内容了。

冈本 说到这点,还得说京大人文研。人文研的读书会从《雍正朱批谕旨》往下读起。石川先生应该记得,在近代史读书会上,岛田虔次先生会列出一些基本概念,如"民"等,大家分头寻找在哪部书的什么地方,然后轮流解读、发言。而那些书似乎都和近代史没有直接关系,如《四书集注》《管子》《日知录》等。我们也曾被折磨得够呛。

石川 我记得是1989年夏天开始的,持续了一年半吧。岛田先生找来不少词句。光学近代史的人当然不行,于是请来了吉川忠夫先生,由他来解说《孟子》中"民"等的含义。我们学生自然也得事先查找有关文献,并面对大家解释是什么意思。

冈本 总之需要查遍所有文献,发表时要读出来。记得是先音读,然后训读,再说意思。接着有狭间直树先生、森时彦先生横竖挑刺,最后是吉川先生用低沉、柔和的声音作总结。

石川 按现在的说法,那应该叫跨学科训练(interdisciplinary)吧。不过,坦率地说,当时只是照吩咐去做,并不理解深意,心里甚至在想这些东西对近代史研究有什么用。

冈本 接过一本书，划分各自负责的范围，然后就去读、去查，但却并不明白在干什么……现在知道，一开始就明白反倒是怪事。开始时稀里糊涂，错了接受批评，听人解说，如此一遍遍重复，逐渐找到感觉。这才是难得的经历。

吉泽 那就是师傅训练徒弟的做法。从词源上讲，那应该就是"discipline"的本义吧。以前的确是那样来培养某种能力的。

村田《民报索引》等，要是没有不求成果、潜心研读、长期坚持的读书会，也就不可能问世。

石川《民报索引》是小野川秀美先生独自完成的。为了编那部索引，先生坚持用同一标准采集信息，前后达十三年之久。

村田 慢工出细活，现在根本做不到。

石川 不可能了。

村田 不过，不仅日本，韩国、中国也已经是项目中心主义，订个五年、三年计划，然后带着年轻人一起搞。这和日本完全一样。记得十年前，不少外国学者受邀参加日本的研究会、读书会，他们在交流时常说，"我们也希望这样来组织研究"；但回国后的尝试却都不成功。现在也大都围绕项目做研究，比日本还普遍。怎样才能确保交叉训练的机会，我觉得是个大问题。

冈本 我刚才之所以那样说，就是希望京大人文研的做法能永远传下去。（笑）

村田 本科阶段要给学生上课，所以做不到。只有靠研究所了。

石川 和从前相比，京大人文研的共同研究，现在培养年轻人的功能要更强。由于研究会都在非节假日的白天举行，最近大学又忙，一般大学教员很难参加，自然地，博士后（postdoctor）、超期在读博士生（over doctor）等的占比也就大了。他们在研究会上发表论文、讨论课题，我们则重点指导应该读哪些史料。

冈本 再加上"读书"的功能就更好了。

西 这种机会，我们必须去努力创造。我读研究生的时候，岸本美绪先生一直召集和主持契约档案研究会，我也参加其中，学习如何读书。而且有了那样的机会，自己也会模仿。我当时也曾邀集同期学友组织过类似的活动。学生组织研究会研读英文原著等，近来已经见不到了。我认为应该积极创造这样的机会。

冈本 记得我读研究生的时候，也组织过"读书会"之类的活动。现在的孩子可能太忙了吧，不会做这种事。我们的学生、研究生倒是在做，但总觉着不对劲儿。

吉泽 哪方面不对劲儿？

冈本 做总比不做好，不过好像太偏重思想方面的著作。我们这边，东洋史和西洋史属于同一组织，研究生们一起读的，也就是思想方面的著作，比如马克思、福柯、韦伯等。这些内容当然知道更好，但我总觉得，搞东洋史的，应该有更基础、更值得读的东西。这些话真想对他们讲，但大学又是放养，只好撒手了。

吉泽 现在的研究生好像都不读马克思、韦伯。冈本先生认为，研究中国的不需要读吗？

冈本 那倒不是，不是不需要。我的意思是。就个人的读书经历而言，那些书应该自己读。读了才能有疑问，不读只能是一头雾水，必须先读。而要读，必须自己读，读书会上读的应该是别的书。

吉泽 或许自己读不懂吧，所以才和大家一起读。

冈本 不过，读书会的骨干是喜欢此类著作的人，而我总觉得并不是所有人都喜欢。而且，有的学生对这类著作甚至很生疏，那样读能有什么收获呢？

村上 以前,大学生或研究生自己组织的研究会很多,我自己也曾参加,深受帮助。比如,我英文不好,于是就组织了研读英国外交档案等英文史料和文献的读书会,把东洋史专业英文最好的东南亚史、南亚史的研究生拉进来,请他们给我们读。当然,文本选用了克利福德·格尔茨或其他有关东南亚的著作。

汉文的话,我们曾埋头读古代史。所以,我自己还有学长们都比较从容。不过,现在没人那样做了。或许是对专业以外的地区、时代不感兴趣吧。

西 当时,自己的大学没有机会,就到其他大学去。我就参加过庆应、早稻田的读书会,混在里面一起学习。当时所有大学的气氛,似乎都是那样积极。但近来这种气氛不见了。

吉泽 近来倒也不见得排外,还是本人愿不愿意做的问题。

村上 还有就是,学生说没有时间。博士阶段实际上三年很难毕业,但学制规定三年必须完成论文,这让学生压力很大。而且论文还要在学会发表、向杂志投稿。所以,倒不是重复刚才的话,但的确不应责怪学生。整体环境的变化导致了研究会、读书会没法组织和维持,这是没有疑问的。

吉泽 不过,还有另一问题,就是冈本先生开头说过的,学生很难再上一层楼。凭直觉而言,我认为必须认真思考如何改变这种状况。所以,研究生院的教育,尤其是博士课程教育的机制,应该重新审视,并要适当改善。

斋藤 的确也有学生两方面都做得很好,既能每年在学会发表一两篇论文,也能扎实地阅读文献,不断充实自己。这样的学生现在仍然有。这当然很好,但并不都是这样。那么,那些除学会发表论文外再也没有能力读书的怎么办?对这些学生,我觉得应该告诉他们，学会发表论文可以不去管它，但一定要好好读书。

村田　开了读文献的课，也不会有学生来听讲的（笑）。上文学、思想史课，读文献、查文本是最基本的，但实际上学生最重视的是具体操作，比如准备提纲、发表提要等。

斋藤　不管历史研究还是文学研究，我们在思考不属于现在时代的事物时，为了捕捉事物真相、把握本质，总要尽量查阅该时代的大量资料。在资料以外洞察到的真相、本质积累到一定程度时，就能够看清某种东西。然而，常有论文并未经过这种积累，而仅是把资料碎片连缀起来，因而让人不禁要问：怎么能这样呢？证据呢？（笑）有些研究者往往不理解这一点。

冈本　的确如此。刚才我说，有些论文虽然有论证，但十分无聊，大概就是因为没有证据以外的洞察。实证反映在论文中，但问题在于支撑论文的非实证部分，也就是看不见的学养、积累是否深厚。而要积累这种看不见的学养，我觉得，正如刚才各位所说的，不潜心研读文献、文本是做不到的。也就是说，必须像工匠那样点点滴滴地训练。

石川　刚才说的这点太重要了。我想起这样一件事。我们在讨论《梁启超年谱长编》译注的时候，有一次岛田先生读到梁启超戊戌变法前写的一篇文章，突然说，"哎呀，这是康德"，然后说，他肯定读过康德，你们赶快查查（笑）。后来搞清楚和康德并没有关系，但岛田先生竟能想到"这是康德特有的论法，二者应该有关系"，也就是说，他是把有关康德的推断或者说感觉，转用到了对清末的考察上。这种感觉虽然那一次是错觉，但足以看出岛田先生看不见的学养积淀是如何深厚。这当然不是揭岛田先生的短呀。

冈本　"这是康德，所以二者有联系"——那么肯定，真厉害呀。

斋藤 那是因为岛田先生认为看到了真相……

石川 对。这种感觉,岛田先生肯定经常有。

斋藤 先不说这种感觉对还是不对,有没有这种感觉,是研究者成熟与否的关键区别。没有这种感觉,只因为相似就拿过来,说"如此这般",那样的论文是最无聊的。因为没有学养支撑。

村田 刚才说到研究程式化的问题,现在大学的课程,很大程度上要求标准化。这也是所谓全球化的压力所致。不过,我的看法或许有些消极。我最不满意的是只要求"授课十五周",但是,比如讲近代中国的课,并没有教给学生有关近代中国较为完整的知识和各种必要技能;而所谓"授课",不过是教授随便选个题目,找一本自己喜欢的书丢给学生。或许,实际上并不如此极端。不过,刚才大家说的潜心面对文本和原始资料,在外人看来,可能正是日本百年来,甚至是近世以来的治学传统。和老师面对面仔细分析史料,亦即所谓"读书",这是中国所没有的。在中国的一些大学,老师一个人讲,学生只是恭恭敬敬地听,有时甚至连题目都由老师来定。有的课也叫"讲读",但也是老师主导的讨论课,和日本的"读书"完全不一样。

美国又不一样,完全是"工厂生产""大量制造";所谓教程(course work),无非是教授指定读这份资料、读那本书。但是,所谓读,原始史料占用时间极少,一般是发给学生一种教本(text book),花一两个小时浏览有关段落而已,读法和日本完全不同。反过来说,这种方法培养出来的学生没有能力读史料,他们进行的研究,越是现代的,就越是大量使用再生史料,原始史料则几乎不考虑使用。和美国相比,日本的研究对史料的把握扎实得多。我觉着这是日本的优点、优势。

美国式的做法拿到日本能否行得通？我认为不行。因为社会结构、大学所处的环境条件不同。所以，就像斋藤先生说的，日本这样的环境仍然有十分优秀的学生，应该好好培养。尽管最优秀的只能是极少部分，但没必要悲观。

如何阅读文献、文本，是事关历史研究生存的大问题。不少人说日本的中国研究存在"空洞化"现象，非常悲观。但我是持乐观态度的。或者说，我宁愿更多地思考如何保护日本的优点、维持日本的优势。

冈本 所以，我希望削弱日本优势的苗头能够被制止，但对如何去做又很迷茫，所以只好写在这本书中。

村上 经济学院的经济史研究，受近代经济学美式教程的影响很深。读经济史论文不难发现，其对应该参考的论文虽有广泛了解，但论述并不以运用史料为前提。

冈本 提到经济史、经济，现代中国经济研究也一样，是不能纳入近代经济学的，基本上被视作区域研究而被撵到角落里吃冷饭。

村上 相反，在这种形势下，仍有经济学院搞历史的学者仔细阅读和运用史料。最近就有一位这样的先生，在读到人文学毕业的某人的论文后发表感想说："写论文的时候，不能仔细、充分地阅读和梳理史料吗？"搞得很尴尬。我想，如果不多加注意，我们也会被经济学院毕业的人同样看待。

冈本 必须有"坚守最后堡垒"的紧迫感啊。我感觉，重要的是必须明确，日本的中国研究要坚守怎样的堡垒才能存在和发展下去。那么，我们将面对什么？

或许必须思考这一问题。就像村田先生说的，走美国的路子不可能，而模仿中国学者，归根结底也行不通，那该怎么办？思考这一问题，可能会使我们找到应对全球化压力的答案。

吉泽　我们这些大学教员的责任是相当大的。我们必须设法顶住各种压力，争取形成某种机制，以便把好的东西传下去。但愿现在编的这本书，能作为这种努力的一环而对此发挥一定作用。

当代研究与历史研究

吉泽　让我们换个话题，探讨一下当代中国研究。坂野正高等编的《近代中国研究入门》有两篇文章专论当代中国研究，那就是石川滋教授的《现代中国经济》和浅井敦教授的《现代中国法律》。这次没有专设同时代中国研究的章节。这是因为，当代中国研究的现状，当然已不同于近四十年前。

坂野等编《近代中国研究入门》序言披露，该书编著计划产生于1970年秋天，1974年出版。其间发生了田中角荣访华这一重大事件，1974年中国和日本的关系也发生了重大变化。不过，那时去中国还非常不方便，当代中国研究虽说不是空白，但研究状态的确十分特殊。该书收入上述石川、浅井两篇文章，其背景如此。不过，当时的当代中国研究，的确只有少数人在点点滴滴地做。现在全然不同，不仅受到多方重视，实际从事研究的学者也多，而且社会学等也通过实地调查取得不少成果。

坂野等编《近代中国研究入门》虽然以近现代史为对象，却含有探讨同时代中国研究的内容，这也是该书的特点之一。我们这本书如果要采用同样的编辑方法，恐怕很难做到。然而，历史研究和当代中国研究应该建立怎样的建设性关系，是必须好好思考的问题。关于这一点,编者在前言中也提到过,还请各位谈谈自己的看法。

冈本 我先从编辑这本书的意图方面说几句。坂野等的《近代中国研究入门》编辑、出版的时期,历史研究本身受现代中国的影响非常大。我本人是搞历史的,序章之所以那样写,针对的不是当时的现代中国本身如何,而是其对中国史研究的影响怎样。当时中国研究的地位与现在相反。比如,中国文学研究者当时是言论界的引导者(opinion leader),现在则几乎不可能这样。而且就像刚才吉泽先生概括的,面对现代中国研究的姿态也和现在完全不同。坂野等的《近代中国研究入门》就是在这样的时期纳入现代中国研究的,而我们这本书也自然不会再收入同样内容。最近的倾向是,在出版物数量、研究者人数上,现代中国研究都占上风。换个角度说,一部现代中国研究著作,其中可以论"历史",但历史章节必须考虑动机,即在这样的书中能够论述什么。

不过,这也只是我自己的姿态。各位也都有自己的立场,如果能畅所欲言,这个话题会更丰富。我自己的看法,不客气地说,研究现代中国而谈论历史的人,总感觉过于随便,因而气不打一处来(笑),就好像谈历史本身就是动机。所以还是请各位谈点认真的吧。

村田 现代中国研究和历史研究不能割裂,我此前的研究曾经历过两次。第一次是毛里和子教授主持的文科省特定领域研究项目"现代中国的结构变化",其成果由东大出版会出版,共有八卷本。第三卷是"历史",编者是西村成雄先生。就结果而言,我认为不是很理想。理由是,现代中国研究和历史研究没能充分沟通。个人看法,没能从现代中国研究者那里得到对自己研究的启发,或者说刺激、震撼。要说有所收获的话,那就是明确了双方的差异。

第二次是参加石川先生主持的人间文化研究机构（NIHU）的"现代中国研究据点建设项目"，这个项目已开展五年，第二期将从2012年4月开始。这个项目再次反映了现代中国研究和历史研究之间的差异或曰问题。最根本的是，现代中国研究者对观察历史的方法或历史研究的成果显然毫无了解、漠不关心。少数人已发觉这个问题，但因研究领域细化、各自独立，因而对了解历史研究不知从何入手。我对此很同情，但我经常说，搞现代中国研究的人，至少要用一百年、一百五十年的尺度来观察中国。但是，双方仍然不容易合作，可能双方都存在问题。比如，政治改革的问题、民族问题、经济增长及其存在的矛盾等，这些都必须双方共同努力才好。为此，我希望现代中国研究者应将其观察问题的立足点主动向历史研究靠近。

坂野等编辑、出版《近代中国研究入门》时，现状分析和历史研究之间的距离，或许比现在要近得多。当然，社会科学的研究模式、方法实属必要，所以二者应更加合作。这是第一点。

第二点，近代史研究方面，有的地方也需要进一步努力。假如在一百至一百五十年间反复出现的相似性底下一直有潜流在流动，或者说有结构变化在一直持续，就应该把它清楚地呈现出来。这方面，历史研究者也有必须承担的责任。从这个角度说，冈本先生的《中国"反日"的源流》和笹川裕史先生的《枪口下的中国社会——日中战争中的总动员和农村》，对关心现代中国的人应是具有极大启发意义的历史著作。希望有更多如此刻意追求可读性的著作问世。

最后，有一些是交叉领域（crossover），即历史研究和现状分析相互重叠的部分。比如，对20世纪五六十年代中国的研究，最近已有部分史料出现。而关于1949年前后的中国，由中华民国政府到中华人民共和国政府带有历史连续性的演变脉络也已经隐约可见，正沿着正确的轨迹发展。也就是说，交叉领域正在取得积极的进展。

石川　和研究现代中国的学者共同参与人间文化研究机构的研究项目已经五年了，的确感到对历史的态度不一样。村田先生刚才说，必须运用百年尺度观察中国。关于这点，围绕购买《申报》原文数据库而发生的事非常典型。我曾提议，希望人间文化研究机构出资购买该数据库。对方却问："《申报》是怎样的报纸？"我解释说："是清末在上海创刊的报纸，共发行七十多年，信息量非常大。"但搞现代中国研究的人就是不愿购买。这是去年的事。然而，到了年度快终了时，没想到预算没有用完，于是又突然要买。这当然是好消息，但不是那么个买法。不是因为需要，不是为理解现代中国而购买1949年以前发行的报纸，而是因为钱没用完，而在年末仓促购买。从这件事可以看出，双方能否构建具有建设性的合作关系，真的很难说。不过，刚才冈本先生也提到过，从前大家都认为1949年是一条粗重的分界线，但现在渐渐明白了，这条分界实际上并不是那么深的鸿沟，也不是难以突破的坚壁。历史学家也已经不是碰到1949年就主动止步，而是愿意从事跨越1949年的研究，即使是1950年代，如果有史料存在，也愿意尝试。对于体制建立后已历经六十多年的现代中国，试图从历史角度研究的局面已经形成，如果这样发展下去，我认为多少还是值得期待的。

村上　社会史当然很有希望，但最可能形成合作关系的领域，或许是经济史。我没有参与过合作，但如果从史料出发尝试构建某种模型，形式会有所改变，但也许可以看到与现在的共通之处。在这点上,我想双方现在仍存在合作的可能。

刚才说到现代中国研究很繁荣,但实际上,在培养后继研究者方面,现代中国研究也面临同样问题。学习社会科学的,绝大多数倾向研究欧美,好学生都被吸引过去。尤其是经济学院,近代经济学势力很大,搞区域经济的本来不多。其中绝大多数又去搞欧美经济分析,研究中国经济的日本学生非常少。所以,培养年轻学者相当困难。经济学院当然也必须大力开展现代中国研究,但年轻学者的培养却很难满足需要。

吉泽 这方面,经济学院的教员们感觉可能不太一样。因为在学生看来,经济学院主要是培养经商人才的,而如何在复杂的中国开展业务,对日本是生死攸关的大问题。从经济学院的社会功能考虑,所有大学的经济学院都配备有讲授中国经济、中国经济史的教员,也是很自然的。

村上 我想,最大的问题,应该还是近代经济学研究。

村田 与现代中国研究和近代史研究的距离相比,更主要的是社会科学的欧美指向并没有发生多大变化。正因如此,学术界对区域研究的对象中国的关注,也很难升华为真正的学术研究,人才也不多。的确,研究是有人在做,但说实话,其人才和成果都不足以与历史研究对话。既要分析现状,又要深化研究,这是很困难的。

关于1980年代以后的研究,所谓模型研究、比较研究等,我看积淀还很不够。如此看来,问题真是很复杂。

村上 现在中国经济很受关注,不太了解中国经济的人也一头扎进这个领域进行各方面研究,但其凭据往往只有统计数据。这就是现状。法学研究我想也大同小异。这很成问题。

吉泽 关于法律,中国法在实务层面也很受重视,或者说非常重要。

西 的确如此。现在,"中国法务"很受关注,但懂中国法的实务专家是否也多了起来?完全没有!组织研究会,参加的也几乎全部是留学生。而且从事实务的和我们搞研究的,关注的问题太不一样,结果,即使搞现代中国法的人,相互之间也很难沟通。另外,1974年出版的坂野等编《近代中国研究入门》竟然有两章论述中国法研究,现在看来,简直难以置信(笑)。那个时候要研究现代中国法,或许会有人愿意先读读滋贺秀三先生的著作。

要说历史学和实务之间相互尊重的关系,我想现在已相当淡薄。而有学者要探讨现代法律文化之类的问题,就随便乱写点什么,这类文章越来越多,就形成了刚才讨论过的局面。尤其是留学生的问题根子很深,不知为什么,他们都想写历史方面的文章。但是,他们一开始就迈错了步子,结果是寸步难行。

另一个耐人寻味的问题是,要谈论现代的法律问题,思考现在的法律制度何以如此,回溯历史当然应是方法之一。但无论是大陆也好,台湾也好,在我看来,从事法律工作、研究法律的人对他们自己的法制史却不感兴趣。这个现象实在令人费解。最近我在想,或许研究中国的日本学者应该提醒他们不应该这样。

吉泽 大多数日本法学家研究的是实定法,也就是具体的日本民法、日本刑法等。是否可以说,他们还是非常关注日本法制史的?

西 不错。在法学院撰写硕士论文、博士论文而需要探讨某一法律制度时,当然必须研究其历史渊源,也就是该法律为日本接受之前的法国、德国的历史。当然,这个传统最近淡得多了(笑),但在这一传统影响下,他们是非常重视历史的。

研究实定法的学者们，无论是作为方法论也好，还是作为思考当今社会的参照也好，他们都非常关心另一合理社会的状况如何。近代中国研究当然拥有超越"现代中国"和"近代中国"间的藩篱，向众多领域扩展并促使其深入思考的力量。

研究与其外围

村田 下面的话题可能比较复杂。20世纪五六十年代，现代中国论或者同时代观察、中国观察跟历史研究，即使并非完全结合，也非常接近，甚至重叠；评论界、媒体的中国论所发挥的作用恐怕也比现在要大得多。什么时候开始有了距离？我想应该是1980年代，特别是1990年代以后。极而言之，自那以后，整个社会对中国强烈关注，但对其历史失去了兴趣。去年是辛亥革命一百周年，有许多活动、会议举行，但报纸上至今仍在谈论梅屋庄吉、宫崎滔天等和孙中山的交往如何令人感动、神往，好像那就是辛亥革命。在20世纪五六十年代，由于对战前比较了解，对待所谓历史的态度也与现在不同。报纸以及评论杂志的记者等和学术的距离也更近。例如，卫藤沈吉先生就与传媒界拥有各种各样的联系。因此，那个时期应该说还是比较幸运的。而现在，历史研究和媒体已经完全脱离。就拿辛亥革命来看，媒体上极端单纯、被观念化了的中国论简直令人失望。

冈本 传媒和学术的关系，是一个永恒而又复杂的课题。不过，要说从前学者对传媒界有些影响力是一种幸运，我倒不敢苟同。应该说有功也有过吧。只不过，如果就其波及效果和影响来说，接受者才是决定性的。尤其是对中国的关注，现状不免让人忧虑。我甚至觉得，仅就接受者的问题而言，从前似乎更加健全。问题在于关注的态度、持论过于单纯，过于一元化。刚才提到如何培养研究者的问题，我觉得给一般人传达怎样的意识，好像更重要。具体怎么做说不好，但我的确抱有危机感。

吉泽 经常跑中国的记者，其观察、分析能力应该更胜一筹。但我发现，对中国理解较深的记者所写的好文章，在报刊上往往只能占有极小的版面。所谓好文章，多带有极其微妙的韵味（笑），有的部分不好懂，所以在分配版面时往往被赶到不太显眼的角落里。中国是个极其复杂的社会，文章因此才带上微妙的韵味，但那多半是好文章。

冈本 观察中国，只能写出韵味微妙的文章。

吉泽 有的问题，只能写出韵味微妙的文章，那也就是好文章。但是特派记者认真写出的文章，往往不受重视。我总有这种感觉。

斋藤 村田先生刚才讲，评论界、传媒界整体对历史研究和历史不够尊重，换句不好听的话说，是历史修养不足。但在一定程度上，那或许是因为世代交替而迫不得已。而报社记者或在论坛发言的年轻人，或许正是我们教育出来的学生，也就是说，他们几乎都是大学毕业生。总之，近年来历史在大学教育中的地位不断下降，应该也是原因之一。教学大纲中也多是激发对同时代兴趣的课程，并不进行思考历史的训练。也就是说，大学的教学结构决定了我们教员也有责任。

冈本 总之是一种负螺旋。

村田 有人要求大学教育应该把现代史定为必修课。当然，接下来就是如何教的问题。

斋藤 冈本先生在开场白中说这本书是入门书的时候，我就一直在想，假如入门书并非仅为用于撰写硕士论文、博士论文的指南，那读者对象就不仅仅是将来要从事学术研究的人。写毕业论文的学生，许多并不会成为学者。但还是要让他们写论文，那是希望他们将撰写论文的经验运用到社会中去。我想，这本书应该有助于扩展撰写论文的意义。

坂野等编《近代中国研究入门》，其对象显然是学者、研究者，不然不会是那样的内容。但这本书或许可以为学者、研究者以外的人提供帮助，使他们在试图了解中国时掌握一定的方法。近代中国，当然是不同于现代中国的历史空间，但并不像古典中国那样是与我们完全无关的另一个世界。从这个意义上讲，冈本先生印象中的入门书，或许是希望思考中国的人借此了解中国吧。

冈本 我的确希望那样。不过总有个优先吧，首先还是给在读博士生读的。所以编这本书，第一是为了研究。只不过，我认为研究并不仅是研究者的行为，应该有一定的外围才能成立，这是很复杂的问题；所以我希望研究者、研究所处的社会，也能对"研究"有所了解。我的本意不是说这样做就能写出论文，而是说至少须先做到这些，否则不足以被称作"研究"。也就是说，这本书希望通过提示"研究"应该怎样做，让研究者以外的人也对"研究"有一个更加真切的感受。当然，实现这个目的是很难的。

石川 我们这本书，是给今后要出版专著的专家读的吧？我是带着这种意图写的。

冈本 对，那是首要的。不过问题是，仅为这一个目的恐怕还不够。我想这就是斋藤先生刚才所说的意思吧。

村田 专家，或者说研究者这个圈子，是绝对需要的。不过，时代发展到今天，社会上还有不少中国研究的预备群体，就是那些通过报刊、公众媒体的报道而关注中国，但又不是从头研读史料进行研究的人。还有那些在中国工作的人。还有战后出生的一代，他们现在已经退休，因而希望重新进入大学学习。

冈本 就是所谓终身学习的实践者吧？

村田 对。广义上的终身学习实践者在逐渐增加，他们对媒体宣传的僵化的中国形象并不满意，希望更深入地了解中国。

2004年、2005年日本首相参拜靖国神社，引发中国国内爆发了大规模的反日游行。和我们的大学生谈到这个问题时，他们说："尽管反对的心情也能理解，但为什么要采取游行那样的形式？从报纸上找不到明确答案。"所以我感到，希望进一步深入了解中国的潜在求知欲，是相当普遍和强烈的。对此，我的回答也没能让学生满意，至今仍不能释怀，时常反省。

当然，也不能只责备媒体和记者。现实问题是，报纸、杂志卖不出去不行，不受国民欢迎就难以为继。当然，也不能为追求喜闻乐见而带上倾向性暗示。但是，如何提供一定线索、启发以使人们满足上述潜在求知欲望，媒体还需要多下些功夫。

冈本 反过来说，要了解某件事，最起码必须经过这些步骤，尤其是所谓专家的研究，更需要做很多工作，为此需要大量时间。比如，村田先生说他的回答"没能让学生满意"，实际上，那个问题恐怕没有人人都满意的答案。因为学者有其良心，而且数据也不充分，也没遵循研究步骤，当然不能很好地回答。也就是说，没能得到满意答案的人，最好要知道其原因何在。也许有必要单纯从研究角度，让对方了解专家的最起码研究步骤，告诉他们得到答案需要时间。如果能够这样，某种程度上可以说已经达到了目的。

村田 特别是关于中国有一种倾向，即不经过那样的步骤和方法、不遵守明确的思考框架而试图匆忙得出结论。这是很值得担心的。

冈本 所谓"指南"，不无诱导人走捷径的印象。

村田 对此进行批判的最有力工具就是学术，必须展现学术的力量。所以，冈本先生才呕心沥血写了那样一部书。另外，就像斋藤先生说的，大部分大学生毕业后都要走向社会。假如我们能够向他们展现自己是如何进行学术研究的，也就是如何经过辛苦探究而得到某一结论的，那是非常有意义的事。这是在虚拟空间里做不到的，只能通过大学教育、授课中的实践才能实现。年轻人及终身学习的尝试者，许多人应该愿意跟着做，或者对此感兴趣。

在这个意义上讲，去年（2011年12月）的辛亥革命学术研讨会，前来参会的一般听众竟有三百人之多，令人大感意外。在其他国家或地区，无论多么重大的事件，恐怕也不会有那么多人出席其一百周年纪念会。我们需要进一步积极努力，千方百计地吸引那些愿意参加辛亥一百周年纪念研讨会的人。

斋藤 对学生、对社会，都需要展示研究的实际形态和研究行为本身，或者说展示的内容既非指南，也非成果，而是指研究过程。这种展示，以前应该是有过的。比如我们读其全集的那些前辈学者，我们就是被他们的研究行为、研究过程所吸引，才走上了学术研究道路的。

村田 现在的老师们都忙得很，没有那样的过程了（笑），所以应该努力让学生看到过程。学生看见老师总是急匆匆的，经常开会，谁会对其行为感兴趣啊。看来，我们要像吉川（幸次郎）先生那样穿着中国服装、潇洒地上课才好。

冈本 我做学生时，或许是老师的形象过于高大，高年级同学、研究生或助手常躲在一个房间里无所事事，随便捧本书翻弄。那是我与老师相处的最早体验。随时观察、感受老师的研究过程非常重要，此话的确如此。所以，刚才讨论过的组织研究会、读书会，对体验研究过程也是极其重要的。

工具书和数据库

吉泽 话题越来越远了，还是回到这本书上来吧。坂野等编《近代中国研究入门》以市古宙三先生的文献目录开篇，且不说合适与否，的确给人的印象十分强烈。不过，现在因特网已经非常发达，有的部分已没有多大必要。但有些工具书却至今不能放弃。这次编辑的书中，斋藤先生写的部分探讨了应该如何对待和运用因特网，我觉得非常好，非常有益。无论如何，研究形态本身已经发生变化，这既有积极的方面，也有消极的方面。鉴于这种情况，请各位就工具书、辞书、检索方法以及数据库的优缺点谈谈看法。

冈本 现在，几乎所有古典文献都可以通过网络、网页、数据库获取。斋藤先生那样写，大概就是强烈意识到了这一现状。我自己在与搞文学的人交流时，他们也几乎都会问我："为什么不用电脑查阅呢？"或许是我落后了吧。不过，在这种状况下应如何面对文本，我想还是值得重视的。这方面，能否请斋藤先生再进一步地谈一谈。

斋藤 数据库如此普及，会出现怎样的问题？我不过是就此写了平时的感受而已。大意是说，我们此前在查阅过程中能够掌握文献解读能力，搭眼一看就能知道同样的用法曾经在哪里出现过，研究能力也因此越来越强。但是,数据库的出现,在很大程度上使我们失去了这种不断学习的机会。这样一来,能否意识到应该努力掌握这种能力,其间的差距可能越来越大。话可能不中听,但从前可能在入门时就遭受挫折,即在掌握读解能力的过程中就被淘汰的人,现在的确因有了工具而能写出论文。反过来说,有能力的人因此而能掌握更强的能力,而没有能力的人永远也掌握不了这种能力。说"永远"可能有些刻薄,但我想应该是那样的。

现在三十多岁、在入研究生院以前接触过数据库的人和没有接触过数据库的人,差别非常大。我自己属于后者,现在想来很幸运。否则,二十多岁时就有这么方便的工具,自己又没有毅力(笑),肯定就用上了,读书时也就不必独自分析语句、加注标点了。所以,我们既然了解数据库的缺点,就应该反复告诉那些已离不开数据库的人:不要这样,还有其他方法呢。还必须在教学中多安排面对文本的内容。

冈本 您刚才说"失去了"不断学习的机会,这话说得太对了。

吉泽 史料浩如烟海。比如,假设没有《四库全书》数据库,有些研究的确无从着手。有一种传说称,花一辈子可以读完宋代史料。有的研究倒没用一辈子,但有的论文确实是花了二三十年抄写卡片才完成的。所以,从前的年轻人写论文很困难。最近,查找史料已经简单得多,很容易判断什么地方有需要的东西。找到后当然还须潜心阅读,但总之不再需要花几十年时间抄写卡片了。因此,以前无从着手的宋史、明史领域,现在也有硕士论文、博士论文产生。当然,这并非没问题,但撰写论文的方法确实不同于以往了。

近代史方面,也面临同样局面,比如刚才也提到的《申报》原文数据库的问题。所以,我们也必须对此有清醒认识。如果在教学过程中没有这种认识，肯定也是不行的。

斋藤 最近工具方便，好好利用无疑会提高整体研究水平，成果也会增加。不过，就个人的具体研究而言，其实质收获却越来越少。

冈本 我开头讲的，就是这个意思。整体的平均水平在提高，但要再进一步恐怕不太可能。引人入胜的研究论文越来越少，与此大有关系。

斋藤 在这个意义上讲，人文研究越来越像理工科了。工科研究是大家合作，但参与研究的个人能得到什么呢？没有什么收获。当然，这样比喻，理工科的人要生气了。对人文学研究而言，最后自己得到什么，也就是自己内部能否有学问积累是最重要的。如果什么都没留下，怎么研究都没有意义。所以，历史也好，思想、文学也好，都运用所谓人文学手法。

石川 近年来的许多论文，一读就知道是怎么查找史料的。无非是先进入某某网站，上面有什么什么，然后打开链接就可以看到这件史料。而这件史料是怎么找到的？怎么能读得懂？——这样的新鲜感已经难得一见，就像斋藤先生说的，已经"失去了"。

冈本 打个不太准确的比方，现在的社会比以前明亮、通透，而以前要昏暗得多。以前正因为昏暗，所以嗅觉也就灵敏，判断能力也强。比如某个用例可能在那里、某件史料或许在这里等，凭感觉就能知道个八九不离十。但是，最近因为马上就明白、看得很清楚，感觉却麻痹了。看得越清楚，失去的感觉就越多。刚才说"失去了"不断学习的机会，我想指的就是这一点吧。现在电脑越来越方便，但到底还是代替不了动手读书，还是需要在年轻时翻遍《（佩文）韵府》，然后涉猎经书、史书，确认用例在什么地方。

吉泽 刚才的讨论提到看没看清，我就想起了读报纸。现在重印的报道文章、清末报纸上，往往字迹模糊，甚至半个字已经消失。当然，报纸的印刷质量本来就不好，但寻找原因没有用处，不读就不能用作史料，只好耐着性子连蒙带猜。模糊的字，怎么读还是模糊；但奇怪的是，读得多了，似乎也就清晰了起来。因为报纸上特殊的语句并不多，具体场合只有一种说法，所以几乎全都读得懂。在模糊的字由读不懂到读得懂的过程中，读书能力也有所提高。但假如用数据库查阅，每个字都很清晰的话，提高什么的也就无从谈起了。

冈本 读手写的文章也一样。主要是字体问题。近代的档案，字体可谓千变万化，有时看到一个字会有"这肯定是某字"的感觉。感觉只能靠熟练才能捕捉得到。所以，读文章、面对文字却略去熟练过程，真是太可惜了。我现在仍使用《韵府》，现在的学生怎样？他们用吗？

吉泽 不用。我也不用。

斋藤 自打《汉语大词典》问世以后就不再查《韵府》了。

冈本 《汉语大词典》，我觉得编得并不好。斋藤先生也那样写，太好了，我好像得到了专家的承认。当然，举例、词汇非常丰富，无疑是很有用的。

斋藤 作为辞书，还是《辞源》的眼界更高些。

石川 举例方面，我感到《汉语大词典》中清末民初的例子太少，也就是近代词汇不多。

斋藤 但影响很大，比《大汉和辞典》要大。有人劝我不要再使用《大汉和》。

冈本 我也被人那么劝过。大家都一样。

斋藤 做学生时，记不清是上课还是一起喝酒的时候，老师问我："《大汉和》用起来方便吗？"我反问道："老师以为怎样？"老师回答说："那辞典我没有。""我没有"三个字说得很自豪。

吉泽 用了老师会生气吗？

斋藤 我读研究生的时候，好像修订版开始发售。修订版对举例作了确认和补充，我记得对老师说过这部分可以使用。

冈本 不要用《大汉和》，好像是不成文的规矩，一提到它就被那样说，但都不说理由是什么。虽然一用就知道为什么。

斋藤 不过，没人说不要使用《汉语大词典》吧？

冈本 没人那么说吧。

斋藤 《大汉和》遇到抵制，都说不要用。但《汉语大词典》没有这种情况，大家都在用它查阅。

村田 清末民初的辞书没有定本，所以只好选合适的使用。比较起来，《中日大辞典》收入了少部分那个时代的词汇，有时能派上用场。当然，单凭这一部是不够的。

冈本 说来说去，还是那句话，不能靠辞典（笑）。

石川 不过，辞书还是很重要的工具书。

吉泽 反研究指南的味道越来越重了（笑）。《中日大辞典》经过了几次改订，对历史研究的价值越来越小了。

斋藤 不错，清末的词汇越来越少了。

冈本 单字字典还是《学生字典》好，就是那部《读中国文章所需汉字字典》（日译本）。

斋藤 那部字典现在仍然很有用。

冈本 真是部好字典。还是从前的辞书好啊。

斋藤 《学生字典》收字、释义不求多而求精，其余的可以根据释义自己思考。是不是好辞书，能否让人根据上下文思考是最关键的。《辞源》也是这样的。《汉语大词典》什么都有，什么都教给你，没有留下继续思考的余地。还是辞书的作用不一样。

冈本 我现在仍然喜欢用《辞源》，听了刚才的议论底气更足了，心情好呀。总之，一个词的意思，应该阅读例句并思考上下文关系来决定，这才是正确的方法。所以，辞书不可能有定本。照搬辞书就可能吃亏，记得翻译《梁启超年谱长编》时就吃过好几次那样的亏。正因这样，序章写到的索引，以及刚才的讨论提到的《民报索引》《雍正朱批谕旨索引》才有其意义。

这里必须提到的是佐伯富先生的一系列研究，如《中国随笔索引》《宋史职官志索引》等。现在网络高度发达，这些著作已经被人遗忘，而且和近代史的关系也不如山根幸夫先生的《清国行政法》《福惠全书》等那样密切。但我认为那些都是不朽的名著。佐伯先生的著述，如果与这些索引合起来读，也很有补益。有些地方佐伯先生没能读懂的，也能看得很清楚。我认为佐伯先生的研究应该传承下去，尽管目前看来非常困难。

吉泽 读不懂是常有的事，无论怎么学高八斗，也肯定有搞不明白的时候。所以在教育上，应该告诉学生，并非所有文字都能读得懂，有的是读不懂的。在这个意义上说，有些东西不好懂、看不清，是很可宝贵的。

冈本 现在，整个社会对"懂""明白"想得过于容易，不求甚解。

斋藤 对，都想一下子明白、马上就懂。

村田 "明白""读得懂"是循序渐进的，存在不同的阶段。所以我总是对学生说，要把原文全部译成日语。翻译之后才能清楚是不是懂了。

冈本 不懂而又不知道不懂，这种情况不少。翻译之后，即使译文不甚达意，也会有某种成就感的。

直面史料

村田 把某一词语为何出现在某篇文章、某个句子中的问题，放在文章形成的背景中思考，我想这就是研究。不是查查辞书就完事，查辞书只是起点。许多东西一时搞不清楚，所以需要不断查找用例、大量阅读文献，只有这样才能解决问题。数据库能够起到一定作用，但"阅读"这一行为最终不会被数据库彻底取代。当然，就像刚才说的，通过当面示教、授课督促"阅读"，仍然是需要的。

斋藤 应该说更重要了。

村田 刚才的讨论中说到"不求甚解"，不少硕士论文对某一概念的确是自以为是、不求甚解。本来应该停下步子，想一想这里为什么要这么说。清末还有汉字同形性问题，如果就某一字形追究下去，将会进入观念史、词汇研究的广阔世界，但那太不容易了。不过，那也离不开"阅读"。

关于数据库，我也经常使用"百度"。看上去信息非常多，但实际上，许多文章都来自同一网站。

冈本 那种情况，汉文古籍也一样。

村田 都是照样复制和粘贴，所以错误的信息越传越广。出版物也难免有同样现象。使用数据库时还必须注意，数据库本身使用版本不同也可能造成错误，有时元数据就是错的。在这个意义上说，"亚洲历史资料中心"也不完美，可谓问题多多。实际参与该数据库工作的大泽肇先生也这样说过。

实际上，如何切分一个史料群，这本身就是编辑。所以极端地讲，史料被纳入数据库的一瞬间，就已经变成了二手史料。切分后，要拾取关键词以做内容提示，但原则上必须在三百字以内。也就是说，检索时只能靠这三百字，即使史料中有更重要的信息，不在这三百字之内也无法看到。仅史料群如何切分，就可能产生各种问题。比如，有时两份报告在一个文档中，但第二份报告却怎么也查不到。有时，网上的图片信息等会缺页，加工处理也难免草率、马虎。总之，利用数据库必须十二分地小心。

村上 实际上，从那样的数据库提取史料写成的论文、专著已经有了，并且其中有一些十分糟糕。

村田 是中国吗？

村上 日本也有啊。肯定接受过严格训练的老先生，就因为用了此类史料，写出的论文却肤浅无比，让人大跌眼镜。

村田 所以说，数据库的史料比编纂史料集还要危险。编纂史料集或许存在问题，比如编者的历史观会带来编辑偏差，有时编者甚至删改文字。但读者总还可以用批判的眼光去审视、判断。所以我对学生说，在运用数据库之前，要先读编纂史料集，比如可以从"中国近代史资料汇编"读起。如果不通过读史料培养阅读能力，那就真像斋藤先生说的，不知不觉间会"失去"不断学习的机会。

斋藤 问题是，不少人并没觉得正在"失去"什么，真为他们感到遗憾。所以，通过当面示教、授课、研讨来督促"阅读"，的确比从前更加重要。

冈本 还有就是西先生写到的，现在比以前更需要对研究进行批判。我觉得，发表的论文、出版的专著数量很多，所以更需要直言不讳的态度，有问题就是有问题。从前，正式撰写论文之前，要先接受老师、前辈的敲打，这个做法现在也省了。错误得不到指正，大家也就觉得没有问题，结果又会造成新的错误。所以，不行的就得说不行。我自己不避讳，任何时候都这样写，到处惹人嫌弃。但我认为应该这样做。

吉泽　学术杂志的编辑委员会，以及东大出版会等学术出版社的编辑都见识不凡，应该充分借助他们的力量，接受他们的严格检查。反过来，没有学术见识的出版社，有时连低水平的博士论文，也会径直付印出版。总之，付印之前，必须下功夫反复检查。

村上　我认为，尤其是研究专著，在付印、出版之前，最好多找几位学生、后辈读一读，同行也行。当然，找学生检查，应该支付相应的报酬。现在，所有检查、校订都要求出版社来完成是不可能的，研究者本人也应该考虑怎么做才好。

村田　自己检查，有的问题很难看出来。

村上　时间也不够用。

石川　不过，出版社之所以雇用编辑，应该不单是为了让他们从著者那里拿来稿件交给印刷厂就完事，所以，出版社和著者还是应该为研究成果、为出版物共同负责。

村田　编辑不仅要校正，还要"校阅"，要仔细阅读、检查稿件的内容。

石川　作者写的都是自己知道的事情，所以会自以为已经讲得很明白。但读者往往完全读不懂。而作者和读者以外的第三者，尤其不是同行的人，就很容易发现问题。所以编辑的作用相当重要。

斋藤　美国的出版社常有同行评审（pear review），通不过的不能出版。日本的出版社没有这套机制。

石川 没有。只要你能争取到出版补助，就什么都好说（笑）。

斋藤 出版资助机构读不读？这也是个问题。

石川 恐怕不会读吧。

冈本 这种态度，令人心寒啊。

石川 学术杂志的审查委员会，也不会认真读吧。

斋藤 哪会认真读啊。这点很让人痛心。当然，审查并决定是否给予出版资助的是我们的同行，所以还是我们自己的问题。

村上 我之所以觉得组织研究会太重要，理由之一就是，论文在付印前，可以在这里连同所用史料一起摆出来，请大家充分讨论和批判两个小时。在学会上报告二十多分钟，听众没有时间思考，不可能提出什么问题，比如用了什么史料等。我认为，应该珍视不容轻易过关的各种机会。项目研究，最好也能与现有的学会、研究会结合起来。

吉泽 一篇文章花两个小时，史料应该如何读解等问题就可能引起热烈讨论了。这种做法现在不多见。

石川 刚才讨论过现代中国研究和我们近现代史研究的断层，关于这一点，最后再补充一句。现代中国研究和近现代史研究在中国也是各行其是，其间断层可能更深。

吉泽 各行其是本身，我觉得也没有多大问题。对象差异较大，分别研究也无可厚非，问题在于是否充分地相互尊重，这很令人担心。

冈本 中国学者是在研究自己的国家，这可能是原因之一。想一想研究现代日本或日本现状的学者与研究日本历史的学者之间的关系，或许不难理解。对我们而言，现代中国研究、历史研究，对象纯粹是外国，这点应该分清，而且最好采取这种态度。不过，实际上很难分得清楚。

村田 我最后说几句如何运用网上资料的问题。借用某人的话说，网上资料是"善恶在人"。也就是说，会用的人用得很好，用不好的人用了也没用。如此而已。令人忧虑的是，由于网上资料这般普及，学者跑图书馆的少了，不再关心书架上有什么自己需要的书，旁边又有其他什么书。实际上，只要图书馆有相当的藏书，仅运用馆藏史料进行研究，也并非不能出成果。如饥似渴地查找史料当然非常重要，然而，近代史研究的史料浩如烟海，把有关史料全部找来研读是不可能的，研究20世纪尤其如此。所以我认为，按部就班、循序渐进地阅读常见编纂史料非常重要，尽管这个主张好像与当下的档案中心主义背道而驰。

例如，五四运动研究现在已没有往日之盛，对中国近现代史的意义也相对降低。不过，王奇生先生大约三年前发表过一篇有关五四运动的论文（《新文化是如何"运动"起来的？》），曾获得好评和高度关注。这篇文章收在王先生的最新论文集《革命与反革命》里，我也拜读过，很是佩服。这篇文章的大意是，五四运动始于《青年杂志》的创刊，但该杂志初时发行数量极少，陈独秀等在上海编辑该杂志的时候几乎没有引起关注，论坛的核心是更有影响的《东方杂志》等。但《新青年》长于和善于宣传，展开了"运动"，钱玄同运用化名自导自演了"文学革命"。这篇文章的结论为理解1920年代的"运动"提供了非常重要的观察视角，但所使用的史料却是1980年代出版的。王先生非常熟悉档案，但他没有使用呈现新事实的史料，仍然写出了具有特殊意义的论文。他读史料既广泛且深入，因而能够看透史料背后的东西，并以独特眼光作了清晰的整理。在某种意义上讲，这才是真正的研究，是历史研究的本来形态。王先生该文为我们提供了一个极好的范例。

冈本 听了这话我想到的是,建立自己的文库、史料库非常重要。编纂史料也好,其他种类的资料也好,总之,读过后要能使自己站在绝对的高度。有没有这些东西放在枕边随时阅读,我想结果是完全不同的。现在,很多时候不得不为某一现实目的而写论文。然而,在读史料、资料而浮现某一想法、观点的时候再尝试形成文字,当然比在压力下、应用新史料等写出的论文要好得多。所以我想,在论文的完成阶段需要大量查阅资料,数据库在这时非常方便,也十分有用;但在设定研究目标这一最核心的部分,不应轻易使用数据库。这一点,还有刚才的讨论提到的如何阅读的问题,怎样才能让更多的人理解呢?

村上 怎么有一种要和史料、史料群生死相随的感觉呀。

冈本 就像村上先生和英国外交档案生死相随那样(笑)。说起来,文学研究、思想研究才真是和某一特定人物生死相随呢。

村田 史料也好,人物、作品也好,必须有所偏好。

冈本 同意!偏好,也就是喜欢或者不喜欢。当然,有些史料是不喜欢的,但那也是有了偏好才知道不喜欢的。所以,没有偏好,就写不出轻重平衡、节奏明快的文章。

吉泽 那么,就到这里吧。今天的讨论非常有意思,很受教益。谢谢各位。

(2012 年 2 月 18 日)

(袁广泉译)

附录

悼念袁广泉君

狭间直树

袁广泉君去世了，是今年[2020年]5月22日的事。享年五十七岁，实在太年轻。

接闻讣告，无尽悲伤。但是，在新冠疫情肆虐、夫人访日之际，独自生活的袁君突然遭遇心肌梗死，念及此处，不得不叹息时运不济、叩问天道是非。

我与袁君初见，是1999年京都大学人文科学研究所（简称"京大人文研"）举行70周年纪念研讨会时的事。会议总主题是"西洋近代文明与中华世界"，第一分论坛"文明史"中，石川祯浩君报告了自己的研究，题为"近代东亚'文明圈'的成立及其共同语言——以梁启超的'人种'为中心"，而担任口译的正是袁君。当时对他的印象是"好出色的人呀"，而差不多一年之后，又理解了袁君的出色远非这一程度。

我们的论文集《梁啓超——西洋近代思想受容と明治日本》（みすず書房，1999）出版中译本之际，原作者们都各自找了译者。后来中译本的书名是《梁启超·明治日本·西方——日本京都大学人文科学研究所共同研究报告》（社会科学文献出版社，2001）。论文共 13 篇，出版中译本时，曾拜托海峡两岸与该领域渊源深厚的三位学者——金冲及、张朋园、杨天石——撰写序文。给各位先生发去中译文稿之后，先生们都直言不讳地赐下批评，而当中被判定为没有问题的合格译文，唯有袁君之作。袁君水准之出众，遂以这样的形式为人所认识。

后来的 2007 年，袁君以京大人文研附设机构大学共同利用法人（人间文化研究机构）客座副教授的身份来到日本，任期凡五年。也是在这一时期，2008 年的前半年，中山大学的桑兵教授亦曾来此担任客座教授，访期半载。因而我与森时彦、石川祯浩二人商定，开始了一项新的研究会计划，题为"近代東アジアにおける翻訳概念の展開"（近代东亚翻译概念的发生与传播），为期三年。

袁君为研究会成果报告论文集《近代东亚翻译概念的发生与传播》（社会科学文献出版社，2015）撰有论文《清末民初中日文法学交流初探》（明治期における日中間文法交流の研究）。文章探讨了自 1877 年日本刊行金谷昭训点的《大清文典》与大槻文彦作解的《支那文典》，形成今日所谓的"文法"概念，至大约三十年后《马氏文通》出现，这一时期的"文法学"交流问题。这方面的研究是我们研究班过去没有的，因此我很高兴。

我请袁君翻译过的文章有好几篇，当中印象最深的，是《西周のオランダ留学と西洋近代学術の移植——"近代東アジア文明圏"形成史：学術篇》（《东方学报》京都，第 86 册，2011）。这篇文章是由 2010 年在中山大学的讲义内容整理而成，中译版以《西周留学荷兰与西方近代学术之移植——"近代东亚文明圈"形成史·学术篇》为题，刊发于《中山大学学报（哲学社会科学版）》第 52 卷第 2 期（2012）。在第六节《确定学术术语之过程》中，考察了如今早为人熟知的词语"演绎"（deduction）、"归纳"（induction）经西周选定的过程。

这两个逻辑学术语是经过〔A〕1869—1870 年《学原稿本》、〔B〕1871—1872 年《五原新范》、〔C〕1872—1873 年的《致知启蒙》这三个阶段逐渐得以确定的。具体而言，deduction 一词由〔A〕阶段的"ひきいたすかむかへ"变为〔B〕阶段的"钩引／演绎"，到〔C〕阶段仍作"钩引／演绎"，之后乃定为"演绎"；induction 一词在〔A〕阶段作"ひきいるゝかむかへ"，到〔B〕阶段作"套插／归纳"，到〔C〕阶段仍作"套插／归纳"，最后乃定为"归纳"。西周在〔A〕当中对这两个术语作了详细的伦理学方面的解释，今且从略。

在此过程中，我颇在意的是〔A〕阶段的"ひきいたすかむかへ"与"ひきいるゝかむかへ"。因为这两个词汇与〔B〕〔C〕的汉语词不同，都具有和语（日本固有词汇）特有的"悠长感"。袁君将"ひきいたすかむかへ"译作"引出之思考方式"，将"ひきいるゝかむかへ"译作"引入之思考方式"。也曾想过如此翻译合适与否，我想这应该是为了用汉语也表达出几乎与和语"悠长感"一致的感觉吧。虽是很小的经验，却是才华绝代的翻译家袁君告诉我的巧思，而今仍时有怀想。

袁广泉君，请安息吧。合掌。

悼袁广泉君[1]

桑兵

战疫行将结束之际，惊闻袁广泉君因病逝世。前些时知道他住进危重病房，心中隐隐已有不好的预感，知道这个时间身体出问题，很难挽回于万一。

从来给自己的约束之一，就是尽可能少写、最好不写悼念性文字。但对于广泉的过世，却有些话不吐不快。

认识广泉，是2008年初春到京都大学人文科学研究所客座半年，广泉当时正在所里担任五年聘期的副教授。已经荣休的狭间直树教授，还经常参加所里的活动，他告诉我，广泉毕业于神户大学，翻译能力极强，由多位译者分担的译本，几位作序的两岸名宿一致公认广泉的翻译最佳。不过，见到广泉时，总觉得相貌与文静书生有些距离。原来所在的中山大学历史系蒋相泽教授，出身于西南联大，在美国华盛顿大学获博士学位，本来专长是捻军，回国后转而研究国际关系史，他说翻译之事，三分外文，七分中文，三分

---

[1] 本文在收入时有删减。

语文，七分专业。我未见过广泉写的中文，以貌取人，因而对其翻译能力将信将疑。即使他来过我们在国际交流会馆的住处，也时时在所里见面谈话，可是并未改变看法。

直到凑巧出现的一件事情，令我对广泉刮目相看。一次在狭间先生主持的研讨班例会上，与会的武上真理子女士提出评论意见，不知怎的话题忽然转到康德身上去，我的日语和武上的汉语显然不能胜任这一层级的交流对话，在场的其他人也面面相觑，感到为难。广泉自告奋勇，担任传译，使得沟通毫无障碍，其双译的流畅准确，没有深厚的功力，绝做不到。记得一次参与和欧共体的一个学术代表团的对话会，其间一位比利时教授报告波普尔的科学哲学，上来就连写了几黑板的数学公式，先后换了五位翻译，从外语专业的博士到留欧专门学习科学哲学的台湾教授，每人顶不过五分钟。此后校园里很长一段时间不大听到有人谈论波普尔。由此可见，好的翻译难能可贵，而广泉驾驭康德的从容与中日文切换的通畅，非比寻常。武上和广泉两位都是英年早逝，想来令人唏嘘。

世界上各国少有专门的翻译家，而中国几乎各个重要语种都有以译介成大名之人，显示近代以来目光向外的时驱和取向。只是著名翻译家大都属于文学领域，史学界虽然凤毛麟角的有几位因译书有名于时的学人，却不能以翻译家名之。史学界的乱译现象，比其他领域更加凸显。如果史学界的译者可以称家，广泉当之无愧地应居其一。这样的标杆树立起来，想当然的翻译便会大幅度减少。

汉语文独树一帜，对于急欲进入世界的国人而言，翻译作为中介的确不可或缺。尤其是史学领域，包罗万象。或谓中国研究是目前唯一的世界性学问，各国参与者众多，再好的语言天赋，也不可能掌握所有语言文字，因此，翻译依然是必不可少的跨文化传通介质。像广泉这样出类拔萃的翻译人才，比一般好的专门研究者更加难得。

广泉热衷于做的翻译之事，比起为数不少的可有可无的论著不知有用多少倍，在史学界不应该变成只是为他人作嫁衣裳。我们希望与世界沟通，却找不到恰当的沟通之道，甚至漠视正道，盲从异途，就难免南辕北辙。

悼念广泉，望他于九泉之下能够安息。

风骨铮铮的翻译生涯
——追忆袁广泉先生

石川祯浩

袁广泉先生与我同岁，生于1963年。但袁先生始终称我为"先生"（老师）。倒不是因为从2007年起他在京大人文研工作的五年里，我是他的上司。其实，我曾在讲坛上教过研究生院时期的袁先生，还曾担任过他博士论文的副审人，因此对于袁先生而言，我是不折不扣的"先生"（老师）。然而对我来说，这二十余年间，却并非把袁先生当作学生，而是视为可靠的同志、信赖的挚友。

我与袁先生的相遇，应追溯到1998年，那时袁先生还在神户大学研究生院（博士课程）读书。他结束了在大阪教育大学的本科、硕士课程，于1997年考入神户大学研究生院博士课程；也是在这一年，我就任神户大学文学部助教授，并从1998年起，在一门学生很少的演习课上教了袁先生。当时，我们都三十五岁，我以为袁先生是年纪稍微有点大的博士生（留学生）。其实袁先生曾在中国当过八年左右的日语教师，又重新考入日本的大学，博士期间来到了神户大学。但我对他此前的这些经历一无所知，亦没有关心。因为课堂上的袁先生虽然日语非常好，但也不是那种特别引人注目的学生。

我认识到袁先生作为翻译家或曰口译家极为出色的一面，是在1999年11月，刚好是他向神户大学提交博士论文《平民教育运动再考（1922—1935）》的时候。那时京大人文研刚好举行创立70周年纪念会暨国际学术研讨会，我参加了报告，而会议主办方给我安排的翻译就是袁先生。袁先生的口译十分精彩，仿佛事先知道我要说什么似的，我对这位大个子男人的才能感到由衷惊叹。为我做过翻译的人当中，不论是那之前还是那之后，我都没有遇到过超出袁先生的人。不仅是站在演讲台上的我这么认为，会场上的所有人应该都有这样的感慨。水平的确太不一般了。

正因为此，在袁先生取得学位回国（就任曲阜师范大学日语系教师）之后，以京大相关人士为中心，许多人都开始拜托他翻译。充分说明袁先生不仅在口译方面有出众才华，而且在文章翻译方面亦拥有卓越能力的，是京大人文研共同研究成果报告集《梁啓超——西洋近代思想受容と明治日本》的中文翻译（后以《梁启超·明治日本·西方》为题由社会科学文献出版社出版）。该研究班由班长狭间直树先生主持，发现甚多，论文集共收入13篇论文。1999年出版的日文版受到了很高评价，遂决定出版中文版。中文译稿由作者们各自准备，我和另外两位老师的论文拜托给了袁先生。因为是围绕梁启超与明治日本的思想史或概念史相关的主题，翻译有相当的难度，但袁先生还是按时完成了译稿。令我们吃惊的是，由于要写中文版序言而通读了诸篇译稿的中国资深学者发出了异口同声的感慨。其中两位先生（杨天石、张朋园）指出各篇翻译质量参差，坦率说还有不堪卒读的译文，但两位先生都称赞其中有三篇译得很好，能使人一下子理解原文想要表达的内容。是应该说凑巧呢，还是说果然如此呢，那三篇都出自袁先生之手。

借由论文集《梁启超·明治日本·西方》的翻译，袁先生的能力成为我们的共识。我在2001年刊行的处女作《中国共产党成立史》(以下略称《成立史》)一书的翻译，毫无疑问也拜托了袁先生，他慨然应诺。2002年9月交给他的日文原稿（约45万字），在次年3月被译成了38万字左右的中文稿。考虑到其内容曾被评价为如同"解剖麻雀那般细致的分析"，袁先生能在短短半年内就翻译完毕，必须说是令人惊奇的事。他并非专职的翻译家，而是大学里教授日语的老师。若非牺牲了原应用于自己研究或与家人团聚的宝贵时间，是不可能在这样短的时间内完成译稿的。此外，只有对原著有透彻的理解，才能有袁先生那样的翻译。译稿虽然非常迅速地完成了，但由于编审及"非典"流行等原因，直到2006年才由中国社会科学出版社出版。

中文版《成立史》甫经面世，即引起很大反响，成为我的研究广为中国学界认识的契机。该书获得的评价倒还不坏。而能有这好评当然多亏了袁先生的翻译，只要看看豆瓣网本书页面的短评，就一目了然。日文著作常见的暧昧、兜圈子的写法，经由袁先生的译笔而消失无形，可使中国读者毫无滞碍地顺利读进去。

再者，正如许多学者已经指出的，袁先生的译著建立在理解原著作者本意、知道何为论述焦点的基础之上，这一点尤为难得。知道何为论述焦点，在各个领域内被称为"学识"，在历史学领域则叫作"史识"。若缺乏这种"史识"，无论外语能力如何出色，也不能被称为一流的翻译家。同样的道理也适用于被翻译过去的那种语言的能力（袁先生的情况，则指他的中文能力）。对外文的理解力固然很重要，但将之译成另一种语言时，译者在母语方面出众的品位与笔力亦不可或缺，如此，与之相应的译文才能拥有生命力。有幸得到袁先生注入生命的书籍当中，有《中国共产党成立史》《中国近代历史的表与里》，还有《"红星"是怎样升起的》（下略称《红星》）。

就这样，袁先生真正的能力逐渐为人所知，以京都大学为首的关西地区的大学与研究者们都很后悔只给了袁先生学位，就让他回国了。特别是像他这般兼具历史学深厚造诣及外语能力的人才，作为"日语教师"，承担着繁重的教学负担。另外还有一点，只有袁先生才可能完成的历史研究的翻译成果，在中国不论是学界还是大学，都不被当作像样的研究业绩，也不会得到应有的评价。当然，不论袁先生在哪个大学的日语系，都是优秀的教师，深受学生倾慕，这本身并没有什么可苛责的。但我们都不能满足于袁先生仅是一名优秀的日语教师，于是想着有什么法子能把他请到日本来。

机会突然降临，那便是大学共同利用法人（人间文化研究机构）的现代中国研究推进事业。2007年起，承担该事业部分职责的京大人文研成立了现代中国研究中心（当时的中心负责人是森时彦），作为承担该事业的母体。同时，由于事业委托，聘用专门人才也成为可能（五年任期，公开招募），我们请求将范围扩大为国际招聘。另一方面，获知此讯的袁先生也做好了在自己工作单位（不久前刚从曲阜师范大学调任江苏师范大学）停职的觉悟，应募了人间文化研究机构的这次招聘。他的能力果然得到了信任，之后顺利被聘用，来到了京都大学。2007年10月他就任人文研之际的待遇，是拥有独立研究室的客座副教授。

而后，直到2012年期满离任为止，袁先生拥有了——回想起来，那是他一生中最初也是最后的——埋头研究的时间。其间，袁先生自己的研究也逐渐得到承认，同时，因他超人般的翻译，森时彦先生与我的研究成果也渐为中国学界所知。这一时期袁先生的活跃是众所周知的，森先生、我、约与袁先生同时到任的小野寺史郎（现埼玉大学副教授）、村上卫（现人文研副教授），大家都在相邻研究室，几乎每天都聊研究，聊研究成果的发表。有时夜里对饮小酌，讨论如何更好地理解现代中国。这是往事与回忆最多的五年：西藏、云南、四川的调查旅行，因猪流感而早早关门的袁家饺子店的尝试……

快乐的回忆实在太多，难以尽述。若加上这五年之前与之后的时期，那么每番回想之际，我不由自主涌出的眼泪一定会流干。就从这无数的回忆之中，单介绍一件我以为最能说明袁先生特质的往事吧。这是足可说明不谙世故的袁先生可爱侧面的昔日断片。

那是 2004 年 9 月的事。我去中国出差，得空到徐州拜访袁先生。当时，刚完成《成立史》翻译的袁先生无比热情地招待了第一次去徐州的我。因为下雾，航班晚点了三个小时，他与夫人鞠霞却一直在机场等待。在徐州的那两天，我为袁先生的学生们演讲，参观淮海战役纪念馆和龟山汉墓，度过了非常愉快的时光。欢聚短暂，转眼就到了离开徐州的清晨。我已计划好从徐州去常州，事先请袁先生买火车票。那还是没有高铁、不能在线预约座位的时代，与我留学北大的 1980 年代几乎没有太大差别。因此，我事先请他想办法买到坐票。袁先生说没问题，但到了徐州站我吃了一惊，袁先生从卖票窗口回来，说没买到坐票。

"老师，我去跟列车长说说，请他给安排个座位。"他这么跟我说，但进到站台，一看列车，我再度惊呆，这是乌鲁木齐开往上海的特快呀。这不偏偏是中途上车、最难遇到空座的班次么！从徐州到常州,当时的特快得五六个钟头,我颇感绝望。列车停在站台,大概有十分钟的停车时间。袁先生到车门口跟列车长交涉,恳求说这是外国大学的老师,能不能给空个位子出来。列车长摇头,袁先生遂不慌不忙从口袋里掏出两瓶可乐递了过去。啊呀,老袁,要是两瓶可乐就能搞定特快座位的话,那谁都不会吃苦了!只要在中国稍微旅行过,哪怕是外国人,这点道理也是懂的——无奈登上特快列车的我,向袁先生投去略略不满的目光,挥手作别。"老师,对不起!"他也挥手在站台上奔跑着,目送我离开。结果,我在车上过道里差不多站了一个钟头,之后再次跟列车长交涉,终于被允许在餐车上坐下。到了常州,给袁先生发短信说明途中经历,那边也迅速回信,跟我抱歉安排不周到。我觉得袁先生真是可爱。

袁先生回国前后,他的女儿袁典恰来京大留学,之后与读书期间相识的同学结婚,嫁到了大阪。独生爱女远在异国生活,袁先生夫妇也许很寂寞,不过爱女相继诞下三个可爱的孩子,因此逢到结婚典礼、孙儿出世,袁先生都会来日本。每一回也都会到人文研来坐坐。袁先生给我们看典礼与孙儿们的照片或视频,满脸温柔笑意,而这时候他也往往喜极而泣。我们赞叹说,袁先生,真好啊!说话间,我们也跟着落下喜悦的泪水。所有人都以为这喜悦必然会一直延续下去,就在今年3月末,我还向袁先生祝贺了中文版《红星》的诞生。孰料接下来一个月,事态竟如此急转。在过去三年里,我先后失去了两位在隔壁研究室工作的同事:袁先生与他的继任者,也曾担任过五年研究员的武上真理子。偏巧二人也都在五十六岁左右的壮年离去。袁先生爱吸烟,在研究室也常抽。使用同一间研究室的武上曾介意屋子里留下的烟草气息。就是如今,那屋内仍留有一丝余味。近来大学校园内强烈呼吁禁烟,每当我路过那间屋子，却很喜爱那一点残存的气味，因为那是挚友袁广泉先生留给我的一点纪念。

袁先生，你耗费自己宝贵的时间、倾注了性命心血的种种译著，一定会替你永远留在世间，无论时代如何更迭。

参考文献

【日文】

赤城美惠子：《可矜与可疑——清初朝审程序及事案分类》(可矜と可疑——清朝初期の朝審手続及び事案の分類をめぐって)，载《法制史研究》第54号，2004。

浅田进史：《柏林德意志联邦档案馆藏中国史料——关于"中国驻德大使馆 Deutsche Botschaft in China"史料》(ベルリンのドイツ連邦文書館所蔵の中国史料——「中国駐在ドイツ大使館 Deutsche Botschaft in China」史料（1920年まで）について)，载《近现代东北亚区域史研究会通信》(近現代東北アジア地域史研究会ニューズレター) 第17号，2005。

味冈彻：《民国国会与北京政变》(民国国会と北京政変)，见中央大学人文科学研究所编《民国早期中国与东亚的变动》(民国前期中国と東アジアの変動)，中央大学出版部，1999。

足立启二：《阿寄与西门庆——明清小说中商业的自由与分散》(阿寄と西門慶——明清小説にみる商業の自由と分散)，载熊本大学文学部《文学部论丛》第45号，1994。收于《明清中国的经济结构》(明清中国の経済構造)，汲古书院，2012。

足立启二：《明清中国的经济结构》(明清中国の経済構造)，汲古书院，2012。

安部健夫：《清史研究》(清代史の研究)，创文社，1971。

阿部洋:《中国的近代教育与明治日本》(中国の近代教育と明治日本)(异文化接触与日本教育),福村出版,1990。

饭岛涉等编:《对21世纪中国近现代史研究的思考》(21世紀の中国近現代史研究を求めて),研文出版,2006。

饭岛涉等编:《20世纪中国史系列》(シリーズ20世紀中国史),全4册,东京大学出版会,2009。

伊格尔顿:《文学是什么?——现代批评理论导论》(文学とは何か——現代批評理論への招待),大桥洋一译,新版,岩波书店,1997。

石井宽治:《近代日本与英国资本——以怡和洋行为中心》(近代日本とイギリス資本——ジャーディン・マセソン商会を中心に),东京大学出版会,1984。

石井摩耶子:《近代中国与英国资本——以19世纪后半期怡和洋行为中心》(近代中国とイギリス資本——19世紀後半のジャーディン・マセソン商会を中心に),东京大学出版会,1998。

石川祯浩:《梁启超与文明的视点》(梁啓超と文明の視座),见狭间直树编《梁启超共同研究》(共同研究　梁啓超),みすず书房,1999。

石冢迅、中村元哉、山本真编:《宪政与近现代中国》(憲政と近現代中国),现代人文社,2010。

市古宙三:《近代中国研究工具书》(研究のための工具類),见坂野正高等编《近代中国研究入门》(近代中国研究入門),东京大学出版会,1974。

市古宙三:《近代中国的政治与社会》(近代中国の政治と社会),增补版,东京大学出版会,1977。

伊藤秀一:《关于第一次加拉罕宣言的不同文本》(第一次カラハン宣言の異文について),载《研究》(神户大学文学会)第41号,1968。

今堀诚二:《中国封建社会的机构》(中国封建社会の機構),汲古书院,1955。

今堀诚二:《中国封建社会的构成》(中国封建社会の構成),劲草书房,1991。

入江启四郎:《外国人在中国的地位》(中国に於ける外国人の地位),东京堂,1937。

岩井茂树：《中国近世财政史研究》(中国近世財政史の研究)，京都大学学术出版会，2004。

岩间一弘：《近代上海的白领——新中间阶层的形成与变动》(上海近代のホワイトカラー——揺れる新中間層の形成)，研文出版，2011。

植田捷雄：《列强各国在华权益概说》(在支列国権益概説)，岩松堂，1939。

植田捷雄：《东洋外交史》(東洋外交史)上下卷，东京大学出版会，1969、1974。

上野惠司编：《鲁迅小说词汇索引——〈呐喊〉〈彷徨〉〈故事新编〉》(魯迅小説語彙索引——呐喊・彷徨・故事新編)(汉语研究别卷)，龙溪书舍，1979。

臼井佐知子：《徽州商人研究》(徽州商人の研究)，汲古书院，2005。

内田庆市、沈国威编：《近代东亚文体演变——如何超越形式与内容的矛盾》(近代東アジアにおける文体の変遷——形式と内実の相克を超えて)，白帝社，2009。

内山雅生：《现代中国农村与"共同体"——转型期中国华北农村的社会结构与农民》(現代中国農村と「共同体」——転換期中国華北農村における社会構造と農民)，御茶水书房，2003。

内山雅生：《近现代中国华北农村社会研究再探——以对拙著〈现代中国农村与"共同体"〉的批判为线索》(近現代中国華北農村社会研究再考——拙著『現代中国農村と「共同体」』への批判を手がかりとして)，载《历史学研究》第796号，2004。

卫藤沈吉：《近代中国政治史研究》(近代中国政治史研究)，东京大学出版会，1968。收于《卫藤沈吉著作集》，东方书店，2004。

卫藤沈吉：《辛亥革命以后政治外交史》(政治外交史——辛亥革命以後)，见坂野正高等编《近代中国研究入门》。

太田出：《明清时期"歇家"考——以与诉讼的关系为核心》(明清時代「歇家」考——訴訟との関わりを中心に)，载《东洋史研究》第67卷第1号，2008。

太田辰夫：《汉语历史语法》(中国語歴史文法)，江南书院，1958。1981年朋友书店再刊。

　　大桥洋一编：《现代批评理论总览》（現代批評理論のすべて），新书馆，2006。

　　冈本隆司：《近代中国与海关》（近代中国と海関），名古屋大学出版会，1999。

　　冈本隆司：《辛亥革命与海关》（辛亥革命と海関），载《近邻》（近きに在りて）第39号，2001。

　　冈本隆司：《属国与自主之间——近代清韩关系与东亚的命运》（属国と自主のあいだ——近代清韓関係と東アジアの命運），名古屋大学出版会，2004。

　　冈本隆司：《时代与实证——民国、安格联、梁启超》（時代と実証——民国・アグレン・梁啓超），载《创文》第468号，2004。

　　冈本隆司：《"朝贡""互市"与海关》（「朝貢」と「互市」と海関），载《史林》第90卷第5号，2007。

　　冈本隆司：《明清史研究与近现代史研究》（明清史研究と近現代史研究），见饭岛涉等编《对21世纪中国近现代史研究的思考》（21世紀の中国近現代史研究を求めて），研文出版，2006。

　　冈本隆司：《马建忠的中国近代》（馬建忠の中国近代），京都大学学术出版会，2007。

　　冈本隆司：《中国近代外交观察》（中国近代外交へのまなざし），见冈本隆司等编《中国近代外交的胎动》（中国近代外交の胎動），东京大学出版会，2009。

　　冈本隆司：《希望共享的常识——〈中国近代外交的胎动〉寄语》（伝えたい常識——『中国近代外交の胎動』によせて），载《UP》第441号，2009。

　　冈本隆司：《中国"反日"的源流》（中国「反日」の源流），讲谈社，2011。

　　冈本隆司编：《中国近代外交史基础研究——以19世纪后半期出使日记精细调查为核心》（中国近代外交史の基礎的研究——19世紀後半期における出使日記の精査を中心として），见2005至2007年度日本学术振兴会科研补助研究成果报告书，2008。

　　小川环树：《小川环树著作集》，全5卷，筑摩书房，1997。

　　小川环树：《唐诗概论》（唐詩概説），岩波书店，2005。

小川环树、西田太一郎:《汉文入门》(漢文入門),岩波书店,1957。

奥村哲:《民国时期中国农村社会的改变》(民国期中国の農村社会の変容),载《历史学研究》第779号,2003。

织田万等:《编述清国行政法之释解》(清国行政法編述に関する講話),第六调查委员会学术部委员会,1940。收入临时台湾旧惯调查会编《清国行政法》(重刻版),全7卷·第7卷,汲古书院,1972。

小野和子:《五四时期家族论的背景》(五四時期家族論の背景),载《五四时期研究》(五四時期の研究),第5函(京都大学人文科学研究所共同研究报告),同朋舍,1992。

小野信尔:《一个谣言——辛亥革命前夜的民族危机意识》(ある謠言——辛亥革命前夜の民族の危機感),载《花园大学研究纪要》第25号,1993。

小野川秀美:《清末政治思想研究》,增订版,みすず书房,1969。再刊本:《清末政治思想研究》(东洋文库),全2册,平凡社,2009—2010。

小野川秀美编:《民报索引》上下卷,京都大学人文科学研究所,1970—1972。

小山正明:《清末中国外国棉制品的流入》(清末中国における外国製綿製品の流入),载《近代中国研究》第4号,1960。收入小山正明《明清社会经济史研究》(明清社会経済史研究),东京大学出版会,1992。

柏祐贤:《柏祐贤著作集 4 经济秩序个性论(Ⅱ)——中国经济研究》,京都产业大学出版会,1986。

片山刚:《清代中期广府人社会与客家人移居——关于童试应考》(清代中期の広府人社会と客家人の移住——童試受験をめぐって),见山本英史编《不同区域的传统中国》(伝統中国の地域像),庆应义塾大学出版会,2000。

加藤雄三:《清代胥吏缺交易》(清代の胥吏缺取引について),载《法学论丛》第147卷第2号、第149卷第1号,2000—2001。

加藤雄三:《由不动产交易看租界社会和交易》(租界社会と取引——不動産の取引から),见加藤雄三等编《东亚内海世界交流史》(東アジア内海世界の交流史),人文书院,2008。

加藤雄三:《诉讼知识在"中华民国"的传播——诉讼手册的出现》(「中華民国」における訴訟知識の伝播——訴訟手冊の登場),见铃木秀光等编《法的流通》(法の流通),慈学社,2009。

加藤雄三:《租借居住权利——清国人居住问题》(租界に住む権利——清国人の居住問題),见佐佐木史郎等编《东亚的民族世界》(東アジアの民族の世界),有志舍,2011。

加藤雄三:《书评 王泰生著、后藤武秀等译〈日本统治时期台湾的法律改革〉》(王泰升著、後藤武秀・宮畑加奈子訳『日本統治時期台湾の法改革』),载《法史学研究会会报》第15号,2011。

可儿弘明:《近代中国的苦力与"猪花"》(近代中国の苦力と「豬花」),岩波书店,1979。

狩野直喜:《汉文研究法》,みすず书房,1979。

乔纳森:《文学理论》("一册通"系列),荒木映子等译,岩波书店,2003。

唐泽靖彦:《清代的诉状及其制作者》(清代における訴状とその作成者),载《中国——社会与文化》第13号,1998。

川合康三编:《中国的文学史观》(中国の文学史観),创文社,2002。

川胜平太:《日本的工业化过程中的外部压力和亚洲内部竞争》(日本の工業化をめぐる外圧とアジア間競争),见滨下武志等编《亚洲交易圈与日本工业化 1500—1900》(アジア交易圏と日本工業化 1500—1900),Libroport,1991。

川岛真:《日本民国外交史研究的回顾与展望(上) 北京政府时期(不含国民革命时期)》[日本における民国外交史研究の回顧と展望(上) 北京政府期(国民革命期を除く)],载《近邻》第31号,1997。

川岛真:《日本民国外交史研究的回顾与展望(下) 国民革命时期之战后早期》,载《近邻》第34号,1998。

川岛真:《中国近代外交的形成》(中国近代外交の形成),名古屋大学出版会,2004。

川岛真:《未竟的"近代"外交——中国对外政策的通奏低音》(未完の「近代」

外交——中国の対外政策の通奏低音），载《现代中国》第 85 号，2011。

汉字文献情报处理研究会编：《电脑中国学入门》（電脳中国学入門），好文出版，2012。

菊池秀明：《广西移民社会与太平天国》（広西移民社会と太平天国），风响社，1998。

木越义则：《近代中国与广域市场圈——通过海关统计的宏观考察》（近代中国と広域市場圏——海関統計によるマクロ的アプローチ），京都大学学术出版会，2012。

岸本美绪：《道德经济论与中国社会研究》（モラル・エコノミー論と中国社会研究），载《思想》第 792 号，1990。收于岸本美绪《清代中国的物价与经济变动》（清代中国の物価と経済変動），研文出版，1997。

岸本美绪：《明清更替与江南社会——17 世纪中国的秩序问题》（明清交代と江南社会——17 世紀中国の秩序問題），东京大学出版会，1999。

岸本美绪：《明清契约文书研究的动向——以 1990 年代以后为中心》（明清契約文書研究の動向——1990 年代以降を中心に），见大岛立子编《前近代中国的法律和社会》（前近代中国の法と社会），东洋文库，2009。

喜多三佳：《〈天台志略〉译注稿》（『天台治略』訳注稿），载《鸣门教育大学研究纪要　人文社会科学编》第 11—12、14—15 号；《四国大学纪要 Ser. A　人文社会科学编》，第 18—27、29—34 号，1996—2010。

金茨堡：《历史学、修辞与证据》（歴史・レトリック・立証），上村忠男译，みすず书房，2001。

山田辰雄编：《近代中国人名事典》，霞山会，1995。

久保亨：《战争期间中国的"探索自立之路"——关税货币政策和经济发展》（戦間期中国〈自立への模索〉——関税通貨政策と経済発展），东京大学出版会，1999。

久保亨：《战争期间中国的棉业和企业经营》（戦間期中国の綿業と企業経営），汲古书院，2005。

久保亨:《20世纪中国经济史研究》(20世纪中国経済史の研究),信州大学文学部,2009。

久保茉莉子:《中华民国刑法修正过程中有关保安处分的探讨》(中華民国刑法改正過程における保安処分論議),载《东洋学报》第93卷第3号,2011。

格雷夫:《比较历史制度分析》(比較歴史制度分析),冈崎哲二等监译,NTT出版,2009。

余凯思:《德意志与中国关系史 1848—1948——研究动向之概观》(ドイツ·中国関係史 1848—1948——研究動向の概観),浅田进史译,载《近代中国研究汇报》第21号,2007。

黑田明伸:《中华帝国的构造和世界经济》(中華帝国の構造と世界経済),名古屋大学出版会,1994。

黑田明伸:《货币体系的世界史——读"非对称性"》(貨幣システムの世界史——〈非対称性〉を読む),岩波书店,2003。

源河达史:《格拉提安教令集中的归责问题——C.15,q.1的形成》(グラーティアーヌス教令集における帰責の問題について——C.15,q.1の形成),载《法学协会杂志》第119卷第2、5、7—8号,2002—2003。

肯特:《历史研究入门——怎样撰写论文?》(歴史研究入門——論文をどう書くか),宫崎信彦译,北望社,1970。

孔祥吉等:《清末中国与日本——宫廷、变法、革命》(清末中国と日本——宫廷·变法·革命),研文出版,2011。

孔祥吉等:《〈翁同龢日记〉删改史实》(『翁同龢日記』改削史実),见孔祥吉等《清末中国与日本——宫廷、变法、革命》。

小口彦太:《清代中国刑事裁判中成案的法源性》(清代中国の刑事裁判における成案の法源性),载《东洋史研究》第45卷第2号,1986。

小岛晋治、并木赖寿编:《近代中国研究指南》(近代中国研究案内),岩波书店,1993。

小杉泰等编:《伊斯兰世界研究指南》(イスラーム世界研究マニュアル),名古屋大学出版会、2008。

小濑一：《试读历史统计》(歴史統計を読んでみる)，见田中比吕志等编《中国近现代史研究的准则》(中国近現代史研究のスタンダード)，研文出版，2005。

后藤延子：《李大钊与马克思主义经济学》(李大釗とマルクス主義経済学)，载信州大学人文学部《人文科学论集》第26号，1992。

木庭显：《政治、法律观念体系成立的各种前提》(政治的・法的観念体系成立の諸前提)，见山之内等编《岩波讲座　社会科学的方法Ⅵ　社会变动中的法律》(岩波講座　社会科学の方法　Ⅵ　社会変動のなかの法)，岩波书店，1993。

木庭显：《政治的形成》(政治の成立)，东京大学出版会，1997。

木庭显：《民主主义的古典基础》(デモクラシーの古典的基礎)，东京大学出版会，2003。

木庭显：《罗马的波考克》(ローマのポーコック)，载《思想》第1007号，2008。

木庭显：《法律成立和存在的历史基础》(法存立の歴史的基盤)，东京大学出版会，2009。

小浜正子：《生育控制与性别差异》(生殖コントロールとジェンダー)，见饭岛涉等编《20世纪中国史系列 3　全球化与中国》(シリーズ20世纪中国史　3　グローバル化と中国)，东京大学出版会，2009。

小林一美：《义和团战争与明治国家》(義和団戦争と明治国家)，汲古书院，1986。

小林茂编：《近代日本的地图绘制与亚洲太平洋地区——"外邦图"考察》(近代日本の地図作成とアジア太平洋地域——「外邦図」へのアプローチ)，大阪大学出版会，2009。

孔帕尼翁：《文学的理论与常识》(文学をめぐる理論と常識)，中地义和等译，岩波书店，2007。

斋藤希史：《"汉文脉"在近代：中国清末与日本明治重叠的文学圈》(漢文脈の近代——清末＝明治の文字圏)，名古屋大学出版会，2005。

佐伯富:《中国盐政史研究》(中国塩政史の研究),法律文化社,1987。

佐伯富编:《宋史职官志索引》(宋史職官志索引)(东洋史研究丛刊),京都大学东洋史研究会,1963。

酒井哲哉:《近代日本的国际秩序论》(近代日本の国際秩序論),岩波书店,2007。

坂元弘子:《中国民族主义的神话——人种、身体、性别差异》(中国民族主義の神話——人種・身体・ジェンダー),岩波书店,2004。

笹川裕史等:《枪口下的中国社会——日中战争中的总动员和农村》(銃後の中国社会——日中戦争下の総動員と農村),岩波书店,2007。

佐佐木正哉:《营口商人研究》(営口商人の研究),载《近代中国研究》第1辑,1958。

佐佐木正哉:《英国与中国——走向鸦片战争的过程》(イギリスと中国——アヘン戦争への過程),见榎一雄编《西欧文明和东亚》(西欧文明と東アジア)(东西文明的交流,第5卷),平凡社,1971。

佐佐木正哉:《鸦片战争研究》(鸦片戦争の研究),载《近代中国》第5—11、14—16卷,1979—1984。

佐佐木正哉编:《鸦片战争研究——资料篇》(鸦片戦争の研究——資料篇),东京大学出版会,1964。

佐佐木正哉编:《鸦片战争前中英交涉档案》(鸦片戦争前中英交渉文書),岩南堂书店,1967。

佐佐木正哉编:《鸦片战争后的中英抗争——资料篇稿》(鸦片戦争後の中英抗争——資料篇稿),东洋文库近代中国研究委员会,1964。

佐佐木扬:《甲午战争后清国的对俄政策——1896年清俄防御同盟条约的签订》(日清戦争後の清国の対露政策——1896年の露清同盟条約の成立をめぐって),载《东洋学报》第59卷第1·2号,1977。

佐佐木扬:《近代俄清关系史研究——以甲午战争时期为核心》(近代露清関係史の研究について——日清戦争期を中心として),载《近代中国》第5卷,1979。

佐佐木扬：《19世纪80年代的俄法对清借款的国际政治状况》(1895年の対清・露仏借款をめぐる国際政治)，载《史学杂志》第88编第7号，1979。

佐佐木扬：《1880年代的俄朝关系——以1885年的"第一次俄朝密约事件"为核心》(1880年代における露朝関係——1885年の「第一次露朝密約事件」を中心として)，载《韩》第106号，1987。

佐佐木扬：《甲午战争的国际关系——欧美的史料与研究》(日清戦争をめぐる国際関係——欧米の史料と研究)，载《近代中国研究汇报》第18号，1996。

佐佐木扬：《清末中国的日本观和西方观》(清末中国における日本観と西洋観)，东京大学出版会，2000。

佐佐木扬编译：《十九世纪末的俄国和中国——基于〈红色档案〉所收史料进行考察》(一九世紀末におけるロシアと中国——『クラースヌィ・アルヒーフ』所収史料より)，岩南堂书店，1993。

佐藤慎一：《近代中国的知识分子与文明》(近代中国の知識人と文明)，东京大学出版会，1996。

佐藤元英编著：《有关日中关系之英国外务省档案目录》(日本・中国関係イギリス外務省文書目録)，KRESS出版，1997。

实藤惠秀：《增补 中国人日本留学史》(増補 中国人日本留学史)，くろしお出版，1970。

滋贺秀三：《中国家族法论》(中国家族法論)，弘文堂，1950。

滋贺秀三：《中国家族法补考——读仁井田陞博士〈宋代家族法中女子的地位〉》(中国家族法補考——仁井田陞博士「宋代の家族法における女子の地位」を読みて)，载《国家学会杂志》第67卷第5/6、9/10、11/12号，第68卷第7/8号，1954—1955。

滋贺秀三：《中国家族法原理》(中国家族法の原理)，创文社，1967。

滋贺秀三：《清朝的法制》(清朝の法制)，见坂野正高等编《近代中国研究入门》。

滋贺秀三：《研究结果报告》(研究結果報告)，载《东京大学法学部研究教育年报》第3号,1975。

滋贺秀三:《清代中国的法律和审判》(清代中国の法と裁判),创文社,1984。

滋贺秀三:《中国法制史论集——法典与刑罚》(中国法制史論集 法典と刑罰),创文社,2003。

滋贺秀三:《续中国法制史论集》(続·清代中国の法と裁判)(遺著),创文社,2009。

滋贺秀三编:《中国法制史基础资料研究》(中国法制史 基本資料の研究),东京大学出版会,1993。

斯波义信:《宋代江南经济史研究》(宋代江南経済史の研究),汲古书院,1988。

岛田久美子译注:《黄遵宪》(中国诗人选集第二集),岩波书店,1963。

岛田虔次:《中国近代思维的挫折》(中国における近代思维の挫折),筑摩书房,1949。再刊本:井上进补注《中国近代思维的挫折》(中国における近代思惟の挫折)(东洋文库),全2册,平凡社,2003。

岛田虔次:《清末学术研究状况》(清朝末期における学問の状況),见岛田虔次《中国思想史研究》(中国思想史の研究),京都大学学术出版会,2002。

岛田虔次等编:《亚洲历史研究入门》(アジア歷史研究入門),全5册·别卷,同朋舍,1983—1987。

岛田正郎:《清末近代法典之编纂》(清末における近代的法典の編纂),创文社,1980。

清水贤一郎:《革命和恋爱的乌托邦——胡适的"易卜生主义"和工读互助团》(革命と恋愛のユートピア——胡適の〈イプセン主義〉と工読互助団),载《中国研究月报》第573号,1995。

朱德兰:《长崎华商贸易历史研究》(長崎華商貿易の史的研究),芙蓉书房出版,1997。

《小专辑 帝政中国后期的法律、社会和文化》(小特集 後期帝政中国における法·社会·文化),载《中国——社会与文化》(中国——社会と文化)第13号,

1998。

城山智子:《经济大萧条中的中国——市场、国家、世界经济》(大恐慌下の中国——市場・国家・世界経済),名古屋大学出版会,2011。

沈国威:《近代日中语汇交流史——新汉字词汇的产生和容受》(近代日中語彙交流史——新漢語の生成と受容),改定新版,笠间书院,2008。

新吉乐图:《民族叙事范式——中国青海省蒙古族的日常生活、纠纷和教育》(民族の語りの文法——中国青海省モンゴル族の日常・紛争・教育),风响社,2003。

清末小说研究会编:《清末小说》,清末小说研究会,1985。

清末小说研究会编:《清末小说研究》(清末小説から),清末小说研究会,1986。

清末小说研究会编:《清末民初小说目录》,清末小说研究会,1988。樽木照雄编:《新编清末民初小说目录》,清末小说研究会,1997。樽木照雄编:《新编增补清末民初小说目录》,济南,齐鲁书社,2002。

杉原薰:《亚洲域内贸易的形成与结构》(アジア間貿易の形成と構造),Minerva书房,1996。

铃木智夫:《洋务运动研究——19世纪后半期中国的工业化与外交革新》(洋務運動の研究——19世紀後半の中国における工業化と外交の革新についての考察),汲古书院,1992。

铃木秀光:《杖毙考——清代中期处理死刑案件的考察之一》(杖斃考——清代中期死刑案件処理の一考察),载《中国——社会与文化》第17号,2002。

盛山和夫:《社会学是什么？——对内涵世界的探索》(社会学とは何か——意味世界への探求),Minerva书房,2011。

盛山和夫等编:《秩序问题和社会困境》(秩序問題と社会的ジレンマ),Harvest社,1991。

濑川昌久:《客家——华南汉族的民族特征及其分界》(客家——華南漢族のエスニシティーとその境界),风响社,1993。

濑户林政孝:《传统棉业史》(在来绵業史),见久保亨编《中国经济史入门》(中国経済史入門),东京大学出版会,2012。

宋教仁:《宋教仁日记》(宋教仁の日記),松本英纪译注,同朋舍,1989。

桑兵:《近代中国研究的史料和史学》,竹元规人译,见饭岛涉等编《20世纪中国史系列　4　现代中国和历史学》(シリーズ20世紀中国史　4　現代中国と歴史学),东京大学出版会,2009。

曾田三郎:《中国近现代缫丝业史研究》(中国近現代製糸業史の研究),汲古书院,1994。

曾田三郎:《走向立宪国家——近代中国与明治宪政》(立憲国家中国への始動——明治憲政と近代中国),思文阁出版,2009。

园田茂人:《作为社会调查对象的亚洲》(フィールドとしてのアジア),见沟口雄三等编《从亚洲角度思考　1　交错的亚洲》(アジアから考える1交錯するアジア),东京大学出版会,1993。

东京大学史料编纂所编:《大日本古文档——幕末外交档案》(大日本古文書——幕末外国関係文書),全51卷,附录8卷,东京大学出版会,1972—2010。

高嶋航:《近代中国求婚广告史(1902—1943)》,见森时彦编《20世纪中国的社会与文化》(20世紀中国の社会システム),京都大学人文科学研究所,2009。汉译:《二十世纪的中国社会》,袁广泉译,北京:社会科学文献出版社,2011。

高远拓儿:《清代秋审制度与秋审条款——以乾隆、嘉庆年间为核心》(清代秋審制度と秋審条款——とくに乾隆・嘉慶年間を中心として),载《东洋学报》第81卷第2号,1999。

高桥伸夫:《党和农民——中国农民革命再探》(党と農民——中国農民革命の再検討),研文出版,2006。

高见泽磨:《从调停看中国近世、近代法律史》(調停から見る中国近世・近代法史),见川口由彦编《近代的调停》(調停の近代),劲草书房,2011。

高见泽磨、铃木贤:《法之于中国——从统治工具到市民权利》(中国にとって法とは何か——統治の道具から市民の権利へ)(中国问题丛书),岩波书店,2010。

高村直助：《近代日本棉业与中国》（近代日本綿業と中国），东京大学出版会，1982。

竹内弘行：《康有为与近代大同思想研究》（康有為と近代大同思想の研究），汲古书院，2008。

橘诚：《博克多汗政权研究——蒙古建国史序论 1911—1921》（ボグド・ハーン政権の研究——モンゴル建国史序説 1911—1921），风间书房，2011。

田中谦二译注：《龚自珍》（中国诗人选集第二集），岩波书店，1962。

田中比吕志：《研究成果之发表》（研究成果を公表する），见饭岛涉等编《对21世纪中国近现代史研究的思考》（21世紀の中国近現代史研究を求めて），研文出版，2006。

田中比吕志等编：《中国近现代史研究的准则》（中国近現代史研究のスタンダード），研文出版，2005。

田中正俊：《中国近代经济史研究序论》（中国近代経済史研究序説），东京大学出版会，1973。

田中正俊：《社会经济史——论文形成过程：一个实验》（社会経済史——論文の出来るまで・一つの実験），见坂野正高等编《近代中国研究入门》。

田边章秀：《从〈大清刑律〉到〈暂定新刑律〉——关于中国近代刑法的制定过程》（『大清刑律』から『暫行新刑律』へ——中国における近代的刑法の制定過程について），载《东洋史研究》第65卷第2号，2006。

田边章秀：《北京政府时期的覆判制度》，见夫马进编《中国诉讼社会史研究》（中国訴訟社会史の研究），京都大学学术出版会，2011。

谷井阳子：《户部与户部则例》（戸部と戸部則例），载《史林》第73卷第6号，1990。

谷井阳子：《清代则例省例考》（清代則例省例考），载《东方学报》（京都）第67册，1995。

田保桥洁：《近代日本与朝鲜关系研究》（近代日鮮関係の研究）上下册，朝鲜总督府中枢院，1940。

千叶谦悟:《汉语中的东西语言文化交流——近代翻译词汇的创造和传播》(中国語における東西言語文化交流——近代翻訳語の創造と伝播),三省堂,2010。

千叶正史:《近代交通体系与清帝国的变化——电信和铁路网络的形成与中国国家整合的演变》(近代交通体系と清帝国の変貌——電信·鉄道ネットワークの形成と中国国家統合の変容),日本経済評論社,2006。

日本国际问题研究所中国部会编:《中国共产党史资料集》,全12卷,别册附录,劲草书房,1970—1975。

京都大学东洋史研究会编:《中国随笔索引》,日本学术振兴会,1954。

中国农村惯行调查刊行会编:《中国农村惯行调查》,全6卷,岩波书店,1952—1958。

张永江:《近百年来中国的清史编纂事业与最新进展情况》(近百年来における中国の清史編纂事業と最近の進展状況),大坪庆之译,载《满族史研究》第4—5号,2005—2006。

角山荣编:《日本领事报告研究》(日本領事報告の研究),同文馆,1986。

戴维:《古文档中的虚构——16世纪法国的恩赦请愿故事》(古文書の中のフィクション——16世紀フランスの恩赦嘆願の物語),成濑驹男等译,平凡社,1990。

寺田浩明:《清朝中期典规制中期限的含义》(清朝中期の典規制にみえる期限の意味について),载《东洋法史研究——岛田正郎博士颂寿纪念论集》(東洋法史の探求——島田正郎博士頌寿記念論集),汲古书院,1987。

东洋史研究会编:《雍正时期研究》(雍正時代の研究),同朋舍出版,1986。

砺波护、杉山正明、岸本美绪编:《中国历史研究入门》,名古屋大学出版会,2006。

富泽芳亚:《纺织业史》,见久保亨编:《中国经济史入门》,东京大学出版会,2012。

神田喜一郎等编:《内藤湖南全集》,全14卷,筑摩书房,1969—1976。

中井英基:《张謇与中国近代企业》(張謇と中国近代企業),北海道大学图书刊行会,1996。

中见立夫:《博克多汗政权的对外交涉努力与帝国主义列强》(ボグド・ハーン政権の対外交渉努力と帝国主義列強),载《亚非语言文化研究》(アジア・アフリカ言語文化研究)第17号,1979。

中见立夫:《1913年的中俄声明文件——中华民国成立与蒙古问题》(1913年の露中宣言——中華民国の成立とモンゴル問題),载《国际政治》第66号,1980。

中见立夫:《关于俄罗斯帝国的外交资料》(ロシア帝国の外交史料をめぐって),载《近代中国研究汇报》第18号,1996。

中村哲夫:《近代中国社会史研究序论》(近代中国社会史研究序説),法律文化社,1984。

中村正人:《清代刑法的处罚构造——以对盗窃犯的防卫行为为中心》(清代刑法における処罰構造——窃盗犯に対する防衛行為を中心に),见《前近代中国的刑罚》,京都大学人文科学研究所,1996。

中村元哉:《战后中国行宪与言论自由 1945—1949》(戦後中国の憲政実施と言論の自由 1945—49),东京大学出版会,2004。

夏目漱石:《漱石全集 第10卷 文学评论》,岩波书店,1966。

仁井田陞:《中国的社会与行会》(中国の社会とギルド),岩波书店,1951。

西英昭:《〈民商事习惯调查报告录〉形成过程再探——基本信息之整理与介绍》(『民商事慣習調査報告録』成立過程の再考察——基礎情報の整理と紹介),载《中国——社会与文化》(中国——社会と文化)第16号,2001。

西英昭:《关于中华民国法制研究会——基本信息之整理与介绍》(中華民国法制研究会について——基礎情報の整理と紹介),载《中国——社会与文化》(中国——社会と文化)第21号,2006。

西英昭:《清末民国时期日本法制顾问的基本信息》(清末民国時期法制関係日本人顧問に関する基礎情報),载《法史学研究会会报》第12号,2008。

西英昭:《中华民国民法亲属继承编的起草和习惯调查——以爱斯嘉拉报告为线索》(中華民国民法親属継承編起草作業と慣習調査——Escarra報告書を手がかりに),见铃木秀光等编《法的流通》(法の流通),慈学社,2009。

西英昭:《关于冈田朝太郎:附著作目录》[岡田朝太郎について(附・著作目録)],载《法史学研究会会报》第15号,2011。

西英昭:《关于清末各省调查局——基本信息的整理与介绍》(清末各省調查局について——基礎情報の整理と紹介),载《法史学研究会会报》第15号,2011。

西槙伟:《中国文人画家的近代——丰子恺对西洋美术的容受与日本》(中国文人画家の近代——豊子愷の西洋美術受容と日本),思文阁出版,2005。

西村成雄编:《现代中国的结构变化 3 民族主义——从历史角度考察》(現代中国の構造変動 3 ナショナリズム——歴史からの接近),东京大学出版会,2000。

二宫宏之:《整体眼光与历史学家》(全体を見る眼と歴史家たち),木铎社,1986。

二宫宏之:《历史与文本——关于金茨堡》(歴史とテクスト——カルロ・ギンズブルグをめぐって),见《二宫宏之著作集》第1卷,岩波书店,2011。

外务省编:《日本外交文书》,日本国际联合协会,1947—1963。

根岸佶:《上海的行会》(上海のギルド),日本评论社,1951。

野泽丰编:《日本的中华民国史研究》(日本の中華民国史研究),汲古书院,1995。

野田仁:《俄、清帝国与哈萨克汗国》(露清帝国とカザフ=ハン国),东京大学出版会,2011。

野田良之:《明治初年之法兰西法研究》(明治初年におけるフランス法の研究),载《日法法学》(日仏法学)第1号,1961。

野间清:《中国惯行调查:其主观意图与客观现实》(中国慣行調查、その主観的意図と客観的現実),载《爱知大学国际问题研究所纪要》第60号,1977。

野村浩一:《近代中国的思想世界——〈新青年〉群像》(近代中国の思想世界——『新青年』の群像),岩波书店,1990。

野村浩一等编:《岩波现代 中国讲座》(岩波講座 現代中国),全6卷、别卷2,岩波书店,1989—1990。

野村浩一等编:《现代中国研究指南》(现代中国研究案内),见野村浩一等编《岩波现代中国讲座》别卷2,岩波书店,1990。

箱田惠子:《外交官的诞生——近代中国对外姿态的改变与驻外使馆》(外交官の誕生——近代中国の対外態勢の変容と在外公館),名古屋大学出版会,2012。

狭间直树:《对〈中国国民党第一次全国代表大会宣言〉的考察》,见狭间直树编《中国国民革命研究》(中国国民革命の研究),京都大学人文科学研究所,1992。

狭间直树编:《共同研究 梁启超——西方近代思想的容受与明治日本》(共同研究 梁啓超——西洋近代思想受容と明治日本),みすず书房,1999。

狭间直树编:《西方近代文明与中华世界——纪念京都大学人文科学研究所七十周年学术研讨会论集》,京都大学出版会,2001。

旗田巍:《中国村落与共同体理论》(中国村落と共同体理論),岩波书店,1973。

波多野善大:《中国近代工业史研究》(中国近代工業史の研究),东洋史研究会,1961。

服部龙二:《日中历史认识问题——围绕"田中奏折"的矛盾 1927—2010》(日中歴史認識——「田中上奏文」をめぐる相剋 1927—2010),东京大学出版会,2010。

滨下武志:《中国近代经济史研究——清末海关财政与通商口岸市场圈》(中国近代経済史研究——清末海関財政と開港場市場圏)(东京大学东洋文化研究所报告),汲古书院,1989。

滨下武志:《近代中国的国际契机》(近代中国の国際的契機),东京大学出版会,1990。

滨下武志:《朝贡体系与近代亚洲》(朝貢システムと近代アジア),岩波书店,1997。

林达夫:《和历史的交易》(歴史との取引),见林达夫《历史的日暮》(歴史の暮方),中央公论社,1976。

林惠海:《华中江南农村社会制度研究》(中支江南農村社会制度研究)上卷,

有斐阁，1953。

速水融：《历史人口学的世界》（歴史人口学の世界），岩波书店，1997。

原洋之介：《村落结构的经济理论——关于共同行为的经济学解释的方向性问题》（村落構造の経済理論——共同行動の経済学的説明の方向について），载《亚洲研究》（アジア研究）第 21 卷第 2 号，1974。

坂野正高：《近代中国外交史研究》（近代中国外交史研究），岩波书店，1970。

坂野正高：《现代外交分析——情报、政策决定和外交交涉》（現代外交の分析——情報・政策決定・外交交渉），东京大学出版会，1971。

坂野正高：《近代中国政治外交史——从达伽马至五四运动》（近代中国政治外交史——ヴァスコ・ダ・ガマから五四運動まで），东京大学出版会，1973。

坂野正高：《政治外交史——以清末初始史料为主》（政治外交史——清末の根本史料を中心として），见坂野正高等编《近代中国研究入門》。

坂野正高等编：《近代中国研究入門》（近代中国研究入門），东京大学出版会，1974。

《东亚行政档案公开的现状与问题》（東アジアにおける行政文書公開の現状と課題），文科省学术创成项目《有关全球化时代社会管理变化的比较研究》（グローバリゼーション時代におけるガバナンスの変容に関する比較研究）。

平田昌司：《割舍不下的陈寅恪——"异性"之于中国近代学术》（恋する陳寅恪——中国近代学術にとっての"異性"），见狭间直树编《西方近代文明与中华世界》（西洋近代文明と中華世界），京都大学学术出版会，2001。

广野由美子：《批评理论入门——"弗兰肯斯坦"解剖讲义》（批評理論入門——『フランケンシュタイン』解剖講義），中央公论新社，2005。

福岛正夫：《中国农村惯行调查与法律社会学》（中国農村慣行調査と法社会学），中国农村惯行研究会，1957。

福武直：《中国农村社会的结构》（中国農村社会の構造），大雅堂，1946。

福武直：《社会调查》（补订版），岩波书店，1984。

藤井省三：《割舍不下的胡适——留美与中国近代化论的形成》（恋する胡

適——アメリカ留学と中国近代化論の形成》，见新田义弘编《岩波讲座　现代思想2　20世纪知识社会的结构》(岩波講座　現代思想　2　20世紀知識社会の構図)，岩波书店，1994。

藤井宏：《新安商人研究》(新安商人の研究)(1—4)，载《东洋学报》第36卷1—4号，1953—1954。

藤田省三：《趋向"安乐"的全体主义》(「安楽」への全体主義)，见市村弘正编：《藤田省三文选》(藤田省三セレクション)，平凡社，2010。

藤谷浩悦：《1906年萍浏醴起义与民众文化——以中秋节谣言为核心》(1906年の萍瀏醴蜂起と民衆文化——中秋節における謡言を中心に)，载《史学杂志》第113编第10号，2004。

藤谷浩悦：《辛亥革命的心性》，见饭岛涉等编《20世纪中国史系列　1　中华世界与近代》(シリーズ20世紀中国史　1　中華世界と近代)，东京大学出版会，2009。

夫马进：《讼师秘本的世界》(訟師秘本の世界)，见小野和子编《明末清初的社会与文化》(明末清初の社会と文化)，京都大学人文科学研究所，1996。

夫马进编：《中国明清地方档案研究》(中国明清地方檔案の研究)，1997—1999年度科研费补助金研究成果报告，2000。

夫马进编：《中国诉讼社会史研究》(中国訴訟社会史の研究)，京都大学学术出版会，2011。

巩涛：《非文明的对话》(アンシビルな対話)，寺田浩明译，载《中国——社会与文化》第20号，2005。

古田和子：《上海网络与近代东亚》(上海ネットワークと近代東アジア)，东京大学出版会，2000。

古田和子：《市场秩序与广域经济秩序》(市場秩序と広域の経済秩序)，见久保亨编《中国经济史入门》(中国経済史入門)，东京大学出版会，2012。

布罗代尔：《十五至十八世纪的物质文明、经济和资本主义1：日常生活的结构》(日常性の構造　1　物質文明・経済・資本主義　15—18世紀　Ⅰ—1)，村上光彦译，みすず书房，1985。

布罗代尔：《地中海》，全5卷，浜名优美译，藤原书店，1991—1995。

帆刈浩之：《清末上海四明公所"运枢网络"的形成——关于近代中国社会的同乡结合问题》(「運棺ネットワーク」の形成——近代中国社会における同郷結合について)，载《社会经济史学》第59卷第6号，1994。

堀和生：《东亚资本主义史论Ⅰ——形成、结构、展开》(東アジア資本主義史論Ⅰ——形成・構造・展開)，Minerva书房，2009。

前野直彬：《文学与文章》(文学と文章)，见坂野正高等编《近代中国研究入门》。

松原健太郎：《传统中国社会的"宗族"和"族产"——基于香港地区事例的结构分析》(「宗族」と「族産」をめぐる伝統中国社会——香港地域の諸事例に立脚した構造分析)，载《法学协会杂志》第116卷第7号、第117卷第7号，1999—2000。

松原健太郎：《契约、法规、惯习：传统中国土地交易的一个侧面》(契約・法・慣習：伝統中国における土地取引の一側面)，见滨下武志等编《支配的区域史》(支配の地域史)，山川出版社，2000。

松原健太郎：《"宗族"研究和中国法制史学——近五十年来的动向》(「宗族」研究と中国法制史学——近五十年来の動向)，载《法制史研究》第57号，2008。

真锅藤治编：《中华民国法令索引》，大同印书馆，1943。

丸尾常喜、野泽俊敬、大谷通顺、山下纪久枝编：《鲁迅文言语汇索引》(东洋学文献中心丛刊第36辑)，东京大学东洋文化研究所东洋学文献中心，1981。

丸山真男：《思想史的思考方法》(思想史の考え方について)，见丸山真男《忠诚与反叛——转型期日本的精神史特征》(忠誠と反逆——転形期日本の精神史の位相)，筑摩书房，1992。

曼海姆：《意识形态与乌托邦》(イデオロギーとユートピア)，高桥彻等译，中央公论新社，2006。

三木聪等编：《传统中国判牍资料目录》，汲古书院，2010。

三品英宪:《近现代华北农村社会史研究备忘》(近現代華北農村社会史研究についての覚書),载《史潮》新 54 号,2003。

三品英宪:《20 世纪 30 年代前半期中国农村的经济建设——中华平民教育促进会的"定县实验"》(1930 年代前半の中国農村における経済建設——中華平民教育促進会の「定県実験」をめぐって),载《亚洲研究》(アジア研究)第 50 卷第 2 号,2004。

三谷孝编:《中国农村变革与家庭、村落、国家——华北农村调查记录》(中国農村変革と家族・村落・国家——華北農村調査の記録),全 2 卷,汲古书院,1999—2000。

三桥阳介:《日中战争时期的战区检察官——对中华民国重庆国民政府法制的考察》(日中戦争期の戦区検察官——中華民国重慶国民政府法制の一考察),载《社会文化史学》第 50 号,2008。

宫坂宏:《关于三谷孝编:〈中国农村变革与家庭、村落、国家——华北农村调查记录〉》(三谷孝編『中国農村変革と家族・村落・国家——華北農村調査の記録』について),载《专修大学社会科学研究所月报》第 454 号,2001。

宫崎市定:《中国人的历史思想》(中国人の歴史思想),见宫崎市定著、砺波护编《中国文明论集》,岩波书店,1995。

村上淳一:《近代法的形成》(近代法の形成),岩波书店,1979。

村上淳一:《读〈为权利而斗争〉》(「権利のための闘争」を読む),岩波书店,1983。

村上淳一:《"法"的历史》(〈法〉の歴史),东京大学出版会,1997。

村上淳一编:《法律家的历史素养》(法律家の歴史的素養),东京大学出版会,2003。

村田雄二郎:《清末的言论自由和报纸——以天津〈国闻报〉为例》(清末の言論自由と新聞——天津『国聞報』を例に),见孔祥吉等《清末中国与日本》(清末中国と日本),研文出版,2011。

村田雄二郎编:《新编中国近代思想史原著(第 2 卷):万国公法的时代——洋

务、变法运动》(新编 原典中国近代思想史(第 2 卷):万国公法の時代——洋務·変法運動),岩波书店,2010。

村田雄二郎编:《新编中国近代思想史原著(第 3 卷):民族与国家——辛亥革命》(新編 原典中国近代思想史 第 3 卷 民族と国家——辛亥革命),岩波书店,2010。

村松祐次:《中国经济的社会态制》(中国経済の社会態制)(再刊),东洋经济新报社,1975。

毛泽东文献资料研究会编:《毛泽东集》,全 10 卷。初版:北望社,1970;第二版:苍苍社,1982。

毛泽东文献资料研究会编:《毛泽东集补卷》,全 9 卷,苍苍社,1983;别卷,苍苍社,1986。

本野英一:《传统中国商业秩序的崩毁——不平等条约体系与"说英语的中国人"》(伝統中国商業秩序の崩壊——不平等条約体制と「英語を話す中国人」),名古屋大学出版会,2004。

桃木至朗编:《海域亚洲史研究入门》(海域アジア史研究入門),岩波书店,2008。

森时彦:《从人口论的展开看 1920 年代的中国》(人口論の展開からみた 1920 年代の中国),见狭间直树编《1920 年代的中国——京都大学人文科学研究所共同研究报告》(1920 年代の中国——京都大学人文科学研究所共同研究報告),汲古书院,1995。

森时彦:《中国近代棉业史研究》(中国近代綿業史の研究),京都大学学术出版会,2001。

森田成满:《清代中国土地法研究》(清代中国土地法研究),自版,2008。

安丸良夫:《文明化的经历——近代转型期的日本》(文明化の経験——近代転換期の日本),岩波书店,2007。

柳父章:《何谓翻译?——日语和翻译文化》(飜譯とは何か——日本語と飜譯文化),法政大学出版局,1976。

矢野仁一：《近代蒙古史研究》，弘文堂书房，1925。

山冈由佳：《长崎华商经营的历史研究》(長崎華商経営の史的研究)，Minerva书房，1995。

山岸俊男：《社会困境——从"环境破坏"到"凌虐"》(社会的ジレンマ——「環境破壊」から「いじめ」まで)，PHP研究所，2000。

山田贤：《源远流长的革命意识形态》(革命イデオロギーの遠い水脈)，载《中国——社会与文化》第26号，2011。

山根幸夫编：《中国史研究入门》(中国史研究入門)上下卷，山川出版社，1983。1991、1995年刊行增补改订版。

山室信一：《法制官僚的时代——国家的设计和知识历程》(法制官僚の時代——国家の設計と知の歴程)，木铎社，1984。

山室信一：《作为思想课题的亚洲——基础、连琐与理想》(思想課題としてのアジア——基軸・連鎖・投企)，岩波书店，2001。

山本英史：《清代中国的区域统治》(清代中国の地域支配)，庆应义塾大学出版会，2007。

山本真：《20世纪30年代前半期河北省定县的县政改革和民众组织尝试》(1930年代前半、河北省定県における県行政制度改革と民衆組織化の試み)，载《历史学研究》第763号，2002。

山本进：《清代的市场结构和经济政策》(清代の市場構造と経済政策)，名古屋大学出版会，2002。

熊远报：《清代徽州区域社会史研究——境界、集团、网络与社会秩序》(清代徽州地域社会史研究——境界・集団・ネットワークと社会秩序)，汲古书院，2003。

熊达云：《近代中国官民的日本考察》(近代中国官民の日本視察)，成文堂，1998。

《吉川幸次郎全集》，全27卷，筑摩书房，1984—1987。

吉泽诚一郎：《对中华民国史"社会"与"文化"的探索》(中華民国史におけ

る「社会」と「文化」の探求），載《历史学研究》，第779号，2003。

吉泽诚一郎：《与既往研究对话》（先行研究と向き合う），见饭岛涉等编《对21世纪中国近现代史研究的思考》（21世紀の中国近現代史研究を求めて），研文出版，2006。

吉田金一：《西伯利亚通道》（シベリアールート），见榎一雄编《东西文明交流 第5卷：西欧文明与东亚》（東西文明の交流 第5巻 西欧文明と東アジア），平凡社，1971。

吉田金一：《俄罗斯的东向扩张与尼布楚条约》（ロシアの東方進出とネルチンスク条約），东洋文库近代中国中心，1984。

洛夫乔伊：《观念史论文集》（観念の歴史），铃木信雄等译，名古屋大学出版会，2003。

李宝嘉：《官场现形记（上）》（中国古典文学大系），入矢义高等译，平凡社，1968。

李宝嘉、刘鹗：《官场现形记（下）·老残游记·续集》（中国古典文学大系），冈崎俊夫等译，平凡社，1969。

陆伟荣：《中国近代美术和日本——20世纪日中关系的一个断面》（中国の近代美術と日本——20世紀日中関係の一断面），大学教育出版，2007。

刘正爱：《民族形成的历史人类学——满洲、旗人、满族》（民族生成の歴史人類学——満洲・旗人・満族），风响社，2006。

梁启超：《清代学术概论——中国的文艺复兴》（清代学術概論——中国のルネッサンス）（东洋文库），小野和子译注，平凡社，1974。

丁文江等编：《梁启超年谱长编》，全5卷，岛田虔次编译，岩波书店，2004。

廖赤阳：《长崎华商与东亚交易网的形成》（長崎華商と東アジア交易網の形成），汲古书院，2000。

林淑美：《清代台湾移居社会与童试应考问题》（清代台湾移住社会と童試受験問題），载《史学杂志》第111编第7号，2002。

临时台湾旧惯调查会编：《清国行政法》，全6卷及索引，临时台湾旧惯调查会，

1905—1915。该书于 1965—1967 年由大安再刊，其索引由山根幸夫重编；1972 年汲古书院根据大安版再出 7 卷本。

伦特利恰等编：《现代批评理论——22 个基本概念》，大桥洋一译，平凡社，1994。

六本佳平等编：《末弘严太郎和日本法律社会学》（末弘厳太郎と日本の法社会学），东京大学出版会，2007。

和田久德等：《上海鼎记号和长崎泰益号——近代在日华商的上海交易》（上海鼎記号と長崎泰益号——近代在日華商の上海交易），中国书店，2004。

渡边浩：《东亚的王权和思想》（東アジアの王権と思想），东京大学出版会，1997。

渡部忠世等编：《中国江南水稻种植文化的学际研究》（中国江南の稲作文化——その学際的研究），日本放送出版协会，1984。

【中文（拼音顺序）】

阿风：《明清时代妇女的地位与权利——以明清契约文书、诉讼档案为中心》，北京：社会科学文献出版社，2009。

阿英编：《晚清文学丛钞》，全 19 册，北京：中华书局，1960—1961。

阿英编：《晚清小说史》，上海：商务印书馆，1937。

北京图书馆编：《民国时期总书目法律》，北京：书目文献出版社，1990。

蔡尚思主编：《中国现代思想史资料简编》，全 5 卷，杭州：浙江人民出版社，1982—1983。

常建华：《社会生活的历史学：中国社会史研究新探》，北京：北京师范大学出版社，2004。

陈慈玉：《近代中国茶业的发展与世界市场》，台北："中研院"经济研究所，1982。

陈独秀：《谈政治》，载《新青年》第 8 卷第 1 号，1920。收入任建树主编《陈独秀著作选编》第二卷，上海：上海人民出版社，2009。

陈光宇等编：《清末民初中国法制现代化之研究》，全18册，台北：编者打字油印本，1973—1974。

陈建华：《"革命"的现代性——中国革命话语考论》，上海：上海古籍出版社，2000。

陈平原：《中国小说叙事模式的转变》，北京：北京大学出版社，2010。

陈同：《近代社会变迁中的上海律师》，上海：上海辞书出版社，2008。

陈义杰整理：《翁同龢日记》，全6册，北京：中华书局，1989。

陈湛绮编：《筹备第一次国会报告书》（国家图书馆藏历史档案文献丛刊），全2册，北京：全国图书馆文献缩微复制中心，2004。

程燎原：《清末法政人的世界》，北京：法律出版社，2003。

程美宝：《地域文化与国家认同：晚清以来"广东文化"观的形成》，北京：生活·读书·新知三联书店，2006。

《筹办夷务始末》，上海：上海古籍出版社，2008。

大理院书记厅编：《大理院判决录》，北平：大理院书记厅，1912—1914。

《大清德宗景（光绪）皇帝实录》，全8册，台北：新文丰出版公司，1978。

《大清法规大全》，全6册，台北：考正出版社，1972。

《大清律例汇辑便览》，台北：成文出版社，1975。

《大清律例会通新纂》，台北：文海出版社，1964。

《大清宣统政纪实录》，全2册，台北：新文丰出版公司，1978。

邓文光：《现代史考信录——研究现代史的甘苦（初稿）》，香港：东风出版社，1974。

邓文光：《中共建党运动史诸问题》，香港：青聪出版社，1976。

费成康：《〈盛世危言〉版本考》，载《岭南文史》2000（3）。

费孝通：《生育制度》，天津：天津人民出版社，1981。日译：《生育制度——中国の家族と社会》（横山广子译），东京大学出版会，1985。

冯明珠：《〈清季外交史料〉作者质疑》，载《故宫文物月刊》1988（66）。

冯明珠：《再论〈清季外交史料〉原纂者——兼介台北故宫所藏〈光绪朝筹办

夷务始末记〉》，见邢永福主编《明清档案与历史研究论文集》，北京：新华出版社，2008。

高汉成：《签注视野下的大清刑律草案研究》，北京：中国社会科学出版社，2007。

戈公振：《中国报学史》，上海：商务印书馆，1927。

葛剑雄、吴松弟、曹树基：《中国移民史》第六卷，福州：福建人民出版社，1997。

葛剑雄主编：《中国人口史》，全6卷，上海：复旦大学出版社，2005。

故宫博物院明清档案部编：《清末筹备立宪档案史料》，北京：中华书局，1979。

顾廷龙、戴逸主编：《李鸿章全集》（国家清史编纂委员会·文献丛刊），全39卷，合肥：安徽教育出版社，2007。

郭卫编：《大理院判决例全书》，上海：会文堂新记书局，1931；台北：成文出版社，1972。

郭卫编著：《大理院解释例全文》，上海：会文堂新记书局，1931；台北：成文出版社，1972。

郭卫、周定枚编：《中华民国六法理由判解汇编》，上海：会文堂新记书局，1934；吴经熊编增订本，1935—1937；吴经熊编、郭卫增订本，1947。

郭湛波：《近五十年中国思想史》，北平：人文书店，1936。

国民政府法制局编：《国民政府现行法规》，南京：国民政府法制局，1928—1936。

国民政府文官处印铸局编印：《国民政府法规汇编》，南京：国民政府文官处，1929—1947。

"国史"馆编：《中华民国史法律志（初稿）》，台北："国史"馆，1994。

韩明汉：《中国社会学史》，天津：天津人民出版社，1987。日译本：《中国社会学史》（星明译），行路社，2005。

韩延龙、苏亦工等：《中国近代警察史》，北京：社会科学文献出版社，2000。

何炳棣：《中国历代土地数字考实》，台北：联经出版，1995。

何勤华、李秀清:《外国法与中国法——20世纪中国移植外国法反思》,北京:中国政法大学出版社,2003。

何勤华:《中国法学史》,全3卷,北京:法律出版社,2006。

洪成和:《清朝前中期苏州地区踹匠的存在形态》,见常建华主编《中国社会历史评论》,9卷,天津:天津古籍出版社,2008。

侯外庐编:《中国早期启蒙思想史——十七世纪至十九世纪四十年代(中国思想通史第5卷)》,北京:人民出版社,1956。

《胡华文集》,北京:中国人民大学出版社,1988。

胡乔木:《中国共产党的三十年》,北京:人民出版社,1951。

胡适:《白话文学史》上卷,上海:商务印书馆,1928。

黄克武:《惟适之安——严复与近代中国的文化转型》,台北:联经出版,2010。

黄兴涛、夏明方主编:《清末民国社会调查与现代社会科学兴起》,福州:福建教育出版社,2008。

黄源盛:《法律继受与近代中国法》,台北:黄若乔出版(元照总经销),2007。

黄源盛:《民初大理院与裁判》,台北:元照出版,2011。

黄源盛:《民初法律变迁与裁判》,台北:政治大学法学丛书编辑委员会,2000。

黄源盛总编:《大理院民事判例辑存总则编》,台北:元照出版,2012。

黄源盛纂辑:《景印大理院民事判例百选》,台北:五南图书出版,2009。

黄源盛纂辑:《平政院裁决录存》,台北:自版,2007。

黄源盛纂辑:《晚清民国刑法史料辑注》,台北:元照出版,2010。

黄彰健:《戊戌变法史研究》,台北:"中研院"历史语言研究所,1970。

《建国以来毛泽东文稿》第二册,北京:中央文献出版社,1988。

蒋廷黻编:《近代中国外交史资料辑要》上·中卷,上海:商务印书馆,1931、1934。

金观涛、刘青峰:《观念史研究——中国现代重要政治术语的形成》,香港:香港中文大学出版社,2008。

景甦、罗仑:《清代山东经营地主底社会性质》,济南:山东人民出版社,1959。

孔祥吉：《救亡图存的蓝图——康有为变法奏议辑证》，台北：联合报文化基金会，1998。

孔祥吉：《康有为变法奏章辑考》，北京：北京图书馆出版社，2008。

孔祥吉：《康有为戊戌变法奏议研究》，沈阳：辽宁教育出版社，1988。

劳祖德整理：《郑孝胥日记》，全5册，北京：中华书局，1993。

李伯重：《发展与制约——明清江南生产力研究》，台北：联经出版，2002。

李恩涵：《北伐前后的"革命外交"》，台北："中研院"近代史研究所，1993。

李恩涵：《近代中国外交史事新研》，台北：台湾商务印书馆，2004。

李贵连：《近代中国法制与法学》，北京：北京大学出版社，2002。

李贵连主编：《二十世纪的中国法学》，北京：北京大学出版社，1998。

李海文编：《中共重大历史事件亲历记（1921—1949）》，成都：四川人民出版社，北京：人民出版社，2010。

李鸿章撰、吴汝纶编：《李文忠公全集》，金陵刊本，光绪三十一至三十四年，台北：文海出版社，1965。

李景汉编著：《定县社会概况调查》，定县：中华平民教育促进会，1933。

李景汉：《中国农村人口调查研究之经验与心得》，载《社会学刊》第3卷第3期，1933。

李力：《危机·挑战·出路——"边缘化"困境下的中国法制史学》，载《法制史研究》（台北）2005（8）。

李启成点校：《资政院议场会议速记录——晚清预备国会辩论实录》，上海：上海三联书店，2011。

李强选编：《北洋时期国会会议记录汇编》（民国文献资料丛编），全16册，北京：国家图书馆出版社，2011。

李玉贞：《从苏俄第一次对华宣言说起》，见中共中央党史研究室第一研究部编《苏联、共产国际与中国革命的关系新探》，北京：中共党史出版社，1995。

李玉贞译：《联共、共产国际与中国（1920—1925）》第1卷，台北：东大图书，1997。

立法院编译处编:《中华民国法规汇编》,上海:中华书局,1933—1935。

梁方仲编著:《中国历代户口、田地、田赋统计》,上海:上海人民出版社,1980。

林满红:《清末社会流行吸食鸦片研究——供给面的分析(一七七三——一九〇六)》,博士学位论文,台湾师范大学历史研究所,1985。

林明德:《袁世凯与朝鲜》,台北:"中研院"近代史研究所,1970。

林学忠:《从万国公法到公法外交:晚清国际法的传入、诠释与应用》,上海:上海古籍出版社,2009。

林远琪:《邸报之研究》,台北:汉林出版社,1977。

刘晴波、彭国兴编:《陈天华集》,长沙:湖南人民出版社,2011。

刘月华、潘文娱、故韦华:《实用现代汉语法》增订本,北京:商务印书馆,2001。

罗志田:《后现代主义与中国研究——"怀柔远人"译序》,见罗志田《近代中国史学十论》,上海:复旦大学出版社,2003。

罗志田:《夷夏之辨与"怀柔远人"的字义》,载《二十一世纪》1998年10月号。

罗志渊:《近代中国法制演变研究》,台北:正中书局,1976。

马建石、杨育棠主编:《大清律例通考校注》,北京:中国政法大学出版社,1992。

马敏:《商人精神的嬗变——近代中国商人观念研究》,武汉:华中师范大学出版社,2001。

马寅初:《新人口论》,见《马寅初全集》第15集,杭州:浙江人民出版社,1999。

毛泽东:《毛泽东农村调查文集》,北京:人民出版社,1982。

孟祥沛:《中日民法近代化比较研究——以近代民法典编纂为视野》,北京:法律出版社,2006。

那思陆:《清代中央司法审判制度》,台北:文史哲出版社,1992。

那思陆:《清代州县衙门审判制度》,台北:文史哲出版社,1982。

内务部总务厅统计科编:《内务公报》(民国文献资料丛编),全18册,北京:国家图书馆出版社,2010。

潘维和:《中国近代民法史》,台北:汉林出版社,1982。

潘维和:《中国历次民律草案校释》,台北:汉林出版社,1982。

潘维和:《中国民事法史》,台北:汉林出版社,1982。

钱穆:《中国近三百年学术史》上下册,上海:商务印书馆,1937。

邱澎生:《当法律遇上经济——明清中国的商业法律》,台北:五南图书,2008。

邱远猷、张希坡:《中华民国开国法制史——辛亥革命法律制度研究》,北京:首都师范大学出版社,1997。

全国图书馆文献缩微复制中心编:《国民政府司法例规全编》,全31册,北京:全国图书馆文献缩微复制中心,2009。

全国图书馆文献缩微复制中心编:《国民政府行政法令大全》,全5册,北京:全国图书馆文献缩微复制中心,2009。

桑兵主编:《辛亥革命稀见文献汇编》(民国文献资料丛编),全45册,北京:国家图书馆出版社,2011。

商务印书馆编译所编纂:《大清光绪新法令》《大清宣统新法令》,上海:商务印书馆,1910。

商务印书馆编:《中华民国法规大全》,上海:商务印书馆,1936。

上海商务印书馆编译所编纂:《点校本大清新法令》,全11卷,北京:商务印书馆,2010—2011。

上海市档案馆译:《颜惠庆日记》,全3册,北京:中国档案出版社,1996。

上海图书馆、澳门博物馆编:《盛世危言》,上海:上海古籍出版社,2008。

邵循正:《中法越南关系始末》,北平:国立清华大学,1935。该书2000年由河北教育出版社(石家庄)改版再刊。

《十二朝东华录》,台北:文海出版社,1963。

司法部参事厅编:《司法例规》,北京:司法部参事厅,1914—1927。

司法事务主管部门"民法"修正委员会主编：《中华民国民法制定史料汇编》上下册，台北：司法事务主管部门，1976。

司法事务主管部门：《中华民国法制资料汇编（司法资料第三号）》，台北：司法事务主管部门，1960。

司法行政部编：《民商事习惯调查报告录》，南京：司法行政部，1930。

司法院：《国民政府司法例规》，南京：司法院，1930—1946。

苏亦工编：《明清律典与条例》，北京：中国政法大学出版社，2000。

苏亦工：《中法西用：中国传统法律及习惯在香港》，北京：社会科学文献出版社，2002。

台湾大学法学院中国近代法制研究会编：《中国近代法制研究资料索引》，台北：台湾大学法学院中国近代法制研究会，1974。

谭其骧主编：《中国历史地图集》，全8册，北京：中国地图出版社，1982。

汤志钧编：《康有为政论集》上下册，北京：中华书局，1981。

唐启华：《北京政府与国际联盟（1919—1928）》（中国现代史丛书），台北：东大图书公司，1998。

陶希圣：《清代州县衙门刑事审判制度及程序》，台北：食货出版社，1972。

田涛：《国际法输入与晚清中国》，济南：济南出版社，2001。

汪楫宝：《民国司法志》，台北：正中书局，1954。

王汎森：《中国近代思想与学术的系谱》，台北：联经出版，2003。

王建朗：《中国废除不平等条约的历程》，南昌：江西人民出版社，2000。

王健：《沟通两个世界的法律意义——晚清西方法的输入与法律新词初探》，北京：中国政法大学出版社，2001。

王健：《中国近代的法律教育》，北京：中国政法大学出版社，2001。

王力主编：《古代汉语》，全4册，修订第2版，北京：中华书局，1981。

王奇生：《新文化是如何"运动"起来的？》，见王奇生《革命与反革命——社会文化视野下的民国政治》，北京：社会科学文献出版社，2010。

王森然：《近代二十家评传》，北平：杏岩书屋，1934。

王世儒编:《蔡元培日记》,全2册,北京:北京大学出版社,2010。

王栻主编:《严复集》,全5册,北京:中华书局,1986。

王新宇:《民国时期婚姻法近代化研究》,北京:中国法制出版社,2006。

王信忠:《中日甲午战争之外交背景》,北平:国立清华大学,1937。

王彦威纂辑、王亮编:《清季外交史料》,北平:外交史料编纂处,1933。

王芸生编著:《六十年来中国与日本》,全7卷,天津:大公报社,1932—1934。该书曾于1979—1984年由生活·读书·新知三联书店(北京)改版再刊,并增补第8卷。

吴景平:《宋子文政治生涯编年》,福州:福建人民出版社,1998。

夏东元编:《郑观应集》上下册,上海:上海人民出版社,1982。

夏东元编著:《郑观应年谱长编》上下卷,上海:上海交通大学出版社,2009。

谢莹:《继往开来走向新征程——中央档案馆编研工作回顾与展望》,载《档案学研究》2000(1)。

谢振民编著:《中华民国立法史》,上海:正中书局,1937;北京:中国政法大学出版社点校本,2000。

《刑案汇览三编》,北京:北京古籍出版社,2004。

《刑案汇览》,台北:成文出版社,1968。

《刑案汇览续编》,台北:文海出版社,1970。

行龙:《走向田野与社会》,北京:生活·读书·新知三联书店,2007。

修订法律馆编辑:《法律草案汇编》,全2册,台北:成文出版社,1973。

徐家力:《中华民国律师制度史》,北京:中国政法大学出版社,1998。

薛允升著述、黄静嘉编校:《读例存疑重刊本》,台北:成文出版社,1970。

杨伯峻:《文言文法》,北京:中华书局,1963;香港:中华书局,1972。

杨奎松:《共产国际为中共提供财政援助情况之考察》,载《党史研究资料》2004(1)。

杨奎松:《西安事变新探——张学良与中共关系之谜》,南京:江苏人民出版社,2006。

杨奎松：《研究历史有点像刑警破案——〈南方周末人物〉访谈》，见杨奎松《学问有道——中国现代史研究访谈录》，北京：九州出版社，2009。

杨奎松：《中华人民共和国建国史研究》，全2册，南昌：江西人民出版社，2009。

杨天宏：《政党建置与民国政制走向》，北京：社会科学文献出版社，2008。

杨幼炯：《近代中国立法史》，上海：商务印书馆，1936。

杨幼炯：《中国近代法制史》，台北：中华文化出版事业社，1958。

姚纯安：《社会学在近代中国的进程（1895—1919）》，北京：生活·读书·新知三联书店，2006。

印铸局编：《法令全书》，北京：印铸局，1912—1926。

俞江：《近代中国的法律与学术》，北京：北京大学出版社，2008。

《谕折汇存》，全56册，台北：文海出版社，1967。

袁英光、胡逢祥整理：《王文韶日记》上下册，北京：中华书局，1989。

展恒举：《中国近代法制史》，台北：台湾商务印书馆，1973。

张国福：《民国宪法史》，北京：华文出版社，1991。

张国福：《中华民国法制简史》，北京：北京大学出版社，1986。

张晋藩：《清代民法综论》，北京：中国政法大学出版社，1998。

张晋藩主编：《清朝法制史》，北京：中华书局，1998。

张枬、王忍之编：《辛亥革命前十年间时论选集》，全3卷5册，北京：生活·读书·新知三联书店，1960。

张生：《中国近代民法法典化研究》，北京：中国政法大学出版社，2004。

张生主编：《中国法律近代化论集》第一、二卷，北京：中国政法大学出版社，2002、2009。

张思等：《侯家营：一个华北村庄的现代历程》，天津：天津古籍出版社，2010。

张思：《近代华北村落共同体的变迁——农耕结合习惯的历史人类学考察》，北京：商务印书馆，2005。

赵德馨主编：《张之洞全集》，全12卷（国家清史编纂委员会文献丛刊），武汉：

武汉出版社，2008。

郑秦：《清代法律制度研究》，北京：中国政法大学出版社，2000。

郑秦：《清代司法审判制度研究》，长沙：湖南教育出版社，1988。

郑友揆：《中国海关贸易统计编制方法及其内容之沿革》，载《社会科学杂志》第 5 卷第 3 期，1934。

《政治官报》（光绪三十三年九月—宣统三年闰六月）、《内阁官报》（宣统三年七月—十二月），全 54 册，台北：文海出版社，1965。

中共中央党史研究室第一研究部译：《联共（布）、共产国际与抗日战争时期的中国共产党（1937—1943.5）》，全 4 卷，北京：中共党史出版社，2012。

中共中央党史研究室第一研究部译：《联共（布）、共产国际与中国国民革命运动（1920—1925）》，北京：北京图书馆出版社，1997。

中共中央党史研究室第一研究部译：《联共（布）、共产国际与中国国民革命运动（1926—1927）》，全 2 卷，北京：北京图书馆出版社，1998。

中共中央党史研究室第一研究部译：《联共（布）、共产国际与中国苏维埃运动（1931—1937）》，全 5 卷，北京：中共党史出版社，2007。

中共中央党史研究室第一研究部译：《联共（布）、共产国际与中国苏维埃运动（1927—1931）》，全 4 卷，北京：中央文献出版社，2002。

中共中央文献研究室编：《毛泽东文集》，全 8 卷，北京：人民出版社，1993—1999。

中共中央文献研究室、中央档案馆编：《建党以来重要文献选编（一九二一——一九四九）》，全 26 册，北京：中央文献出版社，2011。

中国第二历史档案馆编：《中国国民党中央执行委员会常务委员会会议录》，全 44 册，桂林：广西师范大学出版社，2000。

中国第二历史档案馆编：《中华民国史档案资料汇编》，南京：凤凰出版传媒集团、凤凰出版社（原江苏古籍出版社），1979—2010。

中国第二历史档案馆编：《中华民国史档案资料汇编总目索引》上下册，南京：凤凰出版传媒集团、凤凰出版社（原江苏古籍出版社），2010。

中国第二历史档案馆、中国海关总署办公厅编：《中国旧海关史料》，全170册，北京：京华出版社，2001。

中国第二历史档案馆、中国社会科学院近代史研究所合编，陈霞飞主编：《中国海关密档——赫德、金登干函电汇编（1874—1907）》，全9卷，北京：中华书局，1990—1996。

中国近代经济史资料丛刊编辑委员会主编：《一九三八年英日关于中国海关的非法协定》（帝国主义与中国海关资料丛编），北京：中华书局，1965。

中国近代经济史资料丛刊编辑委员会主编：《中国海关与缅藏问题》（帝国主义与中国海关资料丛编），北京：中华书局，1964。

中国近代经济史资料丛刊编辑委员会主编：《中国海关与辛亥革命》（帝国主义与中国海关资料丛编），北京：中华书局，1983。

中国近代经济史资料丛刊编辑委员会主编：《中国海关与义和团运动》（帝国主义与中国海关资料丛编），北京：中华书局，1983。

中国近代经济史资料丛刊编辑委员会主编：《中国海关与英德续借款》（帝国主义与中国海关资料丛编），北京：中华书局，1983。

中国近代经济史资料丛刊编辑委员会主编：《中国海关与中法战争》（帝国主义与中国海关资料丛编），北京：中华书局，1983。

中国近代经济史资料丛刊编辑委员会主编：《中国海关与中葡里斯本草约》（帝国主义与中国海关资料丛编），北京：中华书局，1983。

中国近代经济史资料丛刊编辑委员会主编：《中国海关与中日战争》（帝国主义与中国海关资料丛编），北京：中华书局，1983。

中国近代经济史资料丛刊编辑委员会主编、中华人民共和国海关总署研究室编译：《辛丑和约订立以后的商约谈判》（帝国主义与中国海关资料丛编），北京：中华书局，1994。

中国社会科学院现代史研究室、中国革命博物馆党史研究室编：《"一大"前后》（二），北京：人民出版社，1980。

中国社会学社编：《中国人口问题》，上海：世界书局，1932。

中国史学会主编：《第二次鸦片战争》（中国近代史资料丛刊），全6册，上海：上海人民出版社，1978—1979。

中国史学会主编：《戊戌变法》（中国近代史资料丛刊），全4册，上海：神州国光社，1953。

中国史学会主编：《辛亥革命》（中国近代史资料丛刊），全8册，上海：上海人民出版社，1957。

中国史学会主编：《鸦片战争》（中国近代史资料丛刊），全6册，上海：新知识出版社，1955。

中国史学会主编：《中法战争》（中国近代史资料丛刊），全7册，上海：新知识出版社，1955。

中国史学会主编：《中日战争》（中国近代史资料丛刊），全7册，上海：新知识出版社，1956。

中央档案馆编：《中共中央文件选集》，全18册，北京：中共中央党校出版社，1989—1992。

仲伟行编著：《〈翁同龢日记〉勘误录附：甲午日记》，上海：上海古籍出版社，2010。

周锡瑞：《后现代式研究：望文生义，方为妥善》，载《二十一世纪》1997年12月号。

周先庚：《学生"烦恼"与"心理卫生"》，载《中山文化教育馆季刊》1卷冬季号，1934。

朱宝樑编著：《20世纪中文著作者笔名录》（修订版），桂林：广西师范大学出版社，2002。

【韩文】

高丽大学校亚细亚问题研究所、韩国近代史料编纂室编：《旧韩国外交关系附属文书》，全8卷，首尔：高丽大学校出版部，1972—1974。

高丽大学校亚细亚问题研究所、旧韩国外交文书编纂委员会编：《旧韩国外交文书》，全 22 卷，首尔：高丽大学校出版部，1965—1973。

【西文】

Archives of China's Imperial Maritime Customs, Confidential Correspondence between Robert Hart and James Duncan Campbell, 1874-1907, 4 vols., compiled by Second Historical Archives of China & Institute of Modern History, Chinese Academy of Social Sciences, Beijing，Foreign Language Press, 1990-1993.

Banno, Masataka（坂野正高），*China and The West 1858-1861, The Origins of the Tsungli Yamen*, Cambridge, Mass., Harvard University Press, 1964.

Bernhardt, Kathryn（白凯），*Women and Property in China, 960-1949*, Stanford, Stanford University Press, 1999.

——, and Philip C. C. Huang（黄宗智），eds., *Civil Law in Qing and Republican China*, Stanford, Stanford University Press, 1994.

British Documents on the Origin of the War, 1898-1914, 11 vols., edited by G. P. Gooch and Harold Temperley, London, H. M. Stationery Office, 1926-1938.

British Parliamentary Papers, Area Studies Series, China and Japan, 42 and 10 vols., Shannon, Irish University Press, 1972.

Coates, P. D.（科茨），*The China Consuls*, Hong Kong, Oxford University Press, 1988.

Cordier, Henri, *Histoire des relations de la Chine avec les puissances occidentales, 1860-1900*, 3 tomes, Paris, Félix Alcan, 1901, 1902.

——, *L'expedition de Chine de 1857-1858, Histoire diplomatique, notes et documents*, Paris, Félix Alcan, 1905.

——, *L'expedition de Chine de 1860, Histoire diplomatique, notes et documents*, Paris, Félix Alcan, 1906.

Costin, W. C., *Great Britain and China 1833-1860*, Oxford, Oxford University Press, 1937.

Daniels, Christian and Nicholas K. Menzies, *Science and Civilization in China by Joseph*

Needham, Vol. 6, *Biology and Biological Technology, Part 3 Agro-Industries and Forestry,* Cambridge, Cambridge University Press, 1996.

Dennett, Tyler, *Americans in Eastern Asia, a Critical Study of the Policy of the United States with reference to China, Japan and Korea in the 19th Century,* New York, Macmillan , 1922.

Die Grosse Politik der europäischen Kabinette, 1871-1914: Sammlung der diplomatischen Akten des Auswärtigen Amtes im Auftrage des Auswärtigen Amtes, 40 Bde., herausgegeben von Johannes Lepsius, Albrecht Mendelssohn Bartholdy, Friedrich Thimme, Berlin, Deutsche Verlagsgesellschaft für Politik und Geschichte, 1922-1927.

Documents diplomatiques français (1871-1914), 41 Tomes, Paris, Imprimerie Nationale, 1929-1959.

Duara, Prasenjit（杜赞奇）, *Culture, Power, and the State: Rural North China, 1900-1942,* Stanford, Stanford University Press, 1988.

Esherick, Joseph W.（周锡瑞）, "Cherishing Sources from Afar, " *Modern China,* Vol. 24, No. 2, April, 1998.

Fairbank, John King（费正清）, *Trade and Diplomacy on the China Coast: The Opening of the Treaty Ports, 1842-1854,* 2 vols., Cambridge, Mass., Harvard University Press, 1953.

—, ed. *The Chinese World Order: Traditional China's Foreign Relations,* Cambridge, Mass., Harvard University Press, 1968.

—, Katherine Frost Bruner & Elizabeth MacLeod Matheson, eds. *The I. G. in Peking: Letters of Robert Hart, Chinese Maritime Customs 1868-1907,* 2vols., Cambridge, Mass., etc., Harvard University Press, 1975.

Faure, David（科大卫）, *Emperor and Ancestor: State and Lineage in South China,* Stanford, Stanford University Press, 2007.

Fogel, Joshua（傅佛果）, ed., *The Role of Japan in Liang Qichao's Introduction of Modern Western Civilization to China,* Berkeley, University of California Press, 2004.

Furth, Charlotte（费侠莉）, Judith T. Zeitlin（蔡九迪）, and Hsiung, Pingchen（熊秉

真), eds., *Thinking with Cases: Specialist Knowledge in Chinese Cultural History*, Honolulu, University of Hawaii Press, 2007.

Great Britain, Foreign Office, Embassy and Consular Archives, FO 228.

Greenberg, Michael (格林堡), *British Trade and the Opening of China 1800-1842*, Cambridge, Cambridge University Press, 1951.

Hegel, Robert E. (何谷理) and Katherine Carlitz (柯丽德), eds., *Writing and Law in Late Imperial China: Crime, Conflict, and Judgment*, Seattle, University of Washington Press, 2007.

Hevia, James L. (何伟亚), *Cherishing Men from Afar: Qing Guest Ritual and the Macartney Embassy of 1793*, Durham and London: Duke University Press, 1995.

Honig, Emily (韩起澜), *Creating Chinese Ethnicity: Subei People in Shanghai, 1850-1980*, New Haven, Yale University Press, 1992.

Hsiao, Liang-lin (萧亮林), *China's Foreign Trade Statistics, 1864-1949*, Cambridge, Mass., East Asian Center, Harvard University, 1974.

Huang, Philip C. C. (黄宗智), *The Peasant Economy and Social Change in North China*, Stanford, Stanford University Press, 1985.

——, *Civil Justice in China: Representation and Practice in the Qing*, Stanford, Stanford University Press, 1996.

——, *Code, Custom, and Legal Practice in China: The Qing and Republic Compared*, Stanford, Stanford University Press, 2001.

——, *Chinese Civil Justice: Past and Present*, Lanham, Rowman & Littlefield Publishers, 2010.

Irish University Press, Area Studies Series, *British Parliamentary Papers*, China, 42 vols., Shannon, 1972.

KPdSU (B), *Komintern und die Sowjetbewegung in China: Dokumente*, Bd. 3 (1927-1931), Münster, 2000; Bd. 4 (1931-1937), Münster, 2006.

Lee, James Z. and Cameron D. Campbell (李中清、康文林), *Fate and Fortune in*

Rural China: Social Organization and Population Behavior in Liaoning, 1774-1873, Cambridge, Cambridge University Press, 1997.

Liang, Linxia（梁临霞）, Delivering Justice in Qing China: Civil Trials in the Magistrate's Court, Oxford, Oxford University Press, 2007.

Lo Hui-min（骆惠敏）and Helen Bryant, British Diplomatic and Consular Establishments in China: 1793-1949, II, Consular Establishment 1843-1949, Taipei, SMC Publishing Inc., 1988.

Macaulay, Melissa（麦柯丽）, Social Power & Legal Culture: Litigation Masters in Late Imperial China, Stanford, Stanford University Press, 1998.

Maddison, Angus（麦迪森）, Chinese Economic Performance in the Long Run, Paris, Development Center of OECD, 2007.

Matsubara, Kentaro（松原健太郎）, "Land Registration and Local Society in Qing China: Taxation and Property Rights in Mid-Nineteenth Century Guangdong," International Journal of Asian Studies, Vol. 8, No. 2, 2011.

Momigliano, Arnaldo（莫米利亚诺）, Studies in Historiography, Worcester, The Trinity Press, 1966.

—, The Classical Foundations of Modern Historiography, Berkeley, University of California Press, 1990.

Morse, Hosea Ballou（马士）, The International Relations of the Chinese Empire, 3 vols., Shanghai, etc., Kelly and Walsh, 1910, 1918.

—, The Chronicle of the East India Company Trading to China 1635-1842, 5 vols., Oxford, Clarendon Press, 1926, 1929.

Motono, Eiichi（本野英一）, Conflict and Cooperation in Sino-British Business, 1860-1911: The Impact of the Pro-British Commercial Network in Shanghai, London, Macmillan Press, 2000.

Papers relating to the Foreign Relations of the United States, 1888, 2vols., United States, Department of State, Washington, D. C., Government Printing Office, 1889.

Pocock, J. G. A.（波考克）, *Barbarism and Religion*, I-IV, Cambridge, Cambridge University Press, 1999-2010.

Pomeranz, Kenneth（彭慕兰）, *The Great Divergence: China, Europe, and the Making of the Modern World Economy*, Princeton and Oxford, Princeton University Press, 2000.

Reed, Bradly W., *Talons and Teeth: County Clerks and Runners in the Qing Dynasty*, Stanford, Stanford University Press, 2000.

RKP(B), *Komintern und die national-revolutionäre Bewegung in China: Dokumente*. Bd. 1 (1920-1925), München, 1996; Bd. 2 (1926-1927), Münster, 1998.

Roper, Michael, *The Records of the Foreign Office 1782-1968*, Kew, Public Record Office, 2002.

Sartori, Giovannni, *Parties and Party Systems: A Framework for Analysis*, Cambridge[England]; New York, Cambridge University Press, 1976.

Sasaki, Yô（佐佐木扬）, "The International Environment at the Time of the Sino-Japanese War(1894-1895)—Anglo-Russian Far Eastern Policy and the Beginning of the Sino-Japanese War," *Memoirs of the Research Department of the Toyo Bunko*, No. 42, 1984.

Shirato, Ichiro（白户一郎）, *Japanese Sources on the History of the Chinese Communist Movement: An Annotated Bibliography of Materials in the East Asiatic Library of Columbia University and the Division of Orientalia, Library of Congress,* edited by Martin Wilbur, New York, Columbia University, 1953.

Sommer, Matthew H., *Sex, Law, and Society in Late Imperial China*, Stanford, Stanford University Press, 2000.

Stephens, Thomas B., *Order and Discipline in China: The Shanghai Mixed Court 1911-1927*, Seattle, University of Washington Press, 1992.

Stranahan, Patricia, *Underground: The Shanghai Communist Party and the Politics of Survival, 1927-1937*, Lanham, MD, Rowman & Littlefield, 1998.

Svarverud, Rune, *International Law as World Order in Late Imperial China: Translation, Reception and Discourse, 1847-1911*, Leiden, Brill Academic Pub, 2007.

Tan, Carol G. S., *British Rule in China: Law and Justice in Weihaiwei, 1898-1930*, London, Wildy, Simmonds and Hill Publishing, 2008.

Thurstone, L. L. and Thelma Guinn Thurstone, "A Neurotic Inventory, " *Journal of Social Psychology*, Vol. 1, No. 1, 1930.

United States, Department of State. General Records of Department of State, Diplomatic Despatches, Korea, 1883-1905.

Wong, R. Bin (王国斌), *China Transformed: Historical Change and the Limits of European Experience*, Ithaca and London, Cornel University Press, 1997.

Wright, Stanley Fowler, *Hart and the Chinese Customs*, Belfast, Wm. Mullan & Son, 1950.

Wu, Tien-wei (吴天威), *The Kiangsi Soviet Republic, 1931-1934: A Selected and Annotated Bibliography of the Ch'en Ch'eng Collection*, Cambridge, Mass., Harvard-Yenching Library, Harvard University, 1981.

Xu, Xiaoqun (徐小群), *Trial of Modernity: Judicial Reform in Early Twentieth-Century China, 1901-1937*, Stanford, Stanford University Press, 2008.

Zelin, Madeleine (曾小萍), Jonathan K. Ocko, and Robert Gardella, eds., *Contract and Property in Early Modern China*, Stanford, Stanford University Press, 2004.

ВКП(б), Коминтерн и Китай: Документы, Т. 1 (1920-1925), Москва, 1994; Т. 2 (1926-1927), Москва, 1996; Т. 3 (1927-1931), Москва, 1999; Т. 4 (1931-1937), Москва, 2003; Т. 5 (1937-май 1943), Москва, 2007.

Григорцевич, С. С. *Дальневосточная политика империалистических держав в 1906-1917 гг.*, Томск: Издво Томского университета, 1965.

Красный архив: историческии журнал, 106 т., Москва: Центральный архив Р. С. Ф. С. Р, 1922-1942.

Крюков, М. В. "Вокруг 'Перой Декларации Карахана' по китайскму вопросу. 1919 г.," *Новая и новейшая история*, 2000, № 5.

Международные отношения в эпоху нмпериализма: документы из архивов царского и временного правительств, 1878-1917, Москва: Государственное социально-эконо-мическое изд-во; Государственное изд-во политической литературы, 1931-1940.

Нарочницкий, А. Л. *Колониальная по-литика капиталистических держав на Дальнем Востоке*, 1869-1895, Москва: Изд-во Академии наук, СССР, 1956.

Русско-китайские отношения в XIX веке: материалы и документы, составители, М. Б. Давыдова и др., отв. редактор, С. Л. Тихвинский, том 1, редактор тома, В. С. Мясников, Москва: "Памятники и-сторической мысли, " 1995.

Русско-китайские отношения в XX веке: материалы и документы, том 4, *Советско-китайские отношения: 1937-1945,* 2 кн., составители, А. М. Ледовский и др., отв. редактор, С. Л. Тихвинский, Мос-ква: "Памятники исторической мысли, " 2000.

Русско-китайские отношения в XX веке: материалы и документы, том 5, Советско-китайские отношения: 1946-февраль 1950, 2 кн., составители, А. М. Ледовский и др., отв. редактор, С. Л. Тихвинский, редактор тома В. С. Мясников, Москва: "Памятники исторической мысли, " 2005.

一页 folio

始于一页，抵达世界

Humanities · History · Literature · Arts

出 品 人　范　新
品牌总监　恰　恰
营销总监　张　延
版权总监　吴攀君
印制总监　刘玲玲
装帧设计　陈威伸
内文制作　常　亭

Folio (Beijing) Culture & Media Co., Ltd.
Bldg. 16-C, Jingyuan Art Center,
Chaoyang, Beijing, China 100124

官方微博：@一页 folio ｜官方豆瓣：一页 ｜联系我们：rights@foliobook.com.cn

一页 folio
微信公众号